LE GRAND LIVRE
DES PRENOMS

Laura Tuan

LE GRAND LIVRE DES PRENOMS

EDITIONS DE VECCHI S.A.
20, rue de la Trémoille
75008 PARIS

Traduction de Catherine Bodin et Irène Nicotra

© 1988 Editions De Vecchi S.A.
Imprimé en Italie

Introduction

Qui n'a pas pensé, un jour, en croisant un vieux monsieur ventripotent ou une petite fille aux yeux violets, que celui-ci s'appelait peut-être Aimé et celle-là Audrey? Un prénom peut évoquer un être cher ou, au contraire, nous rappeler quelqu'un d'antipathique.

Cet ouvrage est destiné à tous ceux qui possèdent un, deux ou même trois prénoms, mais il l'est encore plus particulièrement à ceux qui sont en train de vivre cette expérience délicieuse et fantastique: l'attente d'un petit enfant. Pendant cette période privilégiée, tout est encore à imaginer: les yeux, les cheveux, la bouche, ... le prénom. Un enfant qui vient au monde est un être qui doit se construire et qui, plus tard fera ses propres choix. Mais son prénom, (bien que les surnoms introduisent un peu de variété), restera toujours le même, imprimé sans pitié sur son passeport ou son permis de conduire. Votre premier acte d'amour envers ce bébé peut être déjà celui de lui offrir un beau prénom. Un prénom qui vous plaît mais, surtout, qui lui plaira demain; un prénom ni trop long ni trop compliqué. Un prénom qui se combine bien au nom de famille, qui ne fasse jamais rire ni même rougir; ni trop banal, ni absurde, actuel mais sans suivre exagérément la mode. Un prénom qui évoque la joie des images solaires et qui ne suggère ni la douleur ni les défauts physiques.

Le destin de chaque individu qui naît est inscrit dans les étoiles, dans les lignes de la main, dans les rythmes de la vie. Le prénom ne représente qu'un instrument minime pour influer sur ce destin. Et ce sont les anciens Egyptiens qui nous l'apprennent.

Généralités

Le prénom en tant que création

Il y a cinq ou six mille ans, tout nouveau-né égyptien recevait un prénom secret, qu'il fallait préserver soigneusement. Car il aurait suffi à un magicien maître des forces négatives occultes de prononcer les "syllabes arcanes" qui constituaient l'essence même de sa personnalité, de son esprit, pour l'attaquer, le contraindre ou même le tuer. Il est encore courant, lors des initiations tribales ou exotériques, de donner au néophyte (devenu à travers les rites partie intégrante de la communauté) un nouveau prénom soulignant sa nouvelle personnalité.

Dès l'Antiquité, les juifs appellent Dieu Jahvé, le dieu unique, et lui donnent pour titre Adonaï, ce qui veut dire Seigneur, souverain, maître – A cette époque, les Egyptiens vénèrent le pharaon et le considèrent comme le fils du dieu Soleil – Aucune confusion n'est possible entre les deux croyances.

La Cabale ou Kabbale, *interprétation juive ésotérique et symbolique du texte de la Bible*, se base sur la maîtrise absolue de la parole, synonyme de puissance et sur sa valeur numérique. Ce que la pensée formule, la parole l'exprime. Le son représente donc l'instrument créatif par excellence, car Dieu prononça le nom des choses et les choses eurent une réalité.

Les écritures indiennes considèrent le son en tant que graine (*bija*) de tous les éléments, et c'est en employant ce son et en le répétant (*mantra*) que les sages parviennent à provoquer des phénomènes quasi inconcevables, telle l'insensibilité au feu, la capacité de voler ou la matérialisation d'objets.

Le son, la parole, renferment le principe de la magie opérationnelle: les fables nous en donnent l'exemple avec ces sorcières remuant des mixtures amères, marmonnant des enchantements, des syllabes puissantes, en apparence insensées, mais à la vérité terriblement efficaces.

La magie n'est pas seulement faite de pensée, de volonté, de gestes, de rites mais aussi de paroles, de sons. C'est une bizarrerie pour nous, qui sommes si habitués à parler et à entendre parler, dans la rue, au cinéma, à la télévision, parfois à tort et à travers; pour nous qui avons perdu le sens magique du son, ce son toujours déterminant, si perçu par ceux qui sont accoutumés à de longues périodes de silence.

Certains – notamment des rabbins – vont jusqu'à croire que c'est le prophète,

9

le devin, qui détermine la réalité au moment précis où il la prédit, par la seule puissance de sa parole. Choisis essentiellement sur la base de critères touchant l'esthétique et la musicalité, les sons, les paroles, le nom des choses et des personnes que nous croyons utiliser normalement dans le seul but de les distinguer les unes des autres, révèlent ainsi leur propre pouvoir secret, créatif ou évocateur. Quel prénom donc? Robert ou Charles? Emmanuelle ou Tatiana? *Nomina sunt omina* disaient les latins, ce qui signifie que les noms deviennent des présages, et le son, la magie.

Prénommer afin d'évoquer un personnage célèbre, un mythe, une personne décédée, une histoire.

"Aujourd'hui, 24 octobre, mardi, Béatrice a vu le jour! C'est avec joie que Mathieu et Gabriel vous annoncent la naissance de leur petite sœur".

Béatrice. Votre Béatrice. La Béatrice des amis et des camarades d'école; l'une des innombrables Béatrice de la Terre. Le prénom de votre fille est probablement lié à une petite histoire, à un épisode de votre vie. Vous l'avez appelée ainsi en souvenir de la grand-mère, ou parce que l'héroïne de tel roman qui vous avait plu il y a longtemps, était une jeune et jolie Béatrice. Vous le savez, et vous le lui direz. Les autres, en revanche, ne connaîtront pas votre référence. Et lorsque quelqu'un vous entendra appeler votre fille, c'est sans doute au céleste personnage de *La Divine Comédie* de Dante, Béatrice, évoquant par son étymologie, la béatitude, qu'ils penseront.

Tout cerf-volant est rattaché à un fil, donc il n'y a pas de fumée sans feu! Tout prénom a une histoire; fait référence à un mythe, à un personnage de province de petite envergure ou de renommée universelle, ou bien à un héros de cinéma ou simplement à un parent. Et chaque fois que vous prononcez ce prénom, que vous tirez ce "fil", tout ce bagage impalpable de souvenirs, d'idées, qui l'accompagne, se trouve réactualisé, vivifié. Plus un prénom est commun, trop usité parce qu'issu d'un mythe universellement connu, emprunté à un personnage célèbre, un archétype, plus il peut évoquer à un grand nombre de personnes la même pensée, le même souvenir, la même image. Il devient donc d'autant plus fort, facteur de contrainte, pour celui ou celle qui le porte.

Notre Béatrice par exemple, subira d'autant plus l'action subtile et sournoise de cet ensemble de formes de pensée, qu'elle se verra exposée sans répit au bombardement psychologique, inconscient, de l'identification. Elle essaiera donc, souvent à son insu, de se conformer à son homonyme célèbre ou bien de s'y opposer en manifestant des traits de caractère contraires à ceux que ce nom lui suggère.

Le nom, l'une des composantes du destin

Il faut admettre que les Anciens, convaincus de la correspondance entre le nom et l'essence, avaient tendance à exagérer. Leur conception, qui était parfaitement justifiée à une époque où les prénoms abondaient pour une population peu nombreuse, permettant ainsi une onomastique réellement personnalisée, commence à s'affaiblir vers le XVIe siècle, par l'institution de l'Etat civil et la transmission héréditaire des surnoms familiers (aujourd'hui devenus noms de famille). Même le prénom perd son caractère singulier et tend à se diffuser. De nos jours, face à une armée de Charles, Marie, Rose qui n'ont en commun que le prénom, il serait plutôt simpliste – voire absurde – d'associer à leurs prénoms, indissociablement et de façon rigide, des destins donnés...

Le prénom, jadis adopté uniquement par les Romains, renaît vers la fin du Moyen Age par la fixation des surnoms, pour devenir aujourd'hui partie intégrante de la personnalité, capable de la définir, de la marquer et, éventuellement, de l'influencer. Mais ce n'est pas tout. Si le nom et le prénom caractérisent l'individu en lui donnant sa spécificité personnelle, d'autres facteurs, méconnus par la science et la logique courante, participent à la constitution de l'identité. Ces facteurs, divers et nombreux, sont la configuration des astres à l'instant de la naissance, les lignes de la main, le biorythme, la conformation du visage et du front, l'éducation reçue, les expériences accumulées au cours de la vie, ainsi que les origines, le milieu culturel et social, le niveau d'instruction.

Mais, si nous ne pouvons décider de nos mains, de notre visage, des étoiles et des rythmes cosmiques, nous pouvons choisir un prénom en toute liberté. Cependant, si nous voulons influencer le destin de notre enfant, c'est avec beaucoup de discernement que nous lui choisirons un prénom, un prénom porteur de chance, choisi avec soin et non pas au hasard ou au gré de la mode.

Le choix du prénom

Essayez donc de convaincre votre petit garçon de six ans, que vous avez baptisé Napoléon, de votre amour! Quand il devra affronter ses trente nouveaux camarades d'école – moment crucial! – et leurs moqueries, le petit Napoléon ne tardera pas à tirer ses propres conclusions, aussi tristes que logiques: c'est veiller fort peu au bien de l'enfant que de le promettre à pareille torture.

Ce brave oncle Napoléon qui vous a précédé ne pourra que vous envoyer des signes d'approbation de l'au-delà si vous vous abstenez de transmettre à un si joli bébé un si lourd héritage. Veillez donc tout d'abord à choisir pour votre enfant un prénom harmonieux, plaisant, agréable à l'oreille. Mais ne vous arrêtez pas là. La mode, les événements, l'histoire elle-même tendent à nous entraver, nous imposer des clichés: des prénoms en quelque sorte standardisés.

Au début des années soixante, une chanteuse de renommée nationale nomma son enfant David, prénom assez commun à cette époque. Cela fut à l'origine d'une armée de David. Le succès des courses nautiques en Italie par exemple, a produit depuis quelques étés une grande quantité d'Azzurra, nom du bateau italien ayant remporté la coupe du monde de voile.

Si aujourd'hui, grâce aux exploits sportifs, les Yannick sont plutôt en vogue, la guerre de 14-18 déclencha une vague de Joffrette (du nom du maréchal Joffre); plus récemment, la popularité et la fin tragique de la reine de Belgique répandit une belle armada d'Astrid. Une fois passée la comète de l'actualité, personne ne se rapellera plus le pourquoi de ce prénom, car les modes sont éphémères et tombent dans l'oubli aussi vite qu'elles sont apparues. Jouez avec les prénoms actuels si vous voulez, mais faites attention à ne pas vous empêtrer dans la banalité mielleuse des magazines féminins; tournez-vous un peu vers le passé, les mythes, les classiques, les romans de chevalerie, le théâtre magique shakespearien et vous en tirerez d'authentiques bijoux onomastiques, discrets, capables de conférer à la personne qui les porte cette auréole de culture et d'élégance, bienvenue dans tous les milieux.

Quant aux prénoms étrangers, aussi charmants soient-ils, ne leur laissez pas plus de place que l'on ne fait habituellement avec l'angusture dans un cocktail: deux gouttes, pas plus! En effet, si Donald, en anglais ne fait pas rire, il est en français totalement ridicule, même s'il figure sur le calendrier. D'autre part, un William Dupont ou une Zita Durand font preuve d'un originalité bien laborieuse qui fait sourire.

Les croyants désirant placer leur enfant sous la protection d'un être invisible, (d'un saint qui, à travers l'homonymie, pourra lui montrer le bon chemin), trouveront dans l'hagiographie, après avoir écarté la masse des solutions envisageables, une grande diversité de prénoms, beaux, harmonieux et actuels. La tradition ésotérique recommande pour les garçons les prénoms des archanges: Gabriel, Raphaël, Ariel, Samuel, des prénoms qui portent chance, car ils contiennent tous l'appellation divine (en hébreu "el"). En effet, dans la signification du prénom se cache souvent le secret de la plus ou moins grande fortune de celui qui le porte. Félicité, Bénédicte, seront certainement plus sereines que Dolores et, grâce à leur nature heureuse, à leur caractère disponible, passeront à côté des obstacles de la vie. Dolores par contre, même si c'est agréable à l'oreille, ne fera jamais une femme chanceuse. De même il vaudra mieux éviter Claude (le boiteux), Andrée (la virile). Chaque fois que vous prononcerez Lætitia, Dolores, ou Claude, vous remonterez inconsciemment aux racines du nom et vous évoquerez ainsi des images, des situations qui, à force d'être répétées, deviendront petit à petit des invitations, des ordres, des réalités. Dolores, par une persuasion subtile, occulte, finira par ne jamais sourire; Lætitia par contre, pleurera rarement; Claude tombera plus souvent que les autres; Andrée, au fur et à mesure des années, se révélera autoritaire, en femme "qui porte la culotte".

Des prénoms allègres pour des enfants heureux: et, puisque personne ne voudrait souhaiter à un enfant le moindre malheur, si réduit que puisse être le pouvoir des prénoms, laissez donc les prénoms de mauvais augure sur le calendrier!

Le problème des prénoms hérités

De la Suède au Japon, des rois aux pauvres pêcheurs de corail, au temps de Jules César comme à la veille de la guerre des étoiles, la tradition de la transmission des prénoms ne s'est pas encore éteinte; dans certains lieux elle est même si courante qu'elle n'est plus seulement une tentative pour ne pas perdre complètement une personne chérie, elle devient une véritable obligation sociale qu'on est tenu de respecter, bon gré, mal gré.

Etant donné non seulement l'aspect esthétique et légal du prénom, mais aussi son caractère ésotérique, on comprend facilement que l'appellation transmise constitue pour celui qui la reçoit un héritage remarquable, en bien comme en mal. Elle lie une nouvelle vie à une vie passée, un avenir à inventer à un passé appartenant au souvenir, elle condamne un nouvel être à suivre sans qu'il s'en doute des traces anciennes qui ne sont pas forcément heureuses.

Inconsciemment, en essayant de faire revivre quelqu'un, on finit souvent par rechercher chez le jeune homonyme les mêmes attitudes, les mêmes vertus que celles du défunt, mais en le condamnant aussi aux mêmes défauts, au même destin. Son chemin est déjà tracé. Son droit au choix est né *a priori*. Le mécanisme sera encore plus fort si le défunt avait lui aussi hérité un prénom d'un de ses parents, et ainsi de suite, dans les profonds labyrinthes du passé. L'induction subtile, impalpable, présente dans la signification étymologique est alors amplifiée, la douce invitation à se conformer à certaines caractéristiques ou à une certaine attitude suggérée par son sens caché, devient alors un impératif catégorique. Car il ne s'agit plus seulement de se rapprocher d'un personnage mythique ou historique dont on ne connaît que les attributs les plus marqués, mais plutôt de réincarner un être qui est encore présent dans la mémoire et dans les albums de famille, dont on connaît tout: les amours, les maladies, les vices et les préférences gastronomiques.

Prudence donc avec les prénoms hérités, prudence même si leur ancien possesseur était heureux et satisfait, même s'il a fait preuve de grande longévité. Avant même de considérer le sens du prénom, vous devrez tenir compte du vécu, de la chance et de la réussite de celui qui offre à ses descendants, grâce à quelques syllabes seulement, tout un "bagage" de caractères, d'attitudes, d'événements auxquels ces derniers se verront par la suite contraints par le langage muet du symbolique et du magique.

Associations des noms et des prénoms

Il faut l'admettre, sur ce point, l'occultisme et le bon goût ne s'accordent guère.

Georges Michery, un spécialiste dans ce domaine, affirme que l'indice maximal de chance se retrouve chez les individus dont le nom et le prénom ont la même initiale et particulièrement lorsqu'ils sont identiques ou que l'un contient l'autre, par exemple: Charles Charles, Michel Michelet, etc. Selon lui, les couples et les groupes de prénoms commençant par la même lettre sont harmonieux. Aussi, le mariage sera excellent lorsque l'initiale de l'épouse correspond (en lettre ou en nombre) à celle du nom du mari, ou du moins lorsque les noms et les prénoms respectifs ont en commun plusieurs lettres.

D'un point de vue esthétique, on ne peut pas dire la même chose. En effet, si les règles d'or de l'harmonie tendent chaudement à déconseiller les associations malencontreuses du genre: Barbara Barreau (préférant par exemple Anne ou Catherine), elles s'indignent même face à un Pierre Pierrot ou Flora Florent. Toujours dans le but d'éviter les cacophonies fâcheuses, il faut considérer que:

- la syllabe finale du nom ne doit pas coïncider avec l'initiale du prénom et vice versa; (exemple: Michelle Lefebvre ou Ricaud Odile);
- un nom long préfère un prénom court; à l'inverse, un nom trop court peut être compensé par un prénom long;
- toutefois, il vaut mieux éviter qu'un prénom d'une longueur kilométrique étouffe un nom très court ou, au contraire, qu'un nom extrêmement long afflige un prénom "microscopique", monosyllabique par exemple;
- si votre nom de famille est des plus courants, n'hésitez pas à fouiner parmi les prénoms inédits; ce n'est qu'ainsi que vous pourrez protéger votre héritier de l'anonymat morne d'un Jean Dupont;
- souvenez-vous que seul un nom étranger ou moitié exotique, par exemple hérité d'un parent teuton ou breton, est capable de supporter élégamment un prénom de la même provenance. Une exception doit être faite, pour les prénoms ne souffrant pas de traduction satisfaisante dans notre langue.

Science et mantique du prénom

Dans toutes les histoires de peaux-rouges, on rencontre des prénoms suggestifs tels "Œil-de-Faucon", "Bison-Blanc", "Taureau-Assis". Tout aussi évocateurs nous paraissent les "Fleur-de-Lotus", "Lune-du-Printemps" japonais, le "Roi-à-la-ceinture-de-plumes-blanches" polynésien, le "Sage-de-la-famille-des-Sakya" sanscrit. Nicolas (*Nikolaos*) était le prénom qu'un grec donna à son fils, un "futur vainqueur de peuples". Samson signifiait petit soleil et Iphigénie, la femme au menton fort.

L'origine des prénoms, oubliée pendant des siècles, est actuellement mise en exergue par l'étymologie, et ce peut être un attribut, un épithète, un bon augure. C'est dans ce sens, désormais perdu, que l'onomancie tire des prévisions sur la personnalité et sur le destin en se basant sur la présupposition que la signification première de l'appellation influence le sort de celui qui le porte. Il existe pour ainsi dire deux voies, deux méthodes d'étude des prénoms à considérer parallèlement: l'une externe, exotérique, *l'onomastique* qui traite, à l'aide de *l'étymologie*, de *l'hagiographie* et de *la statistique* des origines des prénoms, des variantes, de la fréquence, de la diffusion et des onomastiques; l'autre intérieure, ésotérique, *l'onomancie* qui, au moyen de l'étymologie mais aussi par le biais de *la numérologie,* de *l'astrologie onomantique* et de *la magie naturelle*, étudie le destin, le favorise, prévient et modifie. Les prénoms, les chiffres, les étoiles, les plantes, les animaux, les couleurs, les pierres, les métaux, les organes, les directions, les jours, les notes musicales et les divinités, observés au-delà de leur apparence très différente, révèlent dans leur structure intime ce lien subtil, indissociable, fondement de la science occulte qui relie chaque élément du cosmos à un réseau de correspondances harmonieuses. Les lettres sont des chiffres, les chiffres des planètes, les planètes des couleurs, les couleurs des métaux, et de nouveau, à l'inverse, les étoiles des lettres, des chiffres...

Et si aujourd'hui cette association nous paraît curieuse, et même un peu forcée, les alphabets sacrés des Egyptiens, des Juifs, des Grecs et des Latins, qui avaient aussi un sens liturgique, exprimaient une correspondance logique, un ordre naturel qui établit pour toute chose une place bien définie dans l'univers.

L'utilisation graphique de signes différents des lettres, d'origine hindoue, est survenue en Occident assez tard. Les Juifs écrivaient *aleph* pour désigner le chiffre 1, *beth* le 2, *ghimel* le 3, et ainsi de suite. Les Grecs faisaient de même avec *alpha, bêta, gamma*, etc.

Les Latins désignaient le 5 avec un V et le 10 avec un X. Les chiffres n'étaient donc qu'une suite de lettres, les mots, par conséquent, des séries, donc une addition de chiffres. Des chiffres, des nombres, qui à leur tour, ainsi que Pythagore nous l'apprend, révèlent des rapports angulaires précis (le caractère bénéfique ou maléfique), des étoiles et des planètes, des principes philosophiques sous-tendant la création et la permanence de l'univers tout entier.

De nos jours, la numérologie (simplification des Kabbales juive, grecque, arabe, tout en se basant sur des principes identiques) a fini par amoindrir la puissance secrète des chiffres en manipulant des alphabets désormais inconnus et dépourvus de leur fonction liturgique. Si aujourd'hui encore on recherche le destin dans le prénom et dans le chiffre, comme on le faisait il y a quelques milliers d'années, les résultats nous paraissent plus approximatifs, plus superficiels qu'ils ont pu l'être par le passé, lorsque les chiffres correspondaient effectivement aux lettres dans l'usage pratique, et que les mots avaient un rôle magique, évocateur, rituel.

Bien que nous ayons conscience de ne plus appartenir aux Temps Sacrés, mais à cette époque obscure, difficile, que les Hindous appellent *Kali-Yuga*, cela vaut la peine d'utiliser ces restes de la science ancienne dont nous pouvons encore nous servir. S'il est vrai que le prénom a perdu son pouvoir, que tous les liens secrets entre les éléments cosmiques paraissent affaiblis, cela ne veut pas dire qu'il faille renoncer et ignorer une réalité mystérieuse. Nous nous contenterons donc, sans pour cela nous attendre à des miracles, des étymologies dans l'oubli, des alphabets désacralisés, remaniés, des associations avec les chiffres arabes, des bribes de sciences astrologiques et de magie qui nous sont parvenus pour nous apporter un écho du passé. Onomastique, hagiographie, étymologie, statistique, numérologie, astrologie et magie, toutes ces disciplines convergent vers quelques syllabes: **votre prénom.**

Amulettes et talismans

Une doctrine entièrement spéculative, surtout si elle relève du domaine ésotérique, réussira difficilement à s'affirmer et à survivre si elle n'a pas un côté pratique, opérationnel. Il est certainement attirant et mystérieux de chercher à scruter le futur et de sonder sa propre psyché à travers des systèmes insolites: les cartes, les étoiles, les mantiques. Il est curieux et même merveilleux de s'y reconnaître, d'y voir le reflet du passé et du futur, la peur, l'espoir du lendemain. Mais ce n'est pas suffisant.

Lorsque l'astrologue leur prévoit des temps difficiles, les dépensiers veillent à se serrer la ceinture. Prévenu d'une tempête sentimentale, on essaie de s'imposer le calme, d'éviter, par la patience et l'amour d'occasionner le mécontentement et l'éloignement du partenaire, en ayant même recours parfois à l'enchantement, à la terrible poupée de cire, au philtre complice. De même, au moyen des instruments magiques les plus appropriés: une amulette, on tentera de se protéger d'un pronostic fondé sur le prénom, qui prémunit des implications négatives, des défauts et des faiblesses liés au prénom; un talisman qui en fortifie les aspects les plus radieux, les attentes chargées du plus grand espoir.

Une arme donc, à la fois de défense et d'attaque, choisie selon les indications de ce réseau harmonieux de correspondances qui relie toute chose dans l'univers: le chiffre à l'astre, la pierre à la plante, l'animal à la saison, la couleur aux jours et ainsi de suite.

Se bâtir soi-même cet outil magique n'est pas excessivement difficile, ni pour autant élémentaire. A l'intérieur du cadre onomastique, (bien qu'il faille également considérer l'ensemble de la personne: sa date de naissance – heure, mois, année, – l'influence des étoiles, les sillons inscrits dans sa main), il faut tout d'abord, à l'aide de la numérologie, repérer le chiffre de votre destin, celui qui en quelque sorte vous marque, vous accompagne dans votre vie. Les lettres qui composent votre prénom vous diront si vous êtes un deux ou un cinq, un six plutôt qu'un neuf. A partir de cela vous saurez si vous êtes plutôt fils de la Lune ou de Mercure, de Vénus ou de Mars, planètes qui interviendront symboliquement pour imprimer sur vous leur marque. Vous êtes déjà à la moitié du chemin. Choisissez maintenant parmi les carrés magiques et les talismans qui vous sont proposés (mais faites attention de ne pas vous tromper de chiffre); orientez-vous, tableau en main, vers la pierre précieuse adaptée à votre chiffre personnel, vers la couleur qui lui correspond, vers le métal qui s'y adapte le mieux.

Attendez le jour et la période de l'année les plus propices. Concentrez-vous alors les yeux fermés sur les syllabes composant votre prénom en l'imaginant, en le visualisant, écrit devant vous. Serrez en silence votre objet magique personnel et passez-le à plusieurs reprises à travers la fumée d'un bâtonnet d'encens. Enfermez-le dans un sachet en tissu de la couleur adéquate, parfumez-le avec l'essence conseillée... Vous êtes à partir de là prêt à vivre votre *être* Laura, Paul, Robert ou Yves avec une nouvelle intensité et, espérons-le avec une touche de chance en plus.

22	47	16	41	10	35	4
5	23	48	17	42	11	29
30	6	24	49	18	36	12
13	21	7	25	43	19	37
38	14	32	1	26	44	30
21	39	8	33	2	27	45
46	15	40	9	34	3	28

כב מז	יו	מא	י	לה	ד
ה	כג	מה	יז	מכ	יא	נט
ל	י	כד	מט	יח	לי	יב
יג	לא	ז	כה	מג	יט	לז
לה	יר	לב	א	כו	מד	ב
כא	לט	ח	לג	ב	כז	מה
מו	יה	מ	ט	לד	לר	כה

Carré magique de Vénus

8	58	59	5	4	62	63	1
49	15	14	52	53	11	10	56
41	23	22	44	45	19	18	48
32	34	35	29	28	38	39	25
40	26	27	37	36	30	31	33
17	47	46	20	21	43	42	24
9	55	54	12	13	51	50	16
64	2	3	61	60	6	7	57

Carré magique de Mercure

א	סג	סב	ד	ה	נט	נח	ח
נו	י	יא	נג	נב	יד	יה	מט
מח	יח	יט	סה	מו	כב	כג	מא
כה	לט	לה	כה	כט	לה	לד	לב
לג	לא	ל	לו	לז	לו	כו	מ
בד	מכ	מג	כא	כ	כ	מו	יז
וו	כ	יג	יב	כד	נה	ט	
נז	ז	ד	סא	ג	כ	סד	

37	78	29	70	21	62	13	54	5
6	38	79	30	71	22	63	14	46
47	7	39	80	31	72	23	55	15
16	48	8	40	81	32	64	24	56
57	17	49	9	41	73	33	65	25
26	58	18	50	1	42	14	34	66
67	27	59	10	51	2	43	75	35
36	68	19	60	11	52	3	44	76
77	28	69	20	61	12	53	4	45

Carré magique de la Lune

לז	עה	טכ	עו	כא	סב	יג	גד	הד
י	לח	עט	ל	עא	כב	פג	יד	מו
מז	ז	לט	פ	לא	עכ	נה	נה	יה
יו	מח	ח	מ	פא	לב	סד	כד	נו
נז	יז	מטי	ט	מא	עג	לג	סה	כה
כו	נח	יה	י	נט	מב	גד	לה	סו
סז	כז	נט	י	נא	כ	מג	מר	עו
לו	עח	יט	ס	יא	נב	ג	ד	מח
עז	כה	פט	כ	פא	יב	נג	כג	מו

4	9	2
3	5	7
8	1	6

כ	ט	ד
ז	ה	ג
י	א	ח

Carré magique de Saturne

4	14	15	1
9	7	6	12
5	11	10	8
16	2	3	13

א	יה	יד	ר
יב	ו	ז	ט
ח	י	יא	ה
יג	ג	ב	יו

Carré magique de Jupiter

11	24	7	20	3
4	12	25	8	16
17	5	13	21	9
10	18	1	14	22
23	6	19	2	15

ג	כ	ז	כד	יא
יו	ח	כה	יב	ר
ט	כא	יג	ח	יז
כב	יד	א	יה	י
יה	ב	יט	ו	כג

Carré magique de Mars

6	32	3	34	35	1
7	11	27	28	8	30
24	14	16	15	23	19
13	20	22	21	17	18
25	29	10	9	26	12
36	5	33	4	2	31

א	לה	לד	ג	לב	ו
ל	ה	כה	כז	יא	ז
גר	כג	יה	יו	יד	יט
יג	יז	נא	כב	כ	יח
יב	כו	ט	י	כט	כח
לא	כ	ד	לג	ה	לו

Carré magique de Soleil

Deviner avec l'hagiographie. Une mine de richesses à découvrir

On croit d'habitude que chaque jour de l'année correspond à un seul saint. Mais il suffit de consulter une liste hagiographique pour se détromper: certains commémorent la date de naissance du saint, d'autres sa mort, d'autres encore sa canonisation. Il y a le saint cher à telle région, commune, village, qui est presque inconnu ailleurs. Il y a le saint figurant sur le calendrier et une multitude d'autres non cités, mais qui y sont liés par le fil subtil de la date.

En analysant l'étymologie et les vies des saints, il peut arriver de trouver des coïncidences curieuses, qui sont peut-être moins fortuites qu'on pourrait le croire à première vue. Par exemple, on peut découvrir que la naissance de son amie la plus gourmande coïncide avec la commémoration de St Pascal, patron des pâtissiers, ou qu'un amour heureux est né le jour dédié à Ste Félicité, ou que votre "cher docteur", à qui vous faites toujours appel fête son anniversaire le jour de la Saint-Cyr, lui-même médecin et chirurgien.

Une mine de richesses à découvrir mais qui, à vrai dire, a déjà été exploitée depuis cinq mille ans au moins. Les Egyptiens attribuaient à chaque jour de l'année (c'est-à-dire à chaque grade du zodiaque) une image particulière d'où ils tiraient une définition, un profil du nouveau-né. C. G. Jung explique dans sa théorie de la synchronicité, que dans l'univers rien n'est dû au hasard. Mystérieusement, comme si une chose en attirait une autre, les faits, les pensées, les songes, les paroles, les images convergent vers les foyers d'énergie. Il arrive de penser à une chose et puis, quelques heures après, de l'entendre citée par autrui ou bien d'en voir l'image à la télévision; il arrive aussi de rêver d'une personne et de la rencontrer le jour suivant...

A ces images égyptiennes et au calendrier thébaïque (cette sorte d'horoscope figuré) correspondent souvent, de manière mystérieuse, certaines célébrations de saints ayant le même symbole. Prenons un exemple: le 2 janvier, St Basile (du grec *Basileus* = *roi*) correspondant au 10-11 degré du Capricorne, est associé dans le calendrier thébaïque à l'image d'un parchemin et d'un sceptre. Les parents peu riches en imagination, qui finissent par donner à leur enfant le nom du saint fêté le jour de sa naissance, encouragent inconsciemment ce lien entre les calendriers égyptien et chrétien, entre l'astrologie et l'hagiographie. C'est un tout composé d'un grand nombre de petits signes. Des indices d'un enchaînement secret, des cartes disposées l'une après l'autre pour composer la mosaïque toute entière. Petit à petit, toujours selon la loi de la synchronicité, vous décrouvrirez que les renseignements tirés de votre prénom, des lignes de votre main, de votre structure somatique, de votre horoscope traditionnel, ou aztèque ou chinois, tendent à se confirmer et à se renforcer les uns les autres. Il est difficile de trouver des divergences dans cet ensemble si organique de correspondances qui ne dépendent pas du tout du hasard.

L'utilisation du prénom pour la divination: la lunette d'Alexandrie

La lune, les étoiles et le prénom sont à la base de cet ancien et curieux système divinatoire dont les origines remontent à l'époque de Ptolémée. Elaboré à partir de l'observation de la lune et de son histoire – naissance – vie – rencontres – chemin – mort symbolique, une histoire qui concerne tous les hommes, cette forme de divination a la particularité de se servir du nom et du prénom du consultant pour lui révéler, au moyen d'un instrument très simple, son avenir mois après mois.

Il faudra tout d'abord choisir une nuit sereine, dégagée (mais pas un jour de pleine lune) et un endroit tranquille et surélevé, dominant l'horizon. Une boussole et une longue-vue spéciale de fabrication artisanale compléteront votre équipement. Fabriquez un tube de carton bristol noir d'environ 40 cm de longueur, en forme de cône tronqué, c'est-à-dire comportant une extrémité d'un diamètre supérieur à l'autre, et collez sur le bout le plus large une feuille dans laquelle vous aurez découpé les initiales du ou des prénoms de baptême et du nom du consultant (d'environ 3 × 6 cm chacune). A l'aide de votre boussole, scrutez ensuite le ciel par le bout étroit de l'instrument, en commençant par l'est, puis le sud, l'ouest, et enfin le nord; notez à chaque fois le nombre d'étoiles que vous arrivez à voir à travers la longue-vue.

Faites ensuite la somme des 4 nombres obtenus, ajoutez-y le nombre de lettres qui composent le (ou les) prénoms et le nom. Si le résultat dépasse 29 (le nombre de maisons ou stations de la lune), ôtez 29 une ou plusieurs fois de façon à obtenir un nombre qui lui soit inférieur. Vous déduirez alors une description du futur immédiat à partir de la liste suivante, en tenant compte du fait que le numéro 1 correspond à la première maison de la lune, le 2 à la deuxième, le 3 à la troisième, et ainsi de suite jusqu'à la vingt-neuvième. La prévision reste valable pendant un mois.

1 - **Jour de Caronte:** propice aux changements, aux initiatives. Ce mois sera caractérisé par des actions intelligentes dont vous tirerez de grandes satisfactions.

2 - **Jour de la Papesse:** vous découvrirez que vous avez été victime d'une escroquerie et vous aurez beaucoup de mal à retrouver une existence équilibrée.

3 - **Jour de l'Impératrice:** ce mois est favorable au travail et aux œuvres. Vous obtiendrez d'excellents résultats, un grand succès, de l'argent et vous aurez de beaux enfants.

4 - **Jour du Roi:** vous subirez des humiliations. La règle d'or consiste à garder le sourire et à ne rien prendre au sérieux.

5 - **Jour d'Abel:** ce mois vous réserve d'agréables surprises, des joies en amitié, des jours sereins.

6 - **Jour de Léandre:** période trouble; méfiez-vous des étrangers que vous recevez chez vous.

7 - **Jour du Voyage:** la nécessité de vous humilier vous fera découvrir que, contrairement à ce que vous pensiez, la personne que vous aimez partage vos sentiments.

8 - **Jour de la Bipenne:** la hache de la justice est suspendue au-dessus de votre tête; repentez-vous et ne commettez aucun péché pendant tout le mois.

9 - **Jour de Mathusalem:** mois de sérénité dont vous devez profiter pour préparer l'avenir.

10 - **Jour de la Bête:** évitez les places, les transports en commun bondés, les banquets, les cérémonies.

11 - **Jour de la Force:** c'est le moment de réaliser des travaux manuels. Nuits agitées.

12 - **Jour du Pendu:** bouleversement financier ce mois-ci.

13 - **Jour de la Mort:** vous allez être en danger de mort, mais vous vous en tirerez si vous n'avez pas peur.

14 - **Jour de la Balance:** vous rencontrerez le grand amour et cette liaison sera solide et durable. Eliminez cependant ceux qui balbutient, qui boitent ou qui présentent sur le visage ou les mains des signes particuliers.

15 - **Jour de la Tempête:** mois particulièrement difficile; pièges, colères, sottises irréparables.

16 - **Jour du Choix:** vous recueillerez les fruits de vos efforts ou de votre paresse.

17 - **Jour du Feu:** mois riche en passions et en plaisirs.

18 - **Jour de la Lune:** grandes joies familiales, scolaires ou professionnelles.

19 - **Jour du Soleil:** sérénité, chance, excellente santé, vie sociale harmonieuse.

20 - **Jour de la Parole:** réussite, désir exaucé. Ce jour est également appelé le jour de la Réalisation.

21 - **Jour du Monde:** vous êtes destiné à découvrir de grandes vérités par la seule force de votre intellect.

22 - **Jour de Saturne:** perte de biens ou d'objets, amnésies, divagations.

23 - **Jour de Vénus:** mois riche en émotions. Les personnes qui vous sont chères s'emploieront à vous rendre heureux.

24 - **Jour de Jupiter:** mois propice aux gains, au développement de la maîtrise de soi. Evitez cependant de mêler les sentiments à votre vie professionnelle.

25 - **Jour de Mercure:** mois des plaisanteries et des vols. Vous pourrez vous amuser sans risque.

26 - **Jour de Mars:** ruptures, échecs en vue, disputes.

27 - **Jour de l'Autre Lune:** méfiez-vous des sorts et de la magie. Evitez de manger des grenades.

28 - **Jour de l'Autre Soleil:** télépathie, visions, illumination.

29 - **Jour du Vide:** impuissance, avortement. Vous ne réaliserez rien de positif ce mois-ci.

La numérologie

La Kabbale et le Pythagorisme sont à l'origine d'une discipline beaucoup plus récente: **la numérologie**. Encore assez fragile, elle tient à la fois de l'une et de l'autre, sans en avoir hérité la complexité et la perfection.

Apparue à une époque pragmatique, éloignée de la contemplation spéculative et de l'amour du savoir, cette doctrine aux illustres ascendants est simple, accessible et proche de notre façon d'être et de penser.

Pythagore, éclairé par une initiation égyptienne, vit dans le chiffre l'essence de l'univers et, par un parallélisme curieux et inconscient avec la philosophie chinoise, il localisa le principe masculin dans le vertical, l'impair, et le principe féminin dans l'horizontal, le pair. Considérant que le monde est construit sur le pouvoir du nombre, il enseignait qu'il existait entre les chiffres, les éléments, les planètes et les notes de musique un rapport harmonique qui était le fondement même du Cosmos. L'homme, lui aussi, parcelle vivante de l'Univers, est caractérisé dès sa naissance par un chiffre personnel qui, comme on l'a vu avec les étoiles, joue un rôle dans la détermination de son destin. Mais les chiffres et les nombres ne sont pas équivalents. Quand un nombre est composé de plusieurs chiffres, ceux-ci doivent être additionnés les uns aux autres: cette opération simple, dite **somme théosophique**, permet de réduire ce nombre à un seul chiffre et d'en extraire l'essence réelle, le caractère propre. Mille neuf cent quatre-vingt sept, par exemple, sera réduit de la façon suivante: $1 + 9 + 8 + 7 = 25 = 2 + 5 = 7$.

Des opérations de ce type peuvent s'appliquer aux multiples combinaisons numériques qui constellent l'existence d'un individu: la somme des chiffres correspondant à son prénom, à son nom, à son surnom ou à sa date de naissance, de mariage, etc... Nous avons tous un chiffre porte-bonheur, un chiffre qui, étrangement, en bien comme en mal, apparaît régulièrement dans notre vie. Un banal calcul suffit à expliquer son existence: il s'agit très vraisemblablement du chiffre obtenu à partir de votre prénom ou de votre date de naissance ou qui est le plus représenté dans ceux-ci; le chiffre qui apparaît le plus fréquemment est un élément, parmi d'autres, qui caractérise l'individu.

Le chiffre de la naissance

On l'obtient en effectuant la somme théosophique des chiffres qui composent l'année, le mois et le jour de la naissance, qui sont ainsi réduits à un unique chiffre vibratoire.

Pour Janvier (le premier mois de l'année), le chiffre à additionner à ceux de l'année et du jour est **1**
Février, deuxième mois, correspond au chiffre **2**
Mars, troisième mois, correspond au chiffre **3**
Avril, quatrième mois, correspond au chiffre **4**
Mai, cinquième mois, correspond au chiffre **5**
Juin, sixième mois, correspond au chiffre **6**
Juillet, septième mois, correspond au chiffre **7**
Août, huitième mois, correspond au chiffre **8**
Septembre, neuvième mois, correspond au chiffre **9**
Octobre, dixième mois, correspond au chiffre .... **1** $(1 + 0 = 1)$
Novembre, onzième mois, correspond au chiffre .... **2** $(1 + 1 = 2)$
Décembre, douzième mois, correspond au chiffre .... **3** $(1 + 2 = 3)$
Une naissance survenue le 7 septembre 1964 sera ainsi réduite:
$7 + 9 + 1964 = 7 + 9 + 1 + 9 + 6 + 4 = 36 = 3 + 6 = 9$
Le **9** sera donc le chiffre vibratoire de la personne née ce jour là.
Le chiffre de la naissance est définitif, tout comme, du reste, le signe astrologi-

que, et fournit des indications sur l'influence vibratoire présente dans l'individu à sa naissance. Il signale les tendances générales, les inclinations naturelles que celui-ci devra suivre pour ne pas rencontrer d'obstacles sur son chemin. C'est la dimension du virtuel. En ce qui concerne le choix, la détermination, la réalisation, il faut tenir compte d'un autre facteur: le chiffre du prénom.

Le chiffre du prénom

Chaque prénom, comme l'enseigne la Kabbale, renferme en soi un chiffre, qui est la cause et la signification de son existence. Prononcer un prénom équivaut chaque fois, sur le plan métaphysique, à réactualiser des énergies, à perpétuer d'une certaine façon la création. Le nom est *vibration*, avant tout parce qu'il est composé de sons. Il est image, suggestion, de par la signification secrète qui le caractérise. Il est *chiffre* parce que constitué d'un ensemble de lettres. Il est *espace*, figure géométrique, parce que chiffre. Ainsi, tandis que le chiffre de la naissance contenait en soi les potentialités de l'individu, celui du prénom est son expression concrète, active: c'est le présent et, s'il est correctement exploité, il peut être utilisé comme une clef magique qui ouvre les portes du bonheur et de la réalisation des désirs. Il évoque l'aptitude au dynamisme, le changement et l'évolution continue.

Le petit Frédéric Durand, qui à deux ans s'appelle lui-même Ric, devient Frédo à l'école primaire, Freddy pour sa petite amie qui adore les Etats-Unis, de nouveau Frédéric pendant ses examens ou devant le prêtre le jour de son mariage. Mais c'est aussi Riquet pour sa tante Marie, et "chéri" pour sa tendre mère qui refuse de le voir grandir. Et voici que Frédéric devient un artiste célèbre et décide de se faire appeler, par exemple, Félix Saffo, un pseudonyme qui, selon lui, porte bonheur.

Prénom, pseudonyme, surnom, sont autant d'éléments à prendre en considération, à évaluer et, pourquoi pas, à modifier. Si l'individu ne répond pas aux attentes ou ne se conforme pas à l'empreinte de la signification vibratoire de son prénom, il peut naître des contrariétés. Pourquoi, dans ce cas, ne pas lui trouver un prénom mieux adapté à sa personnalité, plus proche de son caractère, de ses objectifs? Pourquoi ne pas atténuer, par un diminutif ou un petit nom, un aspect désagréable, peu apprécié de sa personnalité? Ou encore augmenter ses chances de succès par un pseudonyme heureux, positif?

Cela peut paraître idiot mais, si, comme l'écrit St Jean, *au commencement était la parole*, il est impossible de ne pas reconnaître à la parole son pouvoir créateur ou destructeur et de ne pas accorder au prénom l'importance qu'il mérite, puisqu'il contribue, entre autres facteurs, à déterminer ou à modifier le caractère et le destin de chaque individu.

Chaque alphabet présente nécessairement quelques différences par rapport aux autres; il comprend des sons différents, des groupes de consonnes qui imposent des orthographes différentes, apparemment distinctes l'une de l'autre, et des combinaisons numériques diverses.

Les 52 lettres simples du sanscrit se réduisent à 22 dans l'alphabet hébraïque,

21 dans le latin, 23 dans le grec, 27 dans le cyrillique. Il serait cependant incorrect d'affirmer que l'étroite corrélation lettre-chiffre qui caractérise ces alphabets liturgiques est encore présente dans les systèmes d'écriture contemporains. Les différentes évolutions, les simplifications pratiques de l'écriture ont malheureusement fini par affaiblir cette relation autrefois si étroite, si viscérale, en nous contraignant à remplacer l'identité lettre-chiffre par une équivalence larvée.

Dans l'alphabet anglo-saxon classique, dont la diffusion est quasiment universelle, l'association lettre-chiffre est la suivante:

1	2	3	4	5	6	7	8	9
A	B	C	D	E	F	G	H	I
J	K	L	M	N	O	P	Q	R
S	T	U	V	W	X	Y	Z	

Exemple de calcul du chiffre du nom:

FREDERIC DURAND = Frédéric   Durand
69545993 439154 =   (50)   (26)
                      (5+0)=5   (2+6)=8

Frédéric = 5 + Durand = 8 = 13 (1+3) = **4**

Le chiffre de la vibration vocalique

Si dans l'alphabet hébraïque la voyelle ne joue presque aucun rôle, dans l'alphabet grec et donc, à travers Pythagore, dans la numérologie moderne, celle-ci occupe une place importante. Les sept voyelles grecques (dont *alpha* et *omega* représentent le cycle, l'éternel retour des choses, le début et la fin), correspondaient autrefois aux sept planètes et étaient liées par un rapport mystérieux aux vingt-huit maisons de la Lune. *Le chiffre de la vibration vocalique se déduit de la somme des valeurs numériques des voyelles qui composent le prénom et le nom de l'intéressé.* Si l'on reprend l'exemple de Frédéric Durand, cela donne:

```
69545993   +   439154
FREDERIC       DURAND
  5 5 9         3 1
=   19     +      4   =  23  =  5
```

La somme des voyelles nous fournit comme *chiffre de l'influence vocalique* le 5. On procède de la même façon pour obtenir le *chiffre de l'influence consonnantique* qui sera, dans notre exemple, 53 = **8**.

Si, par ailleurs, une lettre, et donc le chiffre correspondant, apparaît plusieurs fois dans le prénom, elle constitue ce que l'on appelle le *chiffre de fréquence*, dont il faut tenir compte lors de l'analyse numérologique générale de l'individu et qui peut être considéré comme... la pincée de paprika qui relève un plat. Dans le cas de Frédéric Durand, le chiffre de fréquence est le **9**, le **5** et le **4** arrivant à égalité en deuxième position.

Certains auteurs s'intéressant de près aux initiales considèrent comme un facteur de chance le fait de posséder un nom et un prénom qui commencent par la même lettre; ceci est aussi valable pour les noms et prénoms qui commencent par des lettres différentes mais correspondant aux mêmes chiffres.

Ainsi, seront avantagés, non seulement les Brigitte Belin et les Michel Martin, mais aussi les Brigitte Tudor (car le T et le B correspondent au 2) et les Michel Dupont (car M et D valent 4 tous les deux).

Dans l'interprétation numérologique des chiffres qui définissent l'individu, on peut établir que:

a) si le chiffre de la naissance est supérieur à celui du prénom, le sujet suivra ses tendances fondamentales et aura beaucoup de mal à développer les caractéristiques de sa personnalité liées à son prénom;

b) si, vice versa, c'est le chiffre du prénom qui est supérieur à l'autre, les objectifs et les tendances du sujet seront déterminés par son prénom et modifieront les caractéristiques de sa personnalité résultant de sa naissance;

c) lorsque le chiffre de la naissance et le chiffre du prénom sont les mêmes, on est en présence d'un tempérament harmonieux, d'un sujet au destin uniforme, dont les tendances naturelles ne s'éloignent jamais des objectifs qu'il s'est fixés, mais vont au contraire dans le même sens.

La somme du chiffre du prénom et de celui de la naissance constitue le *chiffre de synthèse* de la personnalité, celui qui représente l'individu dans sa totalité et détermine le chemin qu'il voudra suivre en modifiant la marque de son destin.

Les significations des chiffres

Le **1** est le **chiffre divin, solaire, le principe absolu de toute chose**; il révèle un caractère impulsif et une force de volonté telle que, lorsque le sujet a pris une décision, il s'y tient coûte que coûte. Plutôt actif, dynamique, mais aussi égoïste et obstiné, l'individu caractérisé par le chiffre **1** sait saisir les occasions quand elles se présentent. Le courage et la confiance en soi constituent ses principales qualités, mais il doit se méfier de son impulsivité et de son ambition effrénée qui lui causent souvent des ennuis. En amour, le **1** est jaloux, possessif, passionné. Son manque de tact peut lui valoir, dans sa profession, des frictions et des incompréhensions, mais on lui pardonne grâce à sa grande efficacité et à son sérieux. Sur le plan financier, il s'enrichit sans effort, mais peut perdre avec la même facilité tout ce qu'il a gagné. Ce chiffre est relié au Soleil.

Le **2** est le **chiffre lunaire du couple, de l'antithèse, du contraste**: le dilemme, la lutte entre deux tendances opposées semble être un trait caractéristique de l'individu marqué par le chiffre **2**. Très réfléchi, généreux, indulgent envers son prochain, il est totalement dépourvu des qualités directives si développées chez le **1**. Il possède une grande volubilité, mais aussi émotivité et bonté d'âme. En amour, les personnes du **2** se révèlent romantiques, dévouées, réceptives. Ce sont de bons collègues de travail; compréhensifs, altruistes, ils savent créer avec patience un milieu harmonieux et heureux autour d'eux. Ce chiffre est relié à la Lune.

Le **3** est la **vibration symboliquement liée à la réalisation**, au couple qui a mis un enfant au monde, à la trinité, au triangle: il indique un esprit vif, adaptable, original. La personnalité marquée par le **3** se montre bien souvent incapable de planifier son existence: elle préfère, avec la curiosité qui lui est propre, vivre au jour le jour, en saisissant au vol les bonnes occasions. Habile dans tout ce qui concerne l'art, les sciences, le sport, le **3**, joyeux, dynamique, enthousiaste, connaît vite la popularité dans le milieu qui l'entoure; il déteste les professions monotones et pratique des activités irrégulières, indépendantes, en contact avec le public. Ses dépenses sont nombreuses et mal évaluées. Sa vie amoureuse est très mouvementée mais il se marie rarement. Ce chiffre est relié à la planète Jupiter.

Le **4, symbole du cube**, est **synonyme de stabilité et d'équilibre**; il indique donc un tempérament calme, profond, perfectionniste et doté d'une grande capacité de résistance. Honnête, précis, sérieux, le **4** entreprend souvent avec succès des études scientifiques ou des professions nécessitant de la précision. Têtu, constant, il atteint toujours son but, même s'il doit surmonter des obstacles considérables. Il est rare que les individus de ce chiffre s'abandonnent en amour, mais quand (enfin) ils se décident, ils se révèlent être des partenaires de confiance, fidèles et responsables. Dans le domaine financier, les **4** sont d'une grande avarice et aiment l'argent pour la sécurité qu'il leur apporte. Ce chiffre est soumis aux influences solaires.

Le **5** est le **chiffre de l'aventure**, des voyages, de l'imprévisibilité qui caractérise l'individu vif, versatile, aimant le changement. Autrefois, cette instabilité faisait penser que le chiffre **5** était néfaste; Pythagore, au contraire, le privilégiait et y voyait un signe de bonheur familial et de fortune. Le **5** correspond à une personnalité curieuse, indépendante, active, capable de toujours résoudre ses problèmes et de réparer ses erreurs. Le désir d'aventure se reflète aussi dans la vie sentimentale du **5** qui est un menteur classique, infidèle, volage, charmeur. Il aime l'argent et le dépense avec prodigalité: c'est pourquoi, même quand il connaît une situation financière favorable, sa richesse ne dure jamais longtemps. Ce chiffre est relié à Mercure.

Le **6** est le **premier des chiffres parfaits**, parce qu'il résulte de la somme des trois premiers chiffres (**1-2-3**) et peut être divisé par ces chiffres. On le définit donc, en le rapprochant de Vénus, comme le **chiffre achevé, nuptial**, mais la Bible l'associe au mal, au symbole de l'**anté-Christ** (666, la grande Bête). Il caractérise les personnes sincères, honnêtes, tolérantes. Joyeux, esthètes, les charmants vénusiens marqués par le chiffre **6** savent inspirer confiance, une qualité qui les conduit au succès, à la popularité. La douceur, la gentillesse et le sourire leur permettent d'obtenir ce qu'ils souhaitent, ce qui ne serait pas le cas s'ils employaient la manière forte. Grand besoin de tendresse, excellentes qualités artistiques et créatives. Chiffre relié à Vénus.

Emblème de la plénitude spirituelle et cosmique, du triomphe de l'or sur le plomb, le **7** est le **chiffre sacré par excellence**: il y a en effet sept planètes, sept notes, sept couleurs de l'arc-en-ciel, sept archanges. Les personnalités qui sont à l'enseigne de ce chiffre bénéfique sont souvent imaginatives, poétiques, intuitives ou mystiques; le **7** représente l'octave supérieure de la Lune, son visage le plus subtil et suggestif. Il symbolise les possibilités d'atteindre la célébrité et de s'élever sur le plan social. Le pessimisme et les rêveries viennent cependant freiner les élans de cette personnalité dotée de grandes qualités. Très dévoués et respectueux en amour, les **7** accordent une grande importance au mariage et le vivent, en termes initiatiques, comme une épreuve. Ils privilégient les activités professionnelles solitaires qui requièrent réflexion et intuition. L'argent ne les attire pas, mais ils savent gérer leurs finances avec prudence. Ce chiffre est soumis aux influences lunaires.

Le **8** est le **chiffre de l'infini, de la justice et de la réalisation**. Il y a en effet huit béatitudes du Christ, huit sentiers de Bouddah. Il révèle un caractère fort, décidé, stimulé par les problèmes, capable d'obtenir beaucoup de lui-même et des autres. Concentration, auto-discipline, frugalité, magnétisme personnel très développé. C'est le chiffre de Saturne.

Le **9** est le **symbole de la connaissance et de l'immortalité qui en découle**. Il caractérise une forte personnalité, capable de grandes actions: succès dans le domaine artistique ou créatif, grâce au charme, à l'esprit inventif et à l'ingéniosité. La personne du **9**, dotée de charisme, influence les autres, comprend leurs désirs et les pousse à suivre leurs idéaux. Générosité, mysticisme, combativité. Ses sentiments sont intériorisés, mais profonds; c'est rarement quelqu'un de riche. Pour le **9**, la profession idéale est basée sur l'aide sociale, les actions humanitaires désintéressées. Ce chiffre est relié à Mars.

Accords et désaccords entre les prénoms, les nombres et les étoiles

L'astrologie, ou *science des étoiles*, enseigne qu'entre les horoscopes de personnes qui entrent en contact il existe des analogies déterminées, des affinités particulières que l'on ne peut absolument pas mettre en évidence à travers la grossière classification traditionnelle: Bélier, Taureau, Gémeaux, etc...

C'est également le cas pour le prénom. Une même initiale peut être à l'origine de la liaison entre deux conjoints, deux amis, deux collègues de travail ou déterminer une relation parent-enfant (réfléchissez-y si vous attendez un bébé). Le chiffre du prénom, de la naissance, de synthèse ou de fréquence peut aussi rapprocher les gens, de même que des noms comportant des voyelles ou des consonnes communes. Peuvent également intervenir les relations bonnes ou mauvaises existant entre les planètes dont dépendent ces personnes. Les planètes, affirme Max Muller, historien, spécialiste des religions, sont des dieux. Et chacun connaît, pour l'avoir appris à l'école, les luttes et les passions, les haines, les envies et les divisions de ces habitants du ciel, si humains par certains aspects... Ainsi, la tradition rapporte que:

– *Saturne* est l'ami de Mars et l'ennemi de toutes les autres planètes;
– *Jupiter* est l'ennemi de Mars et l'ami de toutes les autres planètes;

- *Mars* est l'ami de Vénus et Saturne et l'ennemi des autres;
- le *Soleil* est l'ami de Jupiter et Vénus et l'ennemi de Mercure et Mars;
- *Mercure* est l'ami de Vénus et Jupiter, l'ennemi de Mars et Saturne;
- *Vénus* est l'amie du Soleil, de Mars, de Mercure et de la Lune, l'ennemie de Saturne;
- la *Lune* est neutre.

Concrètement, cela signifie qu'un **Martien** caractérisé par le chiffre **9** aura de bons rapports avec un **Vénusien**, chiffre **6**, alors qu'il risque de détester un **Jupitérien (3)**. Un amour entre un **Mercurien (5)** et une **Vénusienne (6)** ou une **Jupitérienne (3)** se révélera certainement plus stable ou plus satisfaisant qu'une liaison entre un **Saturnien (8)** et un **Solaire (1 ou 4)**, ennemis planétaires par excellence.

Un surnom pour modifier le destin

La tradition astrologico-ésotérico-magique antique tend à diviser les astres, de façon un peu manichéenne, en bénéfiques ou maléfiques. Elle attribue, autrement dit, toutes les vertus à Jupiter et à Vénus, tandis qu'elle charge de négativité Mars et Saturne. Aujourd'hui, une vision plus souple, plus orientale des choses contribue à rectifier cette distinction caricaturale et considère que chaque aspect, positif ou négatif, de l'Univers, est contrebalancé par un aspect opposé. Saturne qui, comme un tamis, filtre tout, sélectionne, vous offre, en éliminant le superflu, des paillettes d'or, c'est-à-dire l'essentiel. Et Mars, bien que symbole du feu, de la guerre, de la lutte, est aussi synonyme d'enthousiasme, de courage, de goût du risque.

Quoi qu'il en soit, si votre prénom est précisément sous l'influence de Mars ou Saturne ou si, inexplicablement, il vous a porté malheur ou ne s'harmonise pas avec celui de la personne aimée, si votre chiffre de naissance, de prénom, de nom ou de fréquence vous prive de certains traits agréables, corrigez la situation en choisissant un surnom adapté à votre personnalité.

Vous avez besoin d'un pseudonyme, d'un nom d'artiste, ou vous cherchez un nom pour votre bateau, votre villa, un produit, une entreprise, un animal? Ne vous fiez pas au hasard si vous voulez obtenir de bons résultats.

Vous êtes sur le point de vous marier? Réfléchissez au changement qui vous attend du point de vue onomastique. Un nouveau nom pourra entraîner, avec le temps, de légères modifications de votre caractère, de votre destin. Si c'est en mieux, tout va bien, mais si c'est en pire, servez-vous de ce nom le moins possible. C'est en effet la répétition du nom le plus utilisé, celui que l'on sent comme sien, qui confère du pouvoir à celui-ci. Un nom écrit sur un document, mais qui n'est jamais prononcé, devient petit à petit comme un vêtement que l'on ne porte pas, une maison inhabitée, quelque chose qui ne vous appartient pas. Mais essayez de le prononcer, de le répéter à voix haute plusieurs fois, et vous sentirez qu'il s'anime, qu'il devient une chose vivante ou presque...

Les hommes n'ont pas le pouvoir de bouleverser complètement leur destin.

Mais il existe peut-être un passage, un sentier lié aux étoiles, à la pratique de la magie, qui permet de l'orienter dans le sens voulu. Cela passe peut-être par un changement de nom... Essayez, mais n'en parlez à personne.

Tableau des associations

Numéro 1: Soleil
Jour de chance: dimanche. **Mois:** du 23/07 au 22/08.
Années: 1906, 1910, 1917, 1924, 1931, 1938, 1949, 1956, 1963, 1970, 1977, 1981, 1988, 1995, 2002.
Direction favorable: est.
Endroits porte-bonheur: immeubles, lieux publics, salon de représentation, théâtres.
Métaux: or.
Minéraux: ambre, hyacinthe, topaze, chrysolite, émeraude, diamant, rubis.
Couleurs: jaune, orange, or.
Parfums: ambre, encens, musc.
Période de la vie la plus favorable: jeunesse.
Fleurs et plantes: tournesol, oranger, citronnier, palmier, grenadier, cannelle, pivoine, anis, sauge, romarin, safran, noix muscade, véronique, chélidoine, camomille, laurier et toutes les plantes aromatiques et les épices provenant de milieux secs et ensoleillés.
Animaux: lion, aigle, crocodile, lynx, taureau, bélier, zèbre, canari, condor, abeille.
Problèmes de santé probables: cœur, colonne vertébrale, circulation, œil droit.
Chiffre à tendance bénéfique.

Numéro 2: Lune.
Jour de chance: lundi. **Mois:** du 21/06 au 22/07.
Années: 1902, 1913, 1920, 1927, 1934, 1941, 1945, 1952, 1959, 1966, 1973, 1984, 1991, 1998, 2005.
Direction favorable: ouest.
Endroits porte-bonheur: sources, routes, plages, étangs, sentiers, tunnels, lieux retirés.
Métaux: argent.
Minéraux: perle, sélénite, aigue-marine, béryl, opale, nacre, quartz.
Couleurs: blanc, gris, argent.
Parfums: laurier, myrte, myrrhe.
Période de la vie la plus favorable: enfance.
Fleurs et plantes: nénuphars, pastèque, citrouille, melon, mauve, trèfle, fougère, belle-de-nuit.
Animaux: poissons, crapaud, crabe, chat, castor, huître, papillons nocturnes.
Problèmes de santé probables: estomac, œil gauche, organes féminins internes.
Chiffre peu favorable.

Numéro 3: Jupiter.
Jour de chance: jeudi. **Mois:** du 24/11 au 22/12 et du 19/2 au 20/03.
Années: 1904, 1915, 1922, 1929, 1936, 1943, 1947, 1954, 1961, 1968, 1975, 1986, 1993, 2000.
Direction favorable: nord.
Endroits porte-bonheur: églises, immeubles, monuments.
Métaux: étain.
Minéraux: améthyste, turquoise, saphir sombre.
Couleurs: pourpre, bleu ciel, violet, indigo.
Parfums: noix muscade, clou de girofle.
Période de la vie la plus favorable: maturité.
Fleurs et plantes: cèdre, olivier, poirier, tilleul, bouleau, violette, jasmin, géranium, hêtre, noisetier, prunier, frêne, sorbier.
Animaux: aigle, paon, alouette, perdrix, taureau, faisan, pélican, cygne, dauphin, cerf, girafe, chien.
Problèmes de santé probables: circulation sanguine.
Chiffre bénéfique et parfait.

Numéro 4 (comme le **1**): **Soleil.**

Numéro 5: Mercure.
Jour de chance: mercredi. **Mois:** du 22/05 au 21/06 et du 24/08 au 22/09.
Années: 1901, 1908, 1912, 1919, 1926, 1933, 1940, 1951, 1958, 1965, 1972, 1979, 1983, 1990, 1997, 2004.
Direction favorable: sud-ouest.
Endroits porte-bonheur: milieux d'affaires, bourse, poste, gares, écoles, bibliothèques, marchés, banques, stades.
Métaux: agathe, calcédoine, marcassite, cornaline, œil-de-chat, émeraude.
Couleurs: gris, bleu clair, orange, couleurs irisées.
Parfums: cannelle, noix muscade, laurier, cèdre.
Période de la vie la plus favorable: adolescence.
Fleurs et plantes: menthe, lavande, anis, verveine, genévrier, marguerite, noisetier, primevère.
Animaux: pie, hirondelle, singe, papillon, renard, belette, hyène, ibis, merle, perroquet, abeille, fourmi, lézard vert, tous les animaux rusés et rapides.
Problèmes de santé probables: système nerveux, cerveau, poumons, langue, bras, mains, intestin.
Chiffre indifférent, neutre.

Numéro 6: Vénus.
Jour de chance: vendredi. **Mois:** du 22/04 au 22/05 et du 23/09 au 22/10.
Années: 1900, 1907, 1911, 1918, 1925, 1932, 1939, 1950, 1957, 1964, 1971, 1978, 1982, 1989, 1996, 2003.

Direction favorable: sud et sud-ouest.
Endroits porte-bonheur: prairies, jardins, chambres.
Métaux: cuivre.
Minéraux: béryl, saphir clair, corail rose, lapis-lazuli, chrysolite, émeraude, jade, turquoise, aigue-marine.
Couleurs: turquoise, vert, rose.
Parfums: rose, violette, safran.
Période de la vie la plus favorable: première jeunesse.
Fleurs et plantes: muguet, rose, lys, jasmin, violette, marguerite, jacinthe, sureau, verveine, myrte, figuier, narcisse, rhododendron, cyclamen.
Animaux: tourterelle, colombe, rossignol, chèvre, moineau, papillon, chat, lapin, cygne.
Problèmes de santé probables: reins, cheveux, veines, peau.
Chiffre généralement malchanceux car relié, selon la tradition, à la séduction et aux plaisirs de la chair. Si on le considère **sous l'angle planétaire**, c'est en revanche un **chiffre favorable** car Vénus est un astre positif.

Numéro 7 (comme le **2**): **Lune.**

Numéro 8: Saturne.
Jour de chance: samedi. **Mois:** du 21/12 au 18/02.
Années: 1896, 1903, 1914, 1921, 1928, 1935, 1942, 1946, 1953, 1960, 1967, 1974, 1985, 1992, 1999, 2006.
Direction favorable: est.
Endroits porte-bonheur: ruines, grottes, mines, hôpitaux, couvents, montagnes, déserts.
Métaux: plomb.
Minéraux: onyx, corail noir, perle noire, diamant, hyacinthe, lignite, ambre noir, jaspe brun, magnétite.
Couleurs: gris foncé, brun, noir.
Parfums: encens, pin.
Période de la vie la plus favorable: vieillesse.
Fleurs et plantes: lierre, houx, aconit, mousse, peuplier, asphodèle, rue, pin, cyprès, fougère, sureau.
Animaux: chouette, taupe, serpent, âne, loup, chameau, mule, ours, scorpion, hibou, autruche, grue, corbeau, tortue, scarabée.
Problèmes de santé probables: os, dents, oreilles, peau, rate.
Chiffre assez peu favorable dans l'ensemble.

Numéro 9: Mars.
Jour de chance: mardi. **Mois:** du 21/03 au 20/04; du 24/10 au 23/11.
Années: 1898, 1905, 1909, 1916, 1923, 1930, 1937, 1944, 1948, 1955, 1962, 1969, 1976, 1987, 1994, 2001.
Direction favorable: nord-ouest.

Endroits porte-bonheur: fonderies, ateliers, arsenaux, cirques, stades, casernes, lieux bruyants et dangereux.

Métaux: fer et acier.

Minéraux: rubis, grenat, cornaline, jaspe, hématite, héliotrope.

Couleurs: rouge, pourpre, violet, rouille.

Parfums: santal, cyprès, aloès.

Période de la vie la plus favorable: seuil de la maturité.

Fleurs et plantes: aloès, pivoine, anémone, fuchsia, rhubarbe, bouton d'or, lupin, lis, tabac, chardon, ortie, poivre, navet, dahlia, gentiane, absinthe.

Animaux: tigre, jaguar, panthère, sanglier, coq, loup, épervier, puce, corneille, léopard, vautour, cheval, pic.

Problèmes de santé probables: tête, muscles, nez, parties génitales extérieures, globules rouges.

Chiffre dans l'ensemble bénéfique, même si la tradition astrologique considère Mars, la planète à laquelle il est relié, comme un astre maléfique.

Les prénoms

A

ADELAIDE-ADELE

ÉTYMOLOGIE ET HISTOIRE

De l'allemand *Adelheid* = de noble qualité ou race. La signification étymologique d'Adélaïde est confirmée par la grande diffusion de ce nom dans les familles nobles. La femme du roi d'Italie Lothaire II et une reine de France du XIIᵉ siècle portèrent ce prénom. La sainte Adélaïde est fêtée le 5 février, le 17 juin et le 16 décembre. Les Adèle (variante la plus commune du prénom) sont fêtées le 28 novembre et le 24 décembre. Il existe de nombreux diminutifs élégants et formes étrangères de ce prénom: *Addy, Adela, Adelia, Adelinda, Adeline, Adelisia, Alasia, Ale, Alene, Aline, Delly, Edile, Elka, Liddy* et enfin *Heidi*, la gentille bergère suisse amoureuse de ses montagnes.

CARACTÈRE ET DESTIN

Dotée d'un caractère noble, **Adélaïde** est consciencieuse, lucide, intuitive; sous son apparence fragile, elle dissimule une grande volonté et beaucoup de vigueur. Volage en amour, elle risque constamment d'être mal comprise. Raffinée, charmante et très courageuse, **Adèle** se montre impitoyable à l'égard de ceux qui ne respectent pas ses idéaux de justice. Equilibre et générosité en amour. Souvent riche, mais elle ne sait pas gérer sa fortune.

CHANCE

Le 5 est le chiffre porte-bonheur d'**Adélaïde**; le 9 celui d'**Adèle**. Le mercredi est un jour particulièrement favorable pour la première, le mardi pour la seconde. **Adélaïde** appréciera le bleu ciel et toutes les teintes irisées. Porte-bonheur: une marguerite. Le rouge et le violet conviennent mieux à **Adèle** qui aura pour fétiche un anneau de fer et une gentiane.

ADOLPHE

ÉTYMOLOGIE ET HISTOIRE

Bien qu'il dérive de l'allemand ancien *athal* = noble et de *wulf* = loup (non pas dans le sens de noble loup, mais de guerrier et compagnon d'Odin), ce prénom est plus répandu au sud qu'au nord, peut-être en raison du culte de saint Adolphe, martyre de Cordoue. Du reste, deux célèbres "loups" de l'histoire, Athaulf, roi des Wisigoths, et surtout Hitler ont largement contribué à jeter le discrédit sur ce prénom, aujourd'hui détesté par beaucoup. La saint-Adolphe est le 11 février, le 17 et le 30 juin, le 27 septembre. Parmi les variantes: *Adolph*, et la sympathique forme provençale *Dolphin*.

CARACTÈRE ET DESTIN

Tout comme le "loup", Adolphe est de tempérament nerveux, solitaire. Studieux, perfectionniste, particulièrement attiré par les sciences occultes, son mot d'ordre est "apprendre". Il est rare qu'il rencontre une partenaire qui le comprenne et qui lui soit proche. Il accorde peu d'importance à l'argent, mais sait le gérer avec sagesse.

CHANCE

Chiffre porte-bonheur: le 7. Jour favorable: le lundi. Couleurs: le blanc et toutes les nuances du gris. Il est conseillé aux Adolphe de porter sur eux une perle et un objet en argent. Favorable également: la fougère et, naturellement, l'image d'un robuste louveteau.

ADRIEN-ADRIENNE

ÉTYMOLOGIE ET HISTOIRE

Ce fut le prénom de six papes et d'un empereur romain, Publius Aelius Hadrianus (117-138), connu comme le constructeur du mur dit d'Hadrien. A l'origine de ce prénom, ou trouve la ville antique d'Hadria dont dérive aussi la mer Adriatique. Parmi les gens célèbres, signalons Adrienne Lecouvreur, actrice du XVIIIe siècle qui fut la maîtresse du maréchal de Saxe. Saint Adrien de Nicomédie, patron des courriers, est fêté le 8 septembre. Autres célébrations; 4 janvier, 5 mars, 8 juillet. Parmi les variantes, signalons *Adrian, Hadrien* et, au féminin, le peu fréquent *Adria*.

CARACTÈRE ET DESTIN

Adrien est l'exemple type de l'homme bon, simple, précis, dont les autres essaient de profiter parce qu'il manque de courage et de volonté. Il aime la musique, les groupes d'amis et surtout les aventures amoureuses, ce qui lui vaut d'être fréquemment dépressif et stressé. Tempérament d'artiste, philanthropie. Une plus grande sagesse, prudence et patience caractérisent **Adrienne** qui est plus solitaire, introvertie et souvent triste. Profondeur spirituelle, manque de sens pratique.

CHANCE

Pour *Adrien*, chiffre porte-bonheur: le 6. Jour: le vendredi. Couleurs: le vert et le turquoise. Pour **Adrienne**, chiffre porte-bonheur: le 7. Jour: le lundi. Couleur: le blanc. Comme porte-bonheur, *Adrien* il pourra choisir un colifichet de jade, une plume de moineau ou une pincée de fleurs de sureau. **Adrienne** s'orientera davantage vers les objets marins: un hippocampe, une algue, un coquillage ou, pour les plus raffinées, un petit poisson en argent.

AGATHE

Contrairement à ce que l'on pourrait penser, ce prénom n'a aucun rapport avec la pierre homonyme, une variété de calcédoine qui tire son nom d'un torrent sicilien sur les rives duquel elle abondait autrefois. En tant que prénom, Agathe dérive en fait du grec *agatos* = bon. La plus célèbre sainte prénommée Agathe est la vierge patronne de Catane, qui subit le martyre à travers une mutilation des seins, ce qui en fit la protectrice des nourrices. On l'invoque pour lutter contre les fissures et les éruptions volcaniques. Elle est fêtée le 5 février. Parmi les personnages illustres ayant porté ce prénom, citons Agatha Christie, célèbre auteur britannique de romans policiers. Il n'existe aucune variante, si ce n'est la forme quasiment inconnue *Agazia*.

CARACTÈRE ET DESTIN

Agathe est caractérisée par un tempérament généreux, doux et dévoué. Affectueuse, dotée d'un physique agréable, coquette, elle vit d'intenses passions amoureuses et connaît beaucoup d'aventures sentimentales. Passion pour la musique et l'art; esthétisme.

CHANCE

Chiffre porte-bonheur: le 6. Jour faste: le vendredi. Couleurs: le rose et le vert émeraude. L'émeraude et l'agate constituent de bons talismans. La rose, la verveine et le muguet sont également efficaces.

AGNES-INES

ETYMOLOGIE ET HISTOIRE

Bien que l'étymologie populaire le fasse dériver d'*agnus* = agneau, Agnès, du grec *aghné*, signifie chaste, pure. Agnès est l'enfant qui fut martyrisée pour avoir refusé d'épouser le fils du préfet de Rome. La légende ajoute que lorsqu'on l'exposa toute nue dans le lupanar, elle fut aussitôt enveloppée par une superbe chevelure surgie miraculeusement. La candeur proverbiale des Agnès, si bien soulignée par Molière, Dickens, Manzoni, connaît une illustre exception en la personne de la perfide Agnès d'Autriche (XIIIe siècle), qui manigança une impitoyable vengeance contre son père. Sainte Agnès, patronne des fiancés, est fêtée le 21 janvier. Autres dates: 20 avril, 13 mai, 16 novembre. Parmi les diminutifs et les formes étrangères, mentionnons *Aggie, Agnet, Annes, Inès, Neis et Nesse*.

CARACTÈRE ET DESTIN

Lucide, forte, très logique, **Agnès** a beaucoup de charme et n'hésite pas à s'en servir pour arriver à ses fins. Précise, méticuleuse, propre, elle attribue beaucoup d'importance aux soins de sa personne, s'habille avec élégance et bouge avec grâce. Plus profonde, altruiste, **Inès** n'est pas liée aux choses matérielles et défend avec acharnement ses grand idéaux humanitaires. Peu sentimentale, mais affectueuse, elle rencontre rarement le prince de ses rêves, seule personne avec qui elle se sent prête à affronter l'aventure du mariage. La plupart du temps, elle choisit la solitude.

Chiffre 1 pour **Agnès** et 9 pour **Inès**. Leurs jours les plus favorables sont respectivement le dimanche et le mardi. Couleurs: le jaune et le rouge. **Agnès** aura pour talismans une topaze, du romarin, une broche en forme d'abeille. **Inès** choisira l'absinthe, la gentiane, un parfum au santal.

ALAIN

ETYMOLOGIE ET HISTOIRE

Signifiant en gaélique "beau, imposant", Alain dérive du nom d'un peuple qui envahit la Gaule en 406 après J.-C. La saint-Alain est le 9 septembre, le 25 novembre ou le 27 décembre. Parmi les gens célèbres: l'écrivain Alain Fournier, le poète américain Allan Ginsberg, prophète de la Beat Generation, et le comédien Alain Delon. Ce prénom possède quelques variantes: *Alan, Allain, Allen.*

CARACTÈRE ET DESTIN

Ambitieux, amateur de compétition, jamais médiocre, Alain atteint toujours ses objectifs, grâce à une volonté et un sang-froid hors du commun. Indépendant, il ne supporte pas la routine, les liens fixes, l'obéissance. En amour, il sait donner beaucoup, mais exige en échange un dévouement absolu. Amour de l'argent et de la gloire; mépris des conventions sociales.

CHANCE

Influence du Soleil; chiffre: le 1. Jour favorable le dimanche. Alain aime les tons chauds et vifs, la flore et la faune méditerranéenne; il peut adopter comme porte-bonheur une feuille de sauge, une noix muscade, l'image d'un crocodile ou d'un lion.

ALBAN

ETYMOLOGIE ET HISTOIRE

Nom ethnique lié à la ville d'Alba (d'*alb* = montagne). Saint Alban, martyr dont le bourreau serait, selon la légende, devenu aveugle en le persécutant, est fêté le 22 novembre. Parmi les variantes: *Albain, Aubain.*

CARACTÈRE ET DESTIN

Administrateur de bon sens, habile organisateur, serein, adaptable, concret, Alban est un individu gai et optimiste. L'enthousiasme avec lequel il affronte la vie lui vaut d'avoir souvent de la chance. La vie sociale le passionne; il a besoin de rapports humains et privilégie les professions qui comportent un contact avec le public. Alban a un grand sens des affaires, mais l'argent lui file entre les doigts car sa générosité frise la prodigalité.

CHANCE

Alban est soumis aux influences de la planète Jupiter. Chiffre porte-bonheur; le 3. Jour favorable: le jeudi. Couleurs: le gris, le bleu clair, le pourpre. Talismans: une feuille d'olivier ou de tilleul, un morceau de fil d'étain, un chien en peluche, en porcelaine ou, mieux encore, en chair et en os.

ALBERT-ALBERTINE

Prénom d'origine germanique (de *athala* = noblesse et *bertha* = splendide, ou peut-être, moins sérieusement, de *all* = tout et *brecht* = casser, dans le sens de "celui qui casse tout"), il devient très courant à partir du Moyen Age. Cela s'explique sans doute par la présence de nombreux Albert célèbres dans le milieu ecclésiastique et noble; du condottiere Albert de Giussano jusqu'au philosophe et théologien Albert Magno, maître de saint Thomas d'Aquin et patron des chimistes et des alchimistes, qui nous a laissé un nombre non négligeable de recettes magiques: il y a aussi Albert Dürer, Einstein, Schweitzer, ainsi que le prince de Monaco. La Saint-Albert est beaucoup fêtée: 5 et 29 avril, 4 août, 3 septembre, 6 octobre, 15 novembre. Variantes et formes étrangères: *Albrecht, Aliberto, Aubert.*

CARACTÈRE ET DESTIN

Albert, caractérisé par le chiffre 4, est un individu ouvert, intelligent, ambitieux. Apparemment froid, il se révèle, lorsqu'on arrive à vraiment le connaître, sympathique et sincère. **Albertine** est aimable, serviable, dévouée. Parfois nerveuse, susceptible, curieuse. Attirée par l'aventure et la nouveauté; goût du risque et des voyages.

CHANCE

Albert a pour chiffre porte-bonheur le 4 et **Albertine** le 5. Leurs bons jours sont respectivement le dimanche et le mercredi. Couleurs: le jaune d'or pour lui, le jaune citron pour elle. Le premier adoptera comme talisman une chaînette en or, un bâtonnet de cannelle, l'effigie d'un zèbre: la seconde orientera son choix vers la cornaline, le platine, la menthe et la baie de genièvre.

ALEXANDRE-ALEXANDRA

ETYMOLOGIE ET HISTOIRE

Alexandre, du grec *Alexandros*, est le défenseur, le protecteur des hommes. L'histoire est jalonnée d'Alexandre, tous aussi renommés les uns que les autres: Alexandre le Grand, roi de Macédoine, A. Nevski, héros moscovite qui repoussa les Suédois lors du célèbre affrontement sur la Néva, trois tsars, le compositeur Scarlatti, l'écrivain Manzoni, le physicien Volta, Pouchkine, Dumas, etc. Saint Alexandre est considéré comme le patron des charbonniers, car après avoir vendu tous ses biens, il se fit charbonnier et vécut de son travail. Fête: 26 février, 18 et 27 mars, 22 avril, 3 mai, 6 juin, 26 août. Répandu dans le monde entier, Alexandre connaît une série de variantes et de diminutifs à prendre en considération: *Alastair, Alessandria, Alex, Alik, Lisandra, Sacha, Sandor, Sandra, Sandy, Shurik et Shura, Zander et Zandra.*

CARACTÈRE ET DESTIN

Alexandre possède un caractère hors du commun, doté de nombreuses qualités: intelligence, volonté, fidélité, bon cœur, optimisme. **Alexandra**, pour sa part, n'a pas toutes ses qualités: elle est susceptible, présomptueuse, trop impulsive et égocentrique, mais elle a tendance à compenser ses défauts par un grand courage et une volonté énorme.

CHANCE

Le 3 porte bonheur à **Alexandre**, le 8 à **Alexandra**. Leurs jours favorables sont respectivement le jeudi et le samedi. Leurs couleurs le pourpre et le marron. Parmi les talismans, les garçons choisiront un morceau d'écorce de bouleau, l'image d'un dauphin, un saphir sombre. L'agate, le plomb, le lierre et la rue seront les éléments fétiches des représentantes féminines du prénom.

ALEXE-ALEXIS

ETYMOLOGIE ET HISTOIRE

Dérive du sanscrit *raksati* ou du grec *alexo* = défendre, protéger. Le 17 et le 30 juillet, on fête respectivement Alexis, noble romain qui renonça à ses biens pour devenir confesseur et ascète, et saint Alexis Falconieri, fondateur de l'ordre des Serviteurs de la Vierge Marie à Florence. C'est le patron des voyageurs.

CARACTÈRE ET DESTIN

Imaginatifs, intelligents, mais plutôt mélancoliques, **Alexis** et **Alexe** ont un tempérament prudent, studieux. Passion pour les domaines paranormaux et les spéculations philosophiques en général. Mariage précoce possible, souvent pas très réussi.

CHANCE

Le chiffre porte-bonheur est le 7 pour lui comme pour elle. Jour favo-

rable: le lundi. Couleurs: le blanc et le gris clair. Talismans: un colifichet en argent, une feuille de lunaire, une boulette de camphre.

ALFRED

ETYMOLOGIE ET HISTOIRE

L'étymologie d'Alfred comporte plusieurs variantes, toutes d'origine germanique: *athala* (noble), *ald* (vieux), *all* (tout), *eald* (sage) + *fridu, friede* (paix, sécurité); ce prénom signifierait donc "noble dans la paix". A cela s'ajoute le saxon *aelread* = Conseil des Elfes, qui confère au nom une aura magique, féerique. Parmi les Alfred les plus illustres: de Vigny, de Musset, Tennyson, le compositeur Catalani, le roi du frisson Hitchcock, le peintre Sisley et bien sûr le très célèbre Alfred de *La Traviata*, amant de Violette. On fête les Alfred le 12 janvier, le 14 août, le 15 septembre et le 28 octobre.

CARACTÈRE ET DESTIN

Créatif, inventif, Alfred est doté d'une personnalité marquée mais médiocre. Indépendant, ne supportant pas que l'on restreigne sa liberté, il sait soumettre les autres à sa volonté grâce à son charme subtil, serein et à son esprit pacifique. Il collectionne les succès amoureux, mais se montre indécis dans le choix de sa compagne. Dévouement et jalousie en amour. Gratifications dans le domaine professionnel.

CHANCE

Le 1, soumis aux influences solaires, est le chiffre porte-bonheur d'Alfred. Jour de chance: le dimanche. Couleur: le jaune. Talismans: une fleur d'arnica, l'image d'un bélier, quelques bâtonnets d'encens.

ALIX-ALICE

ETYMOLOGIE ET HISTOIRE

De l'allemand ancien *Athalheid*, ce prénom prend la forme d'*Alis* en vieux français, *Alicia* en latin et Alice de nos jours. Il existe toutefois une forme grecque *Aliké* = marine qui évoque les aventures d'une superbe nymphe. Ce prénom possède une version masculine: Alix. Fête: le 5 février (date à laquelle on commémore l'abbesse Alice qui fit un pain miraculeux qui dura 6 ans), les 16 et 27 juin, le 16 décembre. Parmi les variantes qui nous viennent des romans chevaleresques: *Alis, Alais, Alessia, Alicia, Alissa, Aliz, Allison, Allix.*

CARACTÈRE ET DESTIN

Alice, héroïne de la fantastique aventure aux pays des merveilles, est considérée comme une grande rêveuse, mais c'est en réalité une femme dotée de sens pratique, sûre d'elle et peu imaginative. Derrière son apparence susceptible et querelleuse, elle dissimule une âme tendre, sentimentale et gentille. Réussite littéraire possible. Au masculin, ce prénom est synonyme d'orgueil, d'ambition, d'indépendance; bonnes probabilités de réussite professionnelle.

CHANCE

Pour **Alix**, le chiffre porte-bonheur: 1. Jour favorable: le dimanche. Couleur: le jaune vif. Talismans: un tournesol, une feuille de sauge, l'image d'un aigle, un objet en or. Pour **Alice**, chiffre porte-bonheur: le 3. Jour favorable: le jeudi. Couleurs: le bleu et le pourpre. Comme fétiche, elle pourra choisir une turquoise, une feuille de bouleau ou un morceau de corne de cerf. Le chien sera pour elle un ami exceptionnel.

ALPHONSE-ALPHONSINE

ETYMOLOGIE ET HISTOIRE

Différentes hypothèses sont proposées en ce qui concerne les origines de ce prénom qui fut importé en Espagne par les Wisigoths. Alphonse se compose de *funs* = prompt, valeureux et d'*athal* = noble, et signifie alors *noble valeureux*, ou bien de *funs et ala*: tout, et veut dire *très valeureux*, ou encore de *funs et haltus* = bataille, c'est-à-dire *valeureux au combat*. Il s'agit d'un prénom courant dans les milieux nobles, qui fut porté par six rois du Portugal, treize rois d'Espagne et cinq d'Aragon. Parmi les saints, signalons St Alphonse de Liguori, invoqué contre l'arthrite, et St Alphonse Rodriguez, patron des huissiers. Fête: 23 janvier, 2 août, 31 octobre. Lamartine et Daudet sont deux personnages illustres qui ont porté ce prénom. Variantes: *Alonso, Fonzie.*

CARACTÈRE ET DESTIN

Ardent, passionné, impressionnable, **Alphonse** compense son caractère difficile et inégal, par une vive intelligence et un esprit rapide. Très loyal en amour. Au féminin, le nom prédispose à un enthousiasme dangereux et à une générosité presque excessive. **Alphonsine** est bonne, enjouée, mais manque un peu de volonté. Très séductrice, elle s'entoure de beaucoup d'amis dont quelques-uns seulement ont des relations vraiment profondes avec elle.

CHANCE

Alphonse a pour chiffre porte--bonheur le 9. **Alphonsine** le 5. Jour favorable: le mardi pour lui, le mercredi pour elle. Couleurs: le rouge vif pour **Alphonse**, les teintes irisées pour **Alphonsine**. Il choisira comme fétiche un clou en fer ou un petit bouquet de rue, tandis qu'elle optera pour une calcédoine ou une noisette.

AMAND-AMANDA

ÉTYMOLOGIE ET HISTOIRE

Dérivé du gérondif latin du verbe aimer, ce prénom signifie *celle qui doit être aimée*. Saint Amand, patron des brasseurs, est fêté le 2 février, le 8 mai, le 18 juin et le 9 juillet. Variante: *Amandine*.

CARACTÈRE ET DESTIN

Gai, romantique perpétuellement amoureux, **Amand**, comme son nom l'indique connaît d'innombrables succès amoureux. Souvent déçu et sujet à des crises dépressives. Sage, prudente, **Amanda** éprouve une profonde attirance pour le domaine du mystérieux. Timide, mais affectueuse, elle n'a que peu d'amis. Généralement incomprise en amour, elle se console en se plongeant à corps perdu dans la recherche et l'étude.

CHANCE

Chiffre porte-bonheur: le 6 pour lui, le 7 pour elle. Jours de chance: respectivement le vendredi et le lundi. Couleurs: turquoise et le blanc. **Amand** aura comme fétiche un brin de muguet ou un bracelet en cuivre et **Amanda** un objet en argent, un trèfle ou un coquillage.

AMEDEE

ÉTYMOLOGIE ET HISTOIRE

Il s'agit d'un prénom nobiliaire composé du verbe aimer et du terme dieu, très courant chez les Ducs de Savoie qui eurent notamment un saint patron des barbiers et des exilés, célébré le 30 mars. Autres fêtes: 28 janvier, 12 février. Parmi les célébrités: Mozart et Modigliani. Variantes: *Amadeus, Amadien, Amadis, Amadiz, Amedeux, Amodeu.*

CARACTÈRE ET DESTIN

Très chanceux dans sa vie sentimentale et familiale, Amédée se présente comme un individu doux, calme, intelligent, toujours entouré de monde parce qu'il redoute beaucoup la solitude. Amour de l'art et de la vie à la campagne. Excellente aptitude aux études et aux sports.

CHANCE

Chiffre favorable: le 6. Jour faste: le vendredi. Couleurs: le vert émeraude et bleu ciel. Une statuette de jade, une marguerite et une touffe de poils de lapin renforceront la chance d'Amédée, déjà naturellement favorisé par le destin.

42

AMELIE

ETYMOLOGIE ET HISTOIRE

Amélie, qui fut un prénom très courant chez les Ostrogoths, dérive de l'allemand ancien *amal-aml*: diligent, travailleur. D'aucuns lui attribuent cependant une étymologie grecque de signification totalement opposée: *ameleo* signifierait en effet négligé. Le prénom Amélia est considéré par certains comme une variante d'Amélie, par d'autres comme un diminutif de l'étrusque *Amius*. Fêtes: 2 juin, 10 juillet, 12 décembre pour Amélie; 31 mai et 19 septembre pour Amélia. Célébrité: la chanteuse Amalia Rodriguez. Variantes: *Amalin, Amélina, Amélita, Emele, Emmeline, Malina, Melina.*

CARACTÈRE ET DESTIN

Méthodique, équilibrée, Amélie atteint facilement ses objectifs grace à son éloquence persuasive et au charme qui la caractérise. Elle n'aime pas parler de sa vie intime. Excellente travailleuse, elle se consacre corps et âme à son métier qui est une de ses raisons d'être.

CHANCE

Chiffre porte-bonheur: le 1. Jour favorable: le dimanche. Couleur: les tons chauds, solaires. Talisman: un petit objet en or ou un tournesol.

ANASTASE-ANASTASIE

ETYMOLOGIE ET HISTOIRE

Dérivé du grec *Anastasios* = résurrection et très courant dans les pays de l'Est, ce prénom est aujourd'hui moins commun en Europe occidentale. Fêtes: 5-6 janvier, 10 mars, 25 avril, 20 et 28 mai. Variantes: *Anastasy, Anastasye.*

CARACTÈRE ET DESTIN

Anastase et **Anastasie** sont en général des personnes difficiles, qui ont tendance à détester tout ce qu'ils n'arrivent pas à comprendre. Francs jusqu'à en être cruels, ils souffrent souvent beaucoup en amour. Ils savent cependant se remettre rapidement des déceptions que leur inflige la vie.

CHANCE

Chiffre 8, relié à Saturne, pour **Anastase**; chiffre 4 pour la solaire **Anastasie**. Leurs jours de chance sont respectivement le samedi et le dimanche. Couleurs: le noir et le jaune d'or. Talismans: rue, magnétite et scarabée pour lui; topaze, cannelle et mimosa pour elle.

ANDRE

ETYMOLOGIE ET HISTOIRE

Dérivé du grec *andreia*: force virile, c'est un prénom très répandu dans le monde entier, sans doute en raison de la vénération de saint André, le disciple pêcheur, martyrisé à Patras sur une croix en X, dite précisément de Saint-André. Patron des pêcheurs et des marchands de poissons, il est invoqué pour lutter contre la stérilité, Fêtes: 14 janvier, 4 février, 10 et 30 novembre. Parmi les personnages illustres ayant porté ce prénom: Pisano (sculpteur), Verrocchio et Mantegna (peintres), Palladio (architecte), ainsi que Gide, Chénier et Breton. Variantes et diminutifs étrangers: *Andor, Andrea, Andrew, Audrien, Androu, Andry, Andy, Dandy, Jedrus, Ondra.* Le féminin, *Andrée*, est moins utilisé.

CARACTÈRE ET DESTIN

Ainsi que son étymologie le suggère, André a tendance à dominer les autres, même si l'arme qu'il utilise est le charme, plus que la force. Nerveux, excentrique, romantique, mais infidèle, il collectionne les flirts et se marie rarement. Aptitude aux études linguistiques.

CHANCE

Chiffre porte-bonheur: le 6. Jour de chance: le vendredi. Couleurs: le vert et le rose. La verveine, le cuivre et un beau chat roux constitueront un excellent fétiche pour les André.

ANGE-ANGELE-ANGELIQUE

ETYMOLOGIE ET HISTOIRE

Du grec *anghelos* = messager, dans le sens de l'intermédiaire ailé entre la divinité et l'homme dont il peut être le conseiller et le gardien. Nombreuses fêtes: 4 et 27 janvier, 12 avril, 5 et 31 mai et enfin 2 octobre, fête des anges gardiens. Parmi les Ange célèbres: Ange Politien, poète de la Renaissance, et Ange Roncalli (le pape Jean XXIII). Les Angélique sont fêtées le 18 mars et le 6 décembre. Angélique est la reine d'Orient qui suscita, selon Boiardo et l'Arioste, la folie de Roland. Répondent aussi à ce nom un peintre du passé,

Fra Angelico, et un contemporain, Kaufmann. Variantes et diminutifs: *Angel, Angelina, Angelita, Engelbert.*

CARACTÈRE ET DESTIN

Sous son apparence angélique et aimable, **Ange** dissimule une certaine insensibilité qui frise parfois la cruauté. Il se maîtrise mal, s'émeut peu et perd vite son calme. **Angèle**, comme son nom l'indique, est gentille et bien disposée à l'égard d'autrui. De tempérament solitaire, attirée par les choses simples, les animaux, la poésie, elle se marie souvent assez tard, souhaitant s'entourer de mystère le plus longtemps possible. Excellentes dispositions à faire fructifier le capital familial. La rêveuse **Angélique**, en revanche, a du mal à cacher l'ambition qui l'anime. Son caractère fort et énergique s'accompagne d'un sourire d'une grande douceur. Elle fait faire à autrui ce qu'elle souhaite et arrive toujours à ses fins.

CHANCE

Chiffre 9 pour **Ange**, 8 pour **Angèle**, 1 pour **Angélique**. Leurs jours de chance sont respectivement le mardi, le samedi et le dimanche. Couleurs: le rouge vif, le brun, l'or. Talismans: un fragment d'hématite ou un fil de fer pour **Ange**; du plomb pour **Angèle**; un objet en or ou un genêt pour **Angélique**.

ANNE

ETYMOLOGIE ET HISTOIRE

De l'hébreu *Hannah* = Dieu a eu pitié, Anne était la mère de Samuel et la femme de Tobie. Dans les Evangiles apocryphes, c'est le prénom qui est donné à la mère de la Vierge. Une curieuse légende veut en effet que celle-ci, originaire de Bretagne, se soit rendue en Palestine pour accoucher de la Vierge. Sœur de la malheureuse Didon dans l'Enéide, elle évoque, toujours dans le monde latin, Anna Perenna, une divinité bénéfique du Nouvel An. De nombreuses autres célébrités ont porté ce nom: Anne Bolène, Anne Stuart, Anne d'Autriche, mère du roi Soleil, mais aussi Anita Garibaldi, compagne du célèbre héros de l'unification italienne. Sainte Anne, patronne des couturières, des mineurs, des dentellières et surtout de la maternité est invoquée pour favoriser un bon accouchement. Elle est fêtée le 26 mai, le 7 juin et le 26 juillet. Ce prénom, un des plus courants, connaît de nombreuses variantes telles que *Anaïs, Annette, Annie* ou encore *Anita, Annick, Anouck, Anoucka, Nancy, Nina et Ninon*. Il est aussi à l'origine de plusieurs noms composés: *Annabelle, Anne-Marie, Anne-Lise, Anne-Rose*, etc. Il faut aussi rappeler que *Anne* et *Anet* peuvent parfois constituer des prénoms masculins.

Caractère et destin

Indépendante, intelligente, Anne est une femme qui a la chance de posséder à la fois un physique agréable et gracieux, un esprit lucide et une mémoire formidable. Perfectionniste, prudente, elle aime les études et les voyages à caractère didactique. Elle n'accorde pas grande importance à l'argent, mais sait le gérer de façon avisée et fait souvent preuve d'un excellent flair pour les affaires.

Chance

Chiffre porte-bonheur: le 7. Jour de chance: le lundi. Couleurs: le blanc et le gris perle. Talisman: une perle ou une broche qui évoque le nénuphar.

ANTOINE-ANTOINETTE

Etymologie et histoire

Ancien nom noble romain, *Antonius* se rattache à *Antenius, Antilius, Antulla*, probablement d'origine étrusque. A la Renaissance, on estimait, sur des bases peu fondées, qu'Antoine dérivait du grec *anteo* = contre, opposé ou de *anthos* = fleur. Des *Fleurs*, il y en eut beaucoup et de toutes les espèces, depuis Marc Antoine, le *triumvir* qui fut l'amant de Cléopâtre, et toute une série d'empereurs, jusqu'au peintre Antonello da Messina, le précurseur de la peinture à l'huile, la reine Marie-Antoinette et le poète Antonin Artaud. Deux saints prestigieux: l'abbé saint Antoine, anachorète du désert dont les tentations sont restées proverbiales, protecteur des boulangers, des épiciers et des charcutiers, et saint Antoine de Padoue, patron des prisonniers, des pauvres, des potiers, des verriers et de tous les animaux, invoqué pour retrouver les objets perdus. Fêtes: 17 janvier, 21 février, 2 mai, 13 juin, 4 juillet et 23 octobre. A partir d'Antoine, on a forgé les variantes suivantes: *Antoni, Antonin, Antony, Antosha, Toinon, Tony*. Au féminin: *Antonella, Antonilla, Antonita*.

Antoine et Antoinette ont un caractère très semblable et se montrent indépendants et courageux, bien que leur réussite soit parfois tardive. Passionnés, susceptibles, menant une vie sentimentale agitée, ils peuvent exploser dans de violentes colères à l'improviste, malgré leur nature plutôt gaie et sympathique. Précocité en amour et dans le mariage.

CHANCE

Chiffre porte-bonheur: le 6. Tous deux marqués par la planète de l'amour, **Antoine et Antoinette** auront une préférence pour le vendredi et les couleurs gaies comme le rose et le vert clair. Talismans: l'émeraude et le corail rose parmi les minéraux; la violette et le lis parmi les fleurs; la chèvre et le papillon parmi les animaux.

ARIANE

ETYMOLOGIE ET HISTOIRE

Qui dit Ariane dit fil: c'est en effet en lui offrant un fil que la fille de Minos put faire sortir son amant Thésée du labyrinthe où il avait vaincu le Minotaure. Mieux vaut ne pas s'attarder sur la reconnaissance du héros qui abandonna ensuite sa fiancée sur une île. Mais, comme dit le proverbe, à quelque chose malheur est bon: en effet, la chaste Ariane (du grec *Ariadnê* = chaste, pure) épousa le dieu Bacchus, oublia Thésée et vécut heureuse. Fête: 18 septembre.

Orgueilleuse et combative, mais sensible aux flatteries, Ariane a toujours besoin de se sentir encouragée par autrui pour donner le maximum d'elle-même. Pendant sa jeunesse, sa grande émotivité peut avoir une influence négative sur sa vie affective et sociale, mais elle y remédie avec la gaieté, l'adaptabilité et l'optimisme qui la caractérisent. Une situation financière très correcte lui permet de faire preuve d'une générosité excessive.

CHANCE

Le 3 chiffre de Jupiter, gouverne la destinée d'Ariane. Son bon jour est le jeudi. Ses couleurs le pourpre et le bleu électrique. Talismans: un saphir sombre, un fil d'étain, une feuille d'olivier ou, si possible, un gentil chien.

ARIEL-ARIELLE

ETYMOLOGIE ET HISTOIRE

De l'hébreu *Lion de Dieu*, c'est-à-dire *qui combat pour Dieu*. Dans la Bible, Ariel est le dernier fils de Gad, ainsi que le nom symbolique de Jérusalem. Associé aux esprits de l'air au Moyen Age, c'est aujourd'hui le nom du premier satellite d'Uranusk. Fête: 1er octobre.

CARACTÈRE ET DESTIN

Idéaliste, fier, ce *lion divin* mène une existence détachée du matérialisme et n'hésite pas à lutter et à se sacrifier pour ses nobles idéaux. Aimé ou haï, il ne laisse jamais indifférent et se sent souvent incompris. Peu sentimental mais affectueux, il ne se marie qu'après de longues et laborieuses réflexions. Il est incapable de gérer l'argent qui n'est pas le sien. Charmeuse, autoritaire, enthousiaste, mais animée par les mêmes idéaux, **Arielle** subjugue son entourage par son charisme. Inventive, originale, elle n'aime pas la routine et a le goût du risque. Intransigeance envers les autres et surtout vis-à-vis d'elle-même.

Chance

Le 9 est le chiffre porte-bonheur d'**Ariel**; le 8 celui d'**Arielle**. Jours positifs: respectivement le mardi et le samedi. Couleurs: le rouge et le marron. Talismans: un objet en fer, une absinthe pour lui, un objet en plomb et un onyx pour elle, le fétiche idéal étant, pour l'un comme pour l'autre, un petit lion en peluche ou en or.

ARLETTE

Etymologie et histoire

Diminutif de *harland* = vaillant, ou variante de Charlotte, ce fut le nom de la mère de Guillaume le Conquérant. Fête: 17 juillet.

Caractère et destin

Soumise à l'influence de la planète Mars qui lui confère un idéalisme et un enthousiasme débordants, Arlette est une femme courageuse, toujours prête à se bagarrer pour une bonne cause, capable de comprendre parfaitement les problèmes d'autrui. Elle est très attachée aux rapports de couple et ne tolère pas la tromperie. Elle se réalise dans des professions à caractère humanitaire et si elle essaie parfois de s'enrichir, c'est uniquement pour financer ses projets sociaux.

Chance

Le 9 est le chiffre magique d'Arlette; le mardi son jour de chance. Le rouge vif sa couleur favorite. Talismans: une broche représentant une épée, quelques grains de poivre, l'image d'un pic.

ARMAND-ARMANDE

Etymologie et histoire

En allemand, cela signifie homme d'armes, soldat, et parmi les plus célèbres porteurs du prénom, on trouve en effet le général A. Diaz, qui conduisit les armées italiennes à la victoire du Piave. La popularité de ce prénom, surtout au siècle dernier, est due à Armand Duval, le protagoniste de la *Dame aux Camélias*. Fêtes: 6 février, 8 juin, 27 octobre et 23 décembre. Une célébrité: A. du Plessis, duc de Richelieu. Parmi les variantes et les formes étrangères à retenir: *Arman, Armandine, Armandy, Harmance, Harmand, Harmant, Hermance, Hermann, Hermant*.

Caractère et destin

Armand est un individu généreux, passionné, capable de grands sentiments, mais aussi de colères démesurées. Sous son aspect bourru, il cache une âme romantique, sensible au charme et à la beauté. Au féminin, **Armande** est imaginative, impressionnable et adore les animaux.

CHANCE

Chiffre porte-bonheur: le 6, soumis à l'influence de Vénus, pour lui, et le 2, chiffre lunaire, pour elle. Les jours de chance sont respectivement le vendredi et le lundi. Couleurs: le turquoise et le blanc. Fétiches: une feuille de figuier et l'image d'une chèvre pour **Armand**; une perle, un papillon nocturne et un morceau de fougère pour **Armande.**

ARMEL-ARMELLE

ETYMOLOGIE ET HISTOIRE

Nom d'un saint breton qui dérive, à l'origine, d'*Harmel-Arzel*, de *arz* = ours et *mael* = prince, dans le sens de *prince des ours*. Il semble que saint Armel ait combattu un dragon qui brûlait les champs, c'est pourquoi on l'invoque pour lutter contre la sécheresse. Fête: 16 août. Parmi les variantes: *Armelin, Ermel, Harmelin, Hermel, Hermelin.*

CARACTÈRE ET DESTIN

Ordre, rationalité, prudence, excellent sens de l'organisation, tels sont les traits marquants de la personnalité d'**Armel**. Discret, réservé, il manque cependant de tact et se montre parfois provocateur et agressif quand il se sent attaqué. Moins sûre d'elle, bien qu'orgueilleuse et très ambitieuse, **Armelle** a besoin d'être encouragée pour donner le meilleur d'elle-même. La gaieté, l'optimisme et l'adaptabilité qui lui

sont propres contribuent à renforcer sa chance innée.

CHANCE

Chiffre porte-bonheur: le 4 pour lui, le 3 pour elle. Jours favorables: le dimanche et le jeudi. **Armel**, influencé par le soleil, aura une préférence pour le jaune vif et choisira comme fétiches une feuille de citronnier, un sachet de safran ou la représentation stylisée d'un ours, si possible en or. L'image d'un ours vaut aussi pour **Armelle** qui s'orientera toutefois de préférence vers un saphir sombre, une améthyste, une noix muscade ou un géranium. Un vêtement de couleur pourpre lui portera chance.

ARNAUD

ETYMOLOGIE ET HISTOIRE

De l'allemand *arn* et *wald* = puissant comme un aigle, il semble que cela ait été un prénom assez répandu parmi les troubadours du Moyen Age. La Saint-Arnaud est fêtée le 10 février, le 18 juillet et le 19 septembre. Il est commémoré en tant que patron des bateliers, des brasseurs et des musiciens. Ce prénom n'est pas à l'origine de destins très heureux dans l'histoire: Arnaud de Brescia, qui contesta les richesses ecclésiastiques, fut condamné au bûcher; l'astronome de Villanova mourut noyé. Mais cette sombre réputation est redressée par le peintre suisse Böcklin et le compositeur autrichien Schönberg. Nombreuses sont les variantes: *Arnal, Arnalt, Arnant, Arnault, Arndt, Arnold, Arnon, Arnoud, Arnoul, Arnould*, et le féminin, d'origine anglaise *Arnette.*

Dynamique, actif, infatigable, d'une grande honnêteté, Arnaud se montre maître de toutes les situations risquées, dangereuses. Sujet à de brusques sautes d'humeur, il est rare qu'il s'attache à quelqu'un. Nombreuses aventures amoureuses, voyages, curiosité intellectuelle. Il gagne facilement sa vie, mais ne sait pas gérer son argent.

CHANCE

Le destin d'Arnaud est soumis à l'influence mercurienne du chiffre 5. Jour faste: le mercredi. Couleurs: le bleu ciel et l'orange. Fétiches les plus appropriés: des feuilles de menthe, de la lavande, une noisette. Un morceau de magnétite pourra en outre lui apporter la stabilité qui semble lui faire cruellement défaut.

ARTHUR

ETYMOLOGIE ET HISTOIRE

Assez complexe, l'étymologie d'Arthur se rattache à l'étrusque *Artorius*, de signification inconnue, ou au celte *artva* = nuage (ou pierre), ou encore à l'irlandais *art* = ours. Ce prénom évoque bien entendu le célèbre roi Arthur, seigneur de la Bretagne médiévale qui réunissait régulièrement ses chevaliers autour d'une table ronde pour qu'ils lui content leurs fantastiques aventures. Parmi les autres personnages connus: le duc de Wellington, le philosophe Schopenhauer, le poète Rimbaud, et le chef d'orchestre Toscanini. Fêtes: 8 août, 15 novembre, 11 décembre. Quelques variantes: *Artus, Arthus, Arthuys*.

CARACTÈRE ET DESTIN

Tempérament triste, obstiné, parfois vindicatif; sa grande jalousie et son attachement à la liberté lui valent de souvent vivre dans la solitude. Il ne peut trouver le bonheur que dans les petites choses et les nouveautés qui agrémentent sa vie.

CHANCE

Chiffre porte-bonheur: le 5. Jour favorable: le mercredi. Couleurs: l'orange et toutes les teintes irisées. Talismans: outre l'ourson proverbial, une primevère, cinq baies de genièvre ou un petit objet en cornaline lui seront bénéfiques.

ASTRID

ETYMOLOGIE ET HISTOIRE

Ce prénom d'origine germanique, qui signifie *fidèle aux dieux*, fut attribué à l'une des Walkyries. fêtes: 11 novembre.

CARACTÈRE ET DESTIN

Influencée par Saturne, Astrid est le prototype de la femme forte et combative. Active, énergique et peu diplomate, elle a tendance à dissimuler ses sentiments sous un masque abrupt, presque masculin. Droite, intransigeante, se maîtrisant à la perfection, elle ressent cependant un profond besoin d'amitié et d'amour; mais elle n'arrive à vivre des relations affectives très intenses que si elle se sent comprise.

Chiffre favorable: le 8. Jour de chance: le samedi. Couleurs: tous les tons du gris et du marron. Parmi les porte-bonheur: un objet en jaspe, une feuille de lierre, une tortue. Une plante vénusienne comme la myrte ou la verveine contribuera à adoucir le tempérament de cette ravissante walkyrie destinée au succès.

AUBRY

ETYMOLOGIE ET HISTOIRE

Aubry est la forme populaire d'Alberik qui dérive de *alb* = obscur et *rik* = tête.

CARACTÈRE ET DESTIN

Tempérament pensif, discret, plutôt conservateur; l'existence d'Aubry est axée sur la sécurité, l'organisation et la planification dans tous les domaines, amour y compris. Il prévoit un délai précis pour chaque événement. Il peut faire une brillante carrière en tant que chimiste, mathématicien, ingénieur ou avocat, car il est plus intransigeant envers lui-même qu'envers les autres. Tendance économe marquée.

CHANCE

Le 4 soumis aux influences solaires, est le chiffre qui correspond le mieux à la personnalité d'Aubry. Jour de chance: le dimanche. Couleur: le jaune vif. Un morceau d'ambre, une branche de romarin ou l'image d'un zèbre constitueront pour lui un puissant fétiche.

AUDE

ETYMOLOGIE ET HISTOIRE

L'origine de ce prénom fait l'objet de multiples hypothèses: il pourrait dériver du lombard *ald* = vieux, de l'allemand ancien *waltan* = commander, du celte *Althos* = très beau, ou bien, autre version lombarde, d'*alan* = grandir, nourrir, autrement dit grand, adulte. Dans les poèmes chevaleresques, Aude est la fiancée de Roland et meurt en apprenant les douloureux événements de Roncevaud. Sainte Aude, compagne de sainte Geneviève, est commémorée le 18 novembre. Assez curieux, le masculin Audon. Parmi les formes italiennes: *Aldo, Alderio, Aldisio*.

CARACTÈRE ET DESTIN

Belle, énergique, assez indépendante en dépit de son apparence soumise, elle se révèle être une femme très douée pour les affaires. Ordonnée, méticuleuse, elle organise avec la prudence qui lui est propre la vie de son compagnon, en lui laissant cependant croire que c'est lui qui décide de tout. Tendance au découragement.

CHANCE

Chiffre porte-bonheur: le 4. Jour favorable: le dimanche. Couleur: le jaune d'or. Talisman: une topaze, un tournesol ou une broche en or dont la forme évoque une abeille.

AUDREY

ETYMOLOGIE ET HISTOIRE

Forme contractée d'*Auderic*, de l'allemand ancien *adal* = noble et *hrod* = gloire, ce prénom est aujourd'hui très à la mode uniquement au féminin. Sainte Audrey, célèbre pour ses deux mariages blancs, est fêtée le 23 juin.

CARACTÈRE ET DESTIN

Emotive et introvertie, sujette à de fréquentes sautes d'humeur parce que soumise à l'influence changeante de la Lune, Audrey possède une personnalité très contradictoire. Dépendante, douce, facile à vivre, elle désire avant tout vivre en harmonie avec son entourage. C'est la raison pour laquelle, légèrement masochiste, elle préfère céder en amour si cela permet de faire durer une union et de la renforcer. Elle fait preuve de beaucoup de sérieux sur le plan professionnel, mais son manque de combativité ne lui permet pas d'obtenir la réussite espérée.

CHANCE

Influencée par le 2, chiffre lunaire. Jour de chance: le lundi. Couleurs: le blanc et le gris. Talismans: une feuille de lunaire, la pierre appelée sélénite; une gentiane, fleur liée à Mars, renforcera avec profit sa combativité défaillante.

AUGUSTE-AUGUSTIN

ETYMOLOGIE ET HISTOIRE

Augustin est la forme populaire d'Auguste qui s'appliquait autrefois uniquement à des objets dans le sens de *consacré par les augures* et commença à être utilisé comme synonyme de *vénérable* par Octave, premier empereur romain. Le plus renommé des Augustin est certainement le saint d'Hippone, père de l'Eglise latine, auteur des célèbres *Confessions* et patron des philosophes. Fête: 27 août. Quant aux Auguste, célébrés le 4 et 27 mars, le 7 et 28 mai, le 1er septembre et le 7 octobre, l'histoire de l'art et de la pensée en a connu beaucoup. Parmi ceux-ci, le philosophe Comte, le peintre Renoir, le sculpteur Rodin et l'écrivain suédois Strindberg. Variantes: *Aoustin, Augusta, Austin, Autin, Outin.*

CARACTÈRE ET DESTIN

Auguste comme **Augustin** se présentent comme des individus intelligents, érudits, dotés d'une excellente mémoire et d'un parfait sens de l'organisation. Mystérieux et indécis en amour, ils souhaitent avant tout être aimés et appréciés. Bons et serviables, ils préfèrent les travaux intellectuels. Leurs remarquables capacités de réussite sont accrues par leur résistance exceptionnelle et leur rigueur hors du commun.

CHANCE

Chiffre porte-bonheur: le 4. Jour favorable: le dimanche. Couleur: le jaune d'or. Talismans: une feuille de sauge, un petit objet d'ambre ou un petit lion en or.

AURELIEN-AURELIE

ETYMOLOGIE ET HISTOIRE

De l'étrusque *Usils* ou du sabin *ausel* = soleil, ou encore du latin *aurum* = or. C'est le prénom du célèbre empereur romain, adorateur du soleil, qui persécuta les chrétiens avant de se convertir à la vue d'une pluie légendaire tombée par la volonté du Ciel sur une légion de soldats assoiffés. Fête: 16 juin, 27 juillet, 25 septembre, 15 octobre et 9 novembre. Variantes: *Aure, Aureille, Aurèle, Aurellien.*

CARACTÈRE ET DESTIN

Dotés du même tempérament, **Aurélien** et **Aurélie** sont prêts à tout pour connaître la gloire. Obstinés, décidés, caractérisés par une personnalité de leader, ils ont tendance à masquer leurs sentiments derrière un masque de brusquerie. Profond égocentrisme, goût du risque et du mystère. Précision et efficacité dans le travail si celui-ci n'impose pas d'horaires et de schémas préétablis: ils détestent tous les deux la routine.

CHANCE

Le 8, chiffre de Saturne, est celui qui représente le mieux le tempérament d'**Aurélien** et **Aurélie**. Jour de chance: le samedi. Couleurs: le noir et le gris. Talismans: une feuille de sureau ou de lierre, l'image d'un chameau ou d'un loup ou un petit morceau de plomb auront une action bénéfique.

52

AURORE

ETYMOLOGIE ET HISTOIRE

C'est l'aube, *Eos* pour les Grecs, *Usah* pour les Hindous, la déesse du matin vêtue de voiles jaunes et encore vénérée aujourd'hui sur l'île de Man. Parmi les personnages illustres, signalons l'écrivain Aurore Dupin, baronne Dudevant, plus connue sous le pseudonyme de George Sand. La fête des Aurore est célébrée le 4 octobre.

CARACTÈRE ET DESTIN

Tempérament bon, fidèle, attaché à la famille. Maîtresse de maison précise, efficace, accueillante et traditionaliste, romantique mais menant une vie sentimentale équilibrée. Aurore n'est toutefois pas dénuée de défauts: les principaux sont sa coquetterie, sa tendance à se décourager pour un rien et sa véritable manie pour l'élégance et le respect du protocole.

CHANCE

Chiffre porte-bonheur: le 6. Jour de chance: le vendredi. Couleur: le rose. Les talismans les plus utiles, tous de couleur rose, sont: le corail parmi les minéraux, la rose parmi les fleurs, un joli chaton roux parmi les animaux. Parfum à la violette ou au muguet.

AXEL-AXELLE

ETYMOLOGIE ET HISTOIRE

Bien que certains prétendent que ce prénom dérive du latin *auxillium* = aide, Axel et son féminin Axelle sont en réalité la traduction suédoise de l'hébreu *Assalon*, qui signifie *père de la paix*. Fête: 21 mars.

Doux, tendre, romantique, **Axel** est un individu hypersensible, attiré par la beauté et l'art. Cependant, il arrive parfois à ce père de la paix de se montrer en fait fort peu pacifique, d'exploser et de sortir de ses gonds sans que sa colère soit justifiée. Il aime s'entourer d'amis et de connaissances car il redoute énormément la solitude; un manque d'affection peut le déséquilibrer gravement sur le plan psychologique et entraîner chez lui de profondes dépressions. Sociable également, l'infatigable et dynamique **Axelle** est moins sujette à ce type de déséquilibre, car elle est plus indépendante et n'aime pas se lier; en dépit de ses nombreuses conquêtes amoureuses, elle se marie rarement et préfère mener une existence libre et aventureuse.

CHANCE

Chiffre 6 pour lui, 5 pour elle. Jours de chance: respectivement le vendredi et le mercredi. Couleur: le bleu clair pour les deux. **Axel** adoptera comme fétiches un bracelet en cuivre, une plume de colombe ou une feuille de figuier; **Axelle** préférera quant à elle de l'anis, une émeraude ou un petit singe en peluche.

AYMAR

ETYMOLOGIE ET HISTOIRE

Construit à partir de deux racines germaniques *heim* = maison et *mar* = illustre ou *hard* = dure, résistante, c'est le prénom du seul inquisiteur de l'histoire qui fut béatifié. Fête: le 29 mai. Variations: *Aimard, Adhemar*.

CARACTÈRE ET DESTIN

Aymar est une personne extrêmement rationnelle, très organisée. Sa force d'âme et l'acharnement avec lequel il travaille et économise pour le bien-être de sa famille font qu'on lui pardonne sa mentalité un peu étroite et son manque d'imagination. Pondéré et planificateur dans tous les domaines: des finances jusqu'aux sentiments.

CHANCE

Influencé par le 4, chiffre solaire, Aymar remportera ses meilleures victoires le dimanche. Il aura en outre intérêt à s'habiller en jaune. Parmi les porte-bonheur à adopter: cannelle, encens, laurier, un colifichet évoquant un taureau.

AUMON-AYMONE

ETYMOLOGIE ET HISTOIRE

Dérivé de l'allemand ancien *agimund*, qui signifie *protection au moyen de l'épée* ou de *heim* = maison, patrie, Aymon est un prénom aristocratique qui fut courant chez les Ducs de Savoie. Il apparaît dans les poèmes du cycle carolingien, ou il est porté par le père de Renaud. Fête: 18 août et 20 novembre. Il existe plusieurs variantes et formes étrangères: *Aimon, Aymone, Haimo, Hamo*, ainsi que le prénom composé plus commun *Anne-Aymone*.

Tempérament travailleur, sobre et très changeant. On observe chez **Aymon** un penchant pour la spéculation financière et l'économie, un esprit malin et instable et un attachement excessif à ses propres idées. Au féminin, **Aymone** présente de multiples contradictions sur le plan affectif, aime les voyages et l'aventure. Très curieuse, dynamique et toujours à la recherche d'ennuis dans son jeune âge, elle tend à se calmer en vieillissant, sous l'influence du "prince charmant" qui est capable de la maîtriser.

CHANCE

Chiffre porte-bonheur: le 1, d'influence solaire, pour lui; le 5, mercurien, pour elle. Jours heureux: le dimanche et le mercredi. Couleurs: le jaune et l'orange. Talismans les plus appropriés: une feuille de palmier, une fleur d'arnica et un objet qui évoque le crocodile pour **Aymon**; un petit renard en peluche, une pierre œil-de-chat et une marguerite pour **Aymone**.

B

BARBARA

ETYMOLOGIE ET HISTOIRE

Du grec *barbaros*, littéralement bègue, ce prénom signifie au sens figuré *l'étrangère*. Sainte Barbara, torturée par son père, lequel fut foudroyé après sa mort, est considérée comme la patronne des mineurs, des pompiers, des artilleurs, ainsi que des tapissiers et des architectes. On l'invoque pour éloigner la foudre. Elle est célébrée le 4 décembre. Il existe de nombreuses variantes intéressantes, parmi lesquelles: *Barbe, Barberet, Barberine, Barbie.*

CARACTÈRE ET DESTIN

Ardente mais réservée, énigmatique, mystérieuse, Barbara a du mal à trouver un partenaire capable de la comprendre. Studieuse, particulièrement précise, elle aspire à une profession indépendante; elle n'apprécie ni le luxe, ni l'argent. Elle porte davantage chance aux autres qu'à elle-même.

CHANCE

Chiffre favori: le 7. Jour faste: le lundi. Couleur préférée: le gris perle. Une perle constitue également un excellent porte-bonheur, ainsi qu'un trèfle, des graines de citrouille, un petit poisson en argent.

BASILE-VASSILI

ETYMOLOGIE ET HISTOIRE

Du grec *Basileios* = roi, c'est le prénom d'un Père de l'Eglise byzantine commémoré le 2 janvier. Autres célébrations: 28 janvier, 22 mars, 15 avril, 20 mai, 14 juin, 20 août et 13 septembre. Parmi les personnages illustres: Basile Valentino, un des principaux codificateurs de la science alchimique dans la tradition occidentale. Ce prénom est à l'origine d'innombrables variantes dont les plus intéressantes sont les versions féminines *Basille, Basilla, Basilissia* et la célèbre traduction slave *Vasili-Vassili.*

CARACTÈRE ET DESTIN

En dépit de sa lenteur apparente, **Basile** cache un tempérament analytique, lucide, froid. Son indépendance innée et son grand désir de liberté lui permettent d'atteindre ses objectifs, quels qu'ils soient, sans craindre le jugement des autres. Si toutefois il rencontre la partenaire idéale, il n'hésite pas à s'y attacher profondément et à abandonner toutes ses réserves à l'égard des liaisons. Plus impulsif et enthousiaste, **Vassili** n'a pas peur de montrer ses sentiments, toujours tumultueux et désordonnés. Grand sens de l'amitié; intérêt pour les professions à caractère humanitaire.

CHANCE

Chiffre porte-bonheur: le 3 pour **Basile**, le 9 pour **Vassili**. Jours de chance: respectivement le jeudi et le mardi. Couleurs: le pourpre et le rouge vif. **Basile** choisira comme talismans un gland, un fil d'étain et un morceau d'écorce de bouleau; **Vassili**, lui, s'orientera vers un sachet de tabac, l'effigie d'un jaguar ou une vis en fer.

BEATRICE

ETYMOLOGIE ET HISTOIRE

Béatrice, comme Dante ne se lassait de le répéter, est la femme béatifique, qui dispense le bonheur suprême. Nombreuses sont les Béatrice qui ont succédé à la jeune fille adorée de Dante: signalons notamment la femme de Barberousse, qui fut la cause involontaire de la destruction de Milan. Son mari voulut en effet venger l'affront subi par celle-ci quand, liée à un âne, elle fut exhibée dans toute la ville. La Sainte-Béatrice est célébrée le 19 janvier, le 13 février et le 20 juillet. Diminutifs

et variantes: *Béa, Béatrix, Bietrix, Bietriz, Trixie.*

CARACTÈRE ET DESTIN

Béatrice est une personne perpétuellement insatisfaite, à la recherche d'une perfection introuvable. Mystérieuse, fuyante, indéchiffrable, elle cache habilement ses sentiments. Exhibitionniste, avide de louanges, un peu superficielle, elle sait aussi être à la fois gentille et cruelle, faible et imposante. Béatrice ne cesse jamais de croire au prince charmant, un prince qu'elle tyrannisera et qui la protégera. Nervosité, autoritarisme.

CHANCE

Chiffre porte-bonheur: le 9. Jour favorable: le Mardi. Couleurs: le rouge vif et le violet. Ses talismans se composent d'une cornaline ou d'un rubis associé à un dahlia et une rue.

BERENGER-BERENGERE

ETYMOLOGIE ET HISTOIRE

Dérivé de l'allemand *Bërengar*, Bëringar composé de *ber* (bär) = ours et *gar* (ger) = lance, dans l'acception *celui qui combat comme l'ours*, c'est-à-dire qui est fort, valeureux. L'ours est en effet, dans les sagas nordiques, le roi des animaux, et possède toutes ces vertus au plus haut degré. Ce fut le prénom du premier roi d'Italie et d'un théologien, B. de Tours. Fête: 26 mai. Parmi les variantes, mentionnons *Baranger* et *Bringuier*.

Un tempérament lunaire, hyper-émotif et versatile caractérise aussi bien **Bérenger** que **Bérengère**. Bons, généreux, ils cherchent à tout prix à entretenir des rapports harmonieux avec autrui. Plutôt dépendants, ils souhaitent vivre une existence plate, calme, qui laisse beaucoup de place au rêve et à l'imagination. Ils s'enrichissent rarement, bien qu'ils fassent des économies.

CHANCE

Tous deux placés sous le signe instable de la lune, **Bérenger** et **Bérengère** ont respectivement pour chiffre porte-bonheur le 2 et le 7. Jour de chance: le lundi. Couleur: le blanc. Talismans: une fleur de mauve, une perle, des fleurs de citrouille et des coquillages auront une influence bénéfique sur leur destin.

BERNARD-BERNADETTE

ÉTYMOLOGIE ET HISTOIRE

Bernard, de *bern* = ours et *hart, hardtu* = courageux, valeureux, est synonyme de *valeureux guerrier* dans la tradition germanique. Ce prénom fut très populaire au Moyen Age, sans doute en raison des nombreux saints qui le portèrent, à commencer par saint Bernard de Clairvaux, réformateur de la Règle des Cisterciens et patron des apiculteurs. Il y eut aussi saint Bernard d'Aoste, protecteur des alpinistes et des skieurs. Mais la plus célèbre est sainte Bernadette (Bernadette Soubirous) la bergère qui, en 1858, dans une grotte de Lourdes, eut à dix-huit reprises la vision de la Vierge, se définissant comme l'Immaculée Conception. Fêtes: 23 janvier, 18 février, 20 et 28 mai, 15 juin et 20 août. Nombreuses variantes et formes étrangères: *Barnard, Benno, Bernardin, Bernaud, Bernhard, Bernier, Berno, Bjorn.*

CARACTÈRE ET DESTIN

Comme l'ours divin dont dérive le prénom, **Bernard** est souvent brun, autoritaire, résistant, voire agressif. Sensibilité dissimulée, peur d'afficher ses sentiments. Renfermé sur lui-même, doté d'une volonté de vivre une relation amoureuse sincère et fidèle, il manque cependant de diplomatie, ce qui lui vaut de nombreux échecs sentimentaux. Intérêt prononcé pour les sciences, en particulier dans le domaine végétal. Au féminin, le prénom indique une ascension lente mais certaine, l'ordre, la prudence et la méthode: la rationnelle **Bernadette** est cependant totalement dénuée d'imagination.

CHANCE

Chiffre porte-bonheur: le 4, soumis à l'influence solaire. Jour de chance: dimanche. Couleurs: le jaune et l'or. Talismans: tout objet en or, ou un tournesol, une arnica et, naturellement, un ourson en peluche.

BERTHE

ÉTYMOLOGIE ET HISTOIRE

De l'allemand ancien *behrt* = clair, illustre, Berthe peut être considérée comme l'abréviation de prénoms composés qui commencent ou se terminent ainsi, ou comme un prénom à part entière. *Berchta* était le nom d'une divinité germanique rattachée à la lune et à la filature. Berthe, qui est fêtée le 24 mars, le 15 mai et le 4 juillet, est d'ailleurs la patronne des fileuses, qui ont pratiquement disparu de nos jours. Très connue également, car célébrée dans plusieurs chansons de geste, Bertrande, la femme de Pépin le Bref et la mère de Charlemagne. Pour l'anecdote, Bertha était, pendant la première guerre mondiale, le surnom donné aux canons de l'armée allemande. Diminutifs et variantes: *Bertha, Berthel, Berthelot, Bertille, Bertillon, Bertrade.*

Caractère et destin

Ironique, moqueuse, mais dotée d'une sagesse innée, Berthe est une personne en avance sur son temps. Inquiète, nerveuse, elle semble en permanence sur le qui-vive et veut toujours avoir raison. Elle a toutefois un bon fond, se montre affectueuse et parfois un peu coquette: mais elle peut se le permettre, car elle plaît au sexe fort et le sait très bien. Excellent sens des affaires, attitude économe.

Chance

Chiffre magique: le 4. Jour de chance: le dimanche. Couleurs préférées: le jaune vif et l'or. Talismans: une chaîne en or, une feuille de sauge, une émeraude.

BERTRAND

Étymologie et histoire

De l'allemand ancien *bertha* = illustre et *rand* = bouclier ou *hraban* = corbeau. La saint-Bertrand est célébrée le 6 et le 30 juin, le 3 juillet et le 16 octobre. On invoque ce saint pour se réconcilier avec quelqu'un. Parmi les personnages illustres: le philosophe et mathématicien Russell. Variantes à retenir: *Bertram, Beltram.*

Caractère et destin

Chevaleresque et généreux jusqu'à l'imprudence, Bertrand est doté d'une personnalité vive et originale, jamais médiocre. Sa volonté de fer et son courage vraiment exceptionnel l'aident à aller de l'avant, de sorte que ses entreprises sont toujours couronnées de succès. Désir d'indépendance et refus de se lier caractérisent sa vie amoureuse. Toutefois, il ne supporte pas que sa compagne ait la même attitude que lui. Il exige d'elle dévouement, affection et fidélité.

Chance

Le chiffre 1, d'influence solaire, porte bonheur à l'ambitieux Bertrand. Son jour de chance est le dimanche. Sa couleur favorite le jaune vif. Il aura pour talismans une noix muscade, l'image d'un canari ou d'un corbeau, un petit objet d'ambre.

BLANDINE

Étymologie et histoire

Il s'agit d'un prénom d'origine latine, dérivé de *blandus* = caressant, doux. Sainte Blandine, célébrée le 2 juin, est la patronne des domestiques.

Douce et tendre, comme le suggère l'étymologie, Blandine allie aux qualités humaines qui la caractérisent une profonde sagesse. Prudente, elle sait cependant saisir les bonnes occasions au vol et se révèle toujours prête à réagir aux événements. Elle risque toutefois de se retrouver seule sur le plan affectif, et c'est dommage, car elle exige trop de ses compagnons et leur trouve toujours des défauts qu'elle ne supporte pas. Elle n'accorde pas d'importance à l'argent, mais sait le gérer avec sagesse.

CHANCE

Chiffre porte-bonheur: le 7, soumis à l'influence lunaire. Jour favorable: le lundi. Couleurs: blanc et gris. Talismans: une boule de camphre, une poignée de riz ou une opale. L'utilisation du corail ou du lapis-lazuli la rendra plus disponible en amour.

BORIS

ETYMOLOGIE ET HISTOIRE

Peut-être dérivé de *baris* = fort, violent ou de *borislav* = glorieux combattant, ce prénom fut porté par un des deux légendaires princes de Kiev, Gleb et Boris, par le tsar Godounov, immortalisé par Pouchkine, et par l'écrivain contemporain Pasternak. Boris est le patron de Moscou et des gains, par analogie avec le russe *barys* = gains. Fêtes: 2 mai et 24 juillet.

CARACTÈRE ET DESTIN

De tempérament excessivement idéaliste, Boris aime beaucoup la discussion et s'érige toujours en défenseur des bonnes causes. Fier, mélancolique, réservé, il peut être aimé ou haï, mais ne laisse pas indifférent. Bien qu'il soit très attaché au rapport de couple, il ne décide de se marier que lorsqu'il a la certitude qu'il a trouvé sa *moitié*. Il s'épanouit dans des professions à caractère humanitaire, en essayant parfois de s'enrichir dans le seul but d'aider les autres.

CHANCE

Chiffre magique: le 9. Jour préféré: le mardi. Couleurs conseillées: le rouge et le violet. Porte-bonheur: un clou en fer, un jaspe rouge, une vieille pièce rouillée.

BRICE

ETYMOLOGIE ET HISTOIRE

Ce prénom vient du celte *bri* = multicolore ou du nom latin de la forêt appelée *Saltus Brixius*. Saint Brice est invoqué dans les campagnes pour favoriser la guérison des blessures. Il est célébré le 7 juillet, le 13 et le 19 novembre. Parmi les variantes: *Brencht, Bricet, Briz*.

CARACTÈRE ET DESTIN

Brice est doté d'un tempérament dynamique, courageux, ambitieux et indépendant. Stimulé par la concurrence, il a le profil type du dirigeant: né pour commander, attiré par l'argent et par la gloire. Il admet rarement ses erreurs, méprise les conventions sociales et redoute la routine, aussi bien sur le plan professionnel que dans sa vie sentimentale. Sa situation financière connaît des hauts et des bas.

CHANCE

La personnalité de Brice est très nettement marquée par le chiffre 1, soumis aux influences solaires. Jour favori: le dimanche. Couleur: le jaune d'or. Talismans: un aigle en or, une fleur d'arnica ou du parfum d'encens.

BRIGITTE

ÉTYMOLOGIE ET HISTOIRE

Du saxon *beraht-bert* = splendide ou de l'irlandais *brit* = grand, élevé, Brigitte évoque la déesse *Brigantia*, une sorte de Minerve celte représentant les sciences et les arts. Les Brigitte sont fêtées deux fois: le 1er février, où l'on célèbre une sainte écossaise, et le 8 octobre, où l'on commémore la sainte suédoise qui, après un pèlerinage à Rome, fonda dans son pays un hospice pour les étudiants et les voyageurs. Patronne de la Suède, des pèlerins et des bègues, elle est invoquée quand les enfants ont du mal à apprendre à parler. Parmi les célébrités: l'actrice Brigitte Bardot. Variantes et formes étrangères du prénom: *Biddy, Birgitta, Birgitte, Bridget, Brigida, Brigitta, Britta.*

CARACTÈRE ET DESTIN

De tempérament autoritaire, ombrageux, absolutiste, Brigitte ne cède jamais, préférant soumettre les au-

tres à sa volonté. Elle aime la liberté, la compagnie et l'aventure. Cédant facilement à l'enthousiasme, elle se trompe souvent, surtout en amour, c'est pourquoi elle finit généralement par se sacrifier pour un compagnon qui ne lui convient pas. Elle est incapable de conserver son argent.

CHANCE

Le 9, chiffre martien, porte chance à Brigitte. Le mardi est son jour de chance. Le rouge vif sa couleur favorite. Talisman: une cornaline, une hématite, une anémone ou un dahlia. Une broche représentant un cygne, animal vénusien, aura le pouvoir d'adoucir ce caractère belliqueux.

BRUNO

ÉTYMOLOGIE ET HISTOIRE

Dérivé de l'adjectif brun ou du substantif *brünn-brunja* = cuirasse, bouclier. Saint Bruno de Cologne, fondateur des Chartreux, est célébré le 16 octobre. Autre fête: 10 juillet. Variantes et diminutifs: *Brun, Brune, Brunon.*

CARACTÈRE ET DESTIN

Bruno est bon, plein de bonne volonté, mais têtu. En dépit de son orgueil et de sa prétention, il n'aspire pas à dominer les autres. Sincère, gai, équitable, il s'entoure de beaucoup d'amis. Tendre et attachant en amour, il méprise les actes calculés et intéressés.

CHANCE

Marqué par l'influence lunaire, son chiffre porte-bonheur est le 7. Jour favorable: le lundi. Couleurs: le blanc, le gris clair, le vert pâle. Talismans: un béryl, une cuillère en argent, l'image d'une nymphe. Sa chance sera accrue s'il adopte un chat gris et blanc.

C

CAMILLE

Etymologie et histoire

De l'hébreu *kadmel* = messager de Dieu ou du grec *kadmilos* = né d'un bon mariage, Camille désignait à l'époque romaine le jeune homme, libre de naissance, qui assistait les prêtres pendant les cérémonies sacrées. Plusieurs Camille ont marqué l'histoire et contribué à la diffusion de ce prénom, depuis Marco Furio Camillo, qui conquit Veio, jusqu'au comte Camille de Cavour, sans oublier Pissarro, Corot et le compositeur Saint-Saëns. Mais la popularité de ce prénom est peut-être davantage due à saint Camille de Lellis, patron des hôpitaux et des brancardiers car il offrit son aide pendant la peste. Il est invoqué pour favoriser le bon déroulement d'une intervention chirurgicale. Fêtes: 14, 16 et 26 juillet, 15 septembre. Quelques diminutifs au féminin: *Milla, Millie.*

Caractère et destin

Sachant se maîtriser, détestant les coups de têtes, Camille est un individu sûr de lui, pratique, réfléchi. Très attaché à ses idées, persuasif et éloquent quand il veut l'être, il préfère généralement garder le silence et écouter. Tyrannique et jaloux en amour, il sait donner beaucoup de lui, mais exige la même chose en échange. Situation financière incertaine, soumise à de fréquentes fluctuations.

Chance

Favorisé par les vibrations solaires du chiffre 1, Camille est attiré par les couleurs chaudes, vives. Jour de chance: le dimanche. Porte-bonheur: une pièce d'or, un morceau de feuille de palmier, une chélidoine.

CANDIDE

Etymologie et histoire

Candide a la même racine latine, *candere*, que chandelier ou incandescent, et signifie d'abord blanc, rendu lumineux par la chaleur, puis, par analogie, serein, agréable. Dans la littérature, on se souviendra du Candide de Voltaire, prototype du naïf optimiste. Nombreuses fêtes: 27 janvier, 18 mars, 29 août, 20 septembre et 3 octobre. Diminutifs et variantes: *Candice, Candy.*

CARACTÈRE ET DESTIN

Prudente, rationnelle, pragmatique, contrairement à ce que suggère l'étymologie de son prénom, Candide n'a rien d'une jeune fille naïve et ingénue. Dotée d'une logique à toute épreuve, elle ne se laisse pas berner facilement et préfère tout évaluer dans les moindres détails plutôt que de risquer des ennuis. Tendance à l'avarice, manque d'imagination.

CHANCE

Chiffre magique: le 4. Jour préféré: le dimanche. Couleurs: le jaune vif et l'orange clair. Talismans: un bouton d'or, une émeraude, du safran. Un vêtement blanc, d'influence lunaire, pourra aussi lui être bénéfique, car il lui apprendra progressivement à rêver.

CARINE

ETYMOLOGIE ET HISTOIRE

Dérivé du latin *carus* = aimé, apprécié, c'est le nom d'une martyre du IVᵉ siècle qui vécut en Turquie. La sainte-Carine est le 7 novembre. Variante: *Karine*.

CARACTÈRE ET DESTIN

Active, infatigable, curieuse, telles sont, en trois mots, les caractéristiques de la personnalité de Carine. Bavarde, impulsive, elle adore les voyages, le jeu, le risque, même en amour, et ne supporte aucun type de programmation. Elle considère l'argent uniquement comme un moyen de satisfaire ses multiples caprices. Son charme inné, auquel contribue la ré-

sonance mystérieuse de son prénom, lui vaut de nombreux succès amoureux. Il est toutefois rare qu'un homme arrive à lui faire renoncer à son goût pour la liberté et l'indépendance.

CHANCE

Chiffre favorable: le 5. Jour bénéfique: le mercredi. Couleurs: l'orange et les teintes changeantes, irisées. Un papillon, une branche de quintefeuille et une pierre œil-de-chat la protégeront contre le mauvais sort.

CARMEN

ETYMOLOGIE ET HISTOIRE

Le Carmel, en hébreu *karmelh* = jardin de dieu, est le mont situé entre la Galilée et la Samarie où s'établirent certains ermites dont les Carmes sont les successeurs. C'est là que l'un d'entre eux, saint Simon Stock, aurait eu une vision de la Vierge. A la suite de cet épisode, commémoré le 16 juillet, le nom s'est beaucoup répandu dans l'Europe du sud-ouest, passant de Marie du Karmel à Carmel, puis à Carmen, la forme espagnole rendue célèbre par l'opéra de Bizet. Variantes et formes étrangères: *Carmel, Carmelinda, Carmelita, Carmencita*.

CARACTÈRE ET DESTIN

Gaie, vive, Carmen est dotée d'une personnalité charmante et désinvolte. Elle aime le luxe, les spectacles, la compagnie. Exclusive et incapable de feindre en amour, elle se donne entièrement et ne supporte pas qu'on la trompe. Ses protestations ne durent jamais longtemps; elle a tendance à se rendre facilement.

CHANCE

Chiffre porte-bonheur: le 9. Jour de chance: le mardi. Couleur: le rouge vif. Talismans: un grenat ou un rubis, une racine de gentiane, quelques grains de poivre.

CATHERINE

ETYMOLOGIE ET HISTOIRE

D'après une tradition populaire erronée, Catherine dériverait de *katharos* = pur. La forme grecque *Aicaterina* et la russe *Iecaterina* laissent en revanche supposer que ce prénom vient plutôt de *Hécatée, le visage néfaste de la lune* ou *Hékates*, épithète d'Apollon: *celui qui foudroie.* Catherine est un nom pratiquement universel: des pays scandinaves aux Etats-Unis, il existe toute une population d'*éclairs lunaires* dont la fête est célébrée le 18 février (sainte Catherine de Sienne, qui convainquit Grégoire XI de ramener la papauté d'Avignon à Rome), le 30 avril, le 19 septembre et le 25 novembre, fête de sainte Catherine d'Alexandrie, protectrice des lavandières, des meuniers, des étameurs et des érudits, car on raconte qu'elle *aurait converti des philosophes païens en discutant avec eux.* Considérée en outre comme la patronne des filles à marier, elle est à l'origine de la tradition qui oblige les filles célibataires de plus de vingt-cinq ans, appelées *catherinettes*, à mettre ce jour-là une coiffe censée leur porter chance. De nombreuses reines et princesses ont eu ce prénom, de Catherine de Médicis à la tsarine Catherine de Russie. Parmi les célébrités, mentionnons aussi l'écrivain C. Mansfield. Il existe d'innombrables variantes et formes étrangères de ce prénom: *Cassy, Catalina, Catarine Catera, Cathaline, Cathy, Catina, Karen, Karin, Kate, Katia, Katja, Katinka, Katioucha, Kathleene, Ketty, Kitty.*

CARACTÈRE ET DESTIN

Catherine est caractérisée par ses contradictions idéologiques: elle se sent partagée entre des attitudes et des émotions opposées qui sont à l'origine de ses sautes d'humeur. Sensible, appréhensive et possessive, elle manifeste un profond attachement à l'égard des personnes et de son travail. Elle manque d'assurance et se révèle parfois incapable d'exploiter pleinement ses excellentes capacités.

CHANCE

Doublement influencée par la lune, étymologiquement et numériquement, le chiffre porte-bonheur de Catherine est le 2. Son jour de chance le lundi. Ses couleurs favorites le blanc et tous les tons irisés. Talismans: un coquillage, un morceau de quartz hyalin, une belle-de-nuit.

CECILE

ETYMOLOGIE ET HISTOIRE

Ce prénom romain, peu favorable selon la tradition, dérive de *Caeculus*, le fils du dieu Vulcain, né des étincelles tombées dans le ventre de sa mère et ainsi appelé parce qu'il avait de très petits yeux. Sainte Cécile, qui, d'après la légende, chanta pendant toute sa première nuit de noces pour convertir son mari, est la patronne des musiciens, des chanteurs et des luthiers. Fête: 25 novembre. Variante: *Cécilia, Cécille, Cille.*

Pratique et brusque, Cécile dissimule une énergie stupéfiante et une volonté de fer sous sa grande douceur apparente. Originale mais inflexible dans son anticonformisme, intolérante, réservée, elle exprime rarement ses sentiments.

CHANCE

Chiffre bénéfique: le 1. Jour heureux: le dimanche. Couleurs: le jaune, l'or, le bronze, l'orange. Talismans les plus utiles: un collier d'ambre, un diamant, un rameau de véronique, une broche en or en forme de note de musique.

CEDRIC

ETYMOLOGIE ET HISTOIRE

Dérivé du condottiere latin, c'est le prénom du chef des Saxons qui colonisa l'île de Bretagne au Vᵉ siècle après J.-C. Il est devenu courant après la publication du roman *Ivanhoé* de W. Scott. Fête: 7 janvier.

CARACTÈRE ET DESTIN

Sociable, romantique, Cédric possède un tempérament gentil, très doux, et a énormément besoin d'affection. Son introversion naturelle le pousse à cacher ses sentiments et

ses désirs, mais de folles passions animent cet être d'apparence angélique. Il aime la musique, la nature, mais redoute la solitude; il tombe donc souvent passionnément amoureux, idéalisant à chaque fois l'amour perdu. Il réussit en tant qu'artiste, médecin, enseignant ou psychanalyste. En revanche, il sait mal gérer l'argent.

CHANCE

Le chiffre 6, influencé par Vénus, porte bonheur à Cédric. Vendredi est son jour de chance, le vert émeraude sa couleur. Talismans conseillés: une touffe de poils de chèvre, un bracelet en cuivre, un objet en cornaline.

CELESTE-CELIA-CELINE

ETYMOLOGIE ET HISTOIRE

Dérivé du latin *caelum-caelestis*, Céleste est un prénom à la fois masculin et féminin. Une curieuse légende bâtie autour de sainte Céline, variante de Céleste, raconte que tandis qu'elle était enceinte, un gamin aveugle lui aurait crié: c'est un garçon. Et la prédiction se vérifia: elle mit au monde saint Rémy, qui rendit la vue au petit prophète. Fête: 6 avril, 19 mai, 27 juillet et 14 octobre. Parmi les variantes, signalons *Célestin* pour le masculin et *Célestine, Céla, Célinie* pour le féminin.

CARACTÈRE ET DESTIN

Ainsi que le suggère son prénom **Céleste** est un rêveur, un être tourné vers la spiritualité. Naïf, crédule, il manque de sens pratique et de volonté. En amour, il a tendance à idéaliser sa partenaire, d'où ses continuelles déceptions. Facultés de voyance. Plus équilibrées, gaies, optimistes, **Célia** et **Céline** savent prendre la vie du bon côté et ne se découragent jamais. Sereines, créatives, aimant la compagnie et la bonne chère, elles recherchent la sécurité financière et affective.

CHANCE

Chiffre 6 aux vibrations vénusiennes pour **Céleste**; chiffre 3, jupitérien, pour **Célia** et **Céline**. Leurs jours les plus favorables sont respectivement le vendredi et le jeudi. Couleurs: la turquoise pour lui, le bleu et le pourpre pour elle. Talismans: **Céleste** adoptera un colifichet évoquant la chèvre ou le lièvre, une feuille de figuier et un sachet de safran; **Célia** et **Céline** préféreront une améthyste, un gland ou une girafe en peluche.

CHANTAL

Etymologie et histoire

Ce prénom d'origine aristocratique, autrefois très répandu dans la haute société parisienne, dérive probablement de *cantal*, dans le sens de caillou, pierre. La diffusion de ce nom est liée au culte de sainte Jeanne Françoise Frémiot, baronne de Chantal et fondatrice d'un ordre monastique. Elle est célébrée le 21 août et le 12 décembre.

Caractère et destin

Dynamique, active, mais réservée, Chantal peut réussir dans le domaine de l'enseignement ou du spectacle. Attirée par le jeu et la compétition, elle a tendance à vivre au jour le jour, même en amour, refusant les obligations et les responsabilités. Multiples conquêtes amoureuses; gains facilement obtenus mais gérés de façon peu avisée.

Chance

Chiffre porte-bonheur: le 5, d'influence mercurienne. Jour favorable: le mercredi. Couleurs: le gris bleuté, le jaune citron. Talismans: l'agate, la calcédoine, l'essence de menthe ou de lavande.

CHARLES-CHARLOTTE

Etymologie et histoire

De l'allemand *karl* = homme libre, ce prénom s'est répandu dans toute l'Europe grâce à la dynastie des Carolingiens. Il est impossible de citer tous les rois qui portèrent le prénom de Charles: ils furent tellement nombreux qu'on les distingua souvent par un surnom: le Chauve, le Gros, le Bel, le Simple, le Sage, le Bienaimé, le Téméraire. Mentionnons tout de même les illustrissimes Charles Martel et Charlemagne, patron des étudiants, ainsi que Charles Quint, sur l'empire duquel le soleil ne se couchait jamais. Le 4 novembre, on fête St Charles Borromée, l'évêque de Milan qui se distingua en soignant les pestiférés, patron des libraires, des relieurs et des maîtres d'école. Parmi les célébrités: Goldoni, Marx, Darwin, Dickens, Gounod, Baudelaire, Perrault et de Gaulle. Au féminin: Charlotte Brontë et C. Corday, qui assassina Marat dans sa baignoire. Ce prénom, en latin *Carolus*, à donné *Caroline, Carole, Carlos* en espagnol, *Karol* (qui signifie roi) en polonais, ainsi que de multiples variantes et diminutifs: *Caddye, Carillan, Carl, Carrie, Carry, Charlot, Charlette, Charley, Charly, Chasle, Cheryl, Karl, Lotti, Lottie, Liselotten, Sharleen, Sharyl.*

CARACTÈRE ET DESTIN

Tous deux marqués par l'influence bénéfique de Jupiter, **Charles** et **Charlotte** sont gais, sociables, optimistes, mais souvent susceptibles, très sensibles aux compliments et aux critiques d'autrui. Loyaux, honnêtes, cordiaux, ils font preuve d'un équilibre enviable, même quand ils ont des ennuis. Leurs plus gros défauts: un orgueil qu'ils ne savent pas dissimuler et une prodigalité vraiment excessive.

CHANCE

Chiffre porte-bonheur: le 3. Jour faste: le jeudi. Couleurs: le bleu électrique et le violet. **Charles** et **Charlotte** renforceront leur chance en portant sur eux un géranium, un morceau d'écorce de tilleul ou de bouleau, un fil d'étain. Un chien de n'importe quelle race constituera pour eux une sympathique mascotte.

CHLOE

ETYMOLOGIE ET HISTOIRE

Prénom de l'héroïne d'un roman pastoral du IIIe siècle, il dérive du grec *Cloé*, épithète de la déesse Déméter, qui signifie au sens propre:

herbe tendre, verte. On fête les Chloé le 29 mai et le 17 juillet.

CARACTÈRE ET DESTIN

Sensible, versatile, attirée par la nouveauté, Chloé possède un tempérament qui correspond parfaitement au symbolisme évoqué par son nom. Le monde de l'occulte, la spiritualité, les grands thèmes philosophiques l'attirent profondément et l'incitent à préférer l'étude au divertissement. Timide, mélancolique, très affectueuse, elle a souvent l'occasion de montrer sa grande intelligence, son esprit critique et la profondeur de ses pensées. Elle aime voyager pour s'instruire. Sérieux et conscience professionnelle dans son travail.

CHANCE

Influencée par le 7, chiffre lunaire, Chloé sera bénie des dieux le lundi. Parmi les couleurs les plus adaptées à sa personnalité: le blanc, le gris et, naturellement, le vert clair. Talismans: une algue, un brin d'herbe, un béryl et un petit poisson de verre.

CHRISTIAN-CHRISTIANE-CHRISTINE-CHRISTEL-CHRISTELLE

ETYMOLOGIE ET HISTOIRE

Tous ces prénoms ont une même origine étymologique: le Christ, *Christos* en grec, c'est-à-dire l'oint, l'élu, nom qui est encore courant dans l'église orientale orthodoxe. Christian, devenu un prénom juste après l'édit de Constantin, est très répandu dans la péninsule scandinave: dix rois portèrent ce prénom. En outre, Oslo fut appelé Christiania jusqu'en 1925. Saint Christian, patron des parturientes, est célébré le 4 janvier, le 7 avril, le 24 mai, le 12 novembre et le 15 décembre. Christine, ainsi que Christel et Christelle, signifie *consacrée au Christ*. Sainte Christine de Bolsena, martyre sous Dioclétien, est commémorée en tant qu'auteur du miracle de l'hostie qui exsude du sang et patronne des meuniers. Fête: 24 juillet. Parmi les personnages illustres: la reine Christine de Suède, protectrice des arts et des lettres, l'auteur du *Conte du Graal*, Chrétien de Troyes et le grand fabuliste H.C. Andersen. Parmi les variantes: *Carsten, Chrissie, Christa, Christina, Chrestien, Chrestin, Chrétien, Kitty, Kristel, Kristin.*

CARACTÈRE ET DESTIN

Tempérament décidé, inflexible, créatif et froid pour **Christel** ouvert, diplomatique, mais inconstant pour **Christelle**. **Christian** et **Christiane**, tous deux influencés par la lune, sont en revanche dotés d'un caractère très émotif, rêveur et souvent inégal et versatile. Timidité, discrétion et totale fidélité affective complètent leur portrait. Extravertie, sociable, édoniste, *Christine* aime la nature, la musique, les joyeuses compagnies. Plus amoureuse de l'amour que de son compagnon, elle a tendance à vivre plusieurs flirts à la fois et veut toujours en sortir gagnante. Lorsqu'elle n'y parvient pas, elle se sent profondément découragée et déprimée. Attirance pour la beauté et pour la mode.

CHANCE

Chiffre porte-bonheur: le 4 pour **Christel**; le 3 pour **Christelle**; le 2 pour **Christian**; le 7 pour **Christiane**; le 6 pour **Christine**. Jours favorables: le dimanche, le jeudi, le lundi et le vendredi. Couleurs: le jaune, le violet, le blanc et le rose. Talismans: un colifichet d'ambre et une feuille de sauge pour **Christel**; une feuille de prunier et une turquoise pour **Christelle**; une aigue-marine, un objet de nacre, de la mauve et des pépins de melon pour **Christian** et **Christiane**; du jade, du lapis-lazuli, un vêtement vert et rose, un parfum au muguet pour **Christine**.

CHRISTOPHE

ETYMOLOGIE ET HISTOIRE

Une légende raconte que Christophe fut le passeur géant qui porta le Christ enfant sur ses épaules d'une rive à l'autre du fleuve. En grec, d'ailleurs, *Kristophero* signifie *porteur du Christ*. Saint Christophe, qui est fêté le 25 juillet et le 21 août, est donc considéré comme le patron des passeurs, des cheminots, des automobilistes, des porteurs et, depuis quelques années, des écologistes. Parmi les Christophe les plus célèbres: C. Gluck et C. Colomb. Diminutifs et variantes: *Cristobal, Christoffe, Christofle, Christofal.*

CARACTÈRE ET DESTIN

Caractère impérieux, intolérant, mais dans le fond sensible, bon. Religiosité, prosélytisme, attirance pour le merveilleux. Christophe ne supporte pas l'injustice et, lorsqu'il est en colère, il adopte des attitudes provocantes et agressives. Grande obstination, tendance à l'avarice.

Chiffre porte-bonheur: le 4. Jour favorable: le dimanche. Couleurs: le jaune et l'orange. Talismans: un petit bateau, un bâtonnet de cannelle, une feuille de palmier, l'image d'un zèbre.

CLAIRE-CLARENCE-CLARISSE

ETYMOLOGIE ET HISTOIRE

Dérivé du latin *Clarus-Clara* = illustre, clair, ce prénom s'est affirmé au XIIIᵉ siècle depuis l'Italie centrale, en raison du culte rendu à sainte Claire d'Assise, disciple, puis sœur spirituelle de saint François. Patronne des lavandières, des brodeuses et de la télévision, elle est invoquée pour lutter contre les troubles oculaires. Fête: 10 février, 12 août, 10 octobre, 4 et 12 novembre. Parmi les nombreuses variantes masculines à consonance archaïque: *Clair* ou *Cler*. Au féminin: *Clairette, Clara, Clarence, Clarice, Clarisse, Clarita, Chiarella, Chiarastella.*

CARACTÈRE ET DESTIN

Idéaliste et très perspicace, **Claire** est dotée d'une imagination débordante, mais se montre souvent irréfléchie. Ses nombreux coups de tête lui jouent des tours. Franche, spontanée, indépendante, c'est une femme qui est capable de tracer son destin d'elle-même. La nervosité et une sensibilité aiguë caractérisent en revanche la mélancolique **Clarence**, toujours débordée par les problèmes d'autrui. Capable d'analyse et d'introspection, elle a peu d'amis, s'attachant à la qualité plus qu'à la quantité. On ne peut pas dire la même chose de l'extravertie et sociable **Clarisse**, fascinée par tout ce qui est nouveau. Impulsive, elle méprise le danger et ne supporte ni les obligations, ni les liens. Mais lorsqu'elle ne se sent pas prisonnière, c'est une compagne douce, tendre et sensuelle.

CHANCE

Chiffre 3 pour **Claire**, 7 pour **Clarence**, 5 pour **Clarisse**. Leurs jours de chance sont respectivement le jeudi, le lundi et le mercredi. Couleurs: le bleu électrique, le gris perle, le jaune citron. Talismans à adopter: une broche qui représente un paon ou un pélican, une turquoise, un jasmin pour **Claire**; un petit crabe en argent, une fougère, une boule de camphre pour **Clarence**; une agate , une émeraude, une feuille de menthe, l'image d'un lézard vert pour **Clarisse.**

CLAUDE-CLAUDINE

ETYMOLOGIE ET HISTOIRE

Voici un prénom très courant d'origine romaine dont la signification est assez défavorable. Claude signifie en effet boiteux, claudicant. Pourtant, qu'il s'agisse d'Appius Claudius, de l'empereur romain Claude Iᵉʳ ou de tous ceux qui sont entrés dans la postérité, aucun ne devint célèbre pour cette raison. Parmi les célébrités, citons aussi Monet, Monteverdi, Debussy, qui tenaient tous très bien sur leurs jambes. Saint Claude, patron des sculpteurs, des musiciens et des artisans, est commémoré le 18 février, le 7 juin, le 1er et le 23 janvier, le 9 septembre. Quelques variantes: *Claud, Claudette, Claudia, Claudie, Claudius, Claux.*

CARACTÈRE ET DESTIN

Sophistiqué, esthète, **Claude** connaît facilement le succès. Orgueilleux, impénétrable, il admet difficilement ses erreurs et a du mal à révéler ses sentiments, ce dont il souffre. Grande réussite professionnelle, notamment dans le domaine scientifique et artistique. **Claudine** est plus superficielle, insouciante. Peu studieuse, mais imaginative, elle peut réussir dans le monde de la mode. Inconstante et infidèle en amour, elle éprouve rarement des sentiments profonds. Elle est attirée par les hommes forts et mûrs en qui elle a une grande confiance.

CHANCE

Chiffre 1, solaire, pour **Claude**. Jour de chance: le dimanche. Couleur: toutes les nuances du jaune. Talismans: un bracelet ou une chaîne en or, un tournesol, une feuille de laurier, un sachet de safran. Chiffre 6 pour **Claudine**. Couleurs: le rose et le turquoise. Talismans: un saphir clair ou un objet en corail. Parfum à la rose, au jasmin ou à la violette.

CLEMENT-CLEMENTINE

ETYMOLOGIE ET HISTOIRE

Dérivé du latin *clemens*, ce prénom signifie doux, capable de pardon. Fête: le 21 octobre, le 23 novembre et le 4 décembre. Saint Clément est le patron des gondoliers, des marins et des marbriers; la légende dit en effet qu'il aurait été enterré dans une chapelle en marbre engloutie au fond de la mer. Variante: le féminin *Clémence*.

CARACTÈRE ET DESTIN

Clément a un tempérament tranquille, il est rêveur, magnanime en dépit de l'influence martienne de son chiffre magique, le 9. Extrêmement idéaliste, il souffre du manque d'harmonie du monde qui l'entoure. Ennemi du luxe et de la force, il aime la simplicité et aspire de façon utopique à l'amour universel. Plus combative, décidée et prétentieuse, **Clémentine** possède une personnalité exceptionnelle, très originale, inventive, qui va de pair avec un cœur d'or. Charme, beauté, succès; situation financière inégale.

CHANCE

Chiffre 9 pour lui, 1 pour elle. Jours positifs: le mardi et le dimanche. Couleurs: le rouge pour lui, le jaune pour elle. Une pièce en fer et un rameau de cyprès contribueront à améliorer le destin de **Clément**; une bague en or, une feuille de citronnier et l'image d'une abeille seront des fétiches idéaux pour **Clémentine**.

CLOTILDE

ETYMOLOGIE ET HISTOIRE

C'est le prénom de la femme de Clovis Ier, qui contribua à la conversion des Francs. Au XVIIIe siècle, il fut porté aussi par l'épouse de Victor Emmanuel, Maria Clotilde, de la Maison de Savoie. Composé de deux racines germaniques, *hldoa* = célèbre et *hild* = bataille, il signifie: renommée au combat. Sainte Clotilde, le patronne des notaires, est fêtée le 3 juin.

Clotilde, rationnelle et intelligente, a toujours tendance à refréner ses sentiments. Générosité, équilibre, forte volonté. Efficacité et précision dans sa profession. Succès facile, mais risque de solitude affective.

CHANCE

Chiffre favorable: le 8. Jour de chance: le samedi. Couleurs: le noir et le gris fumé. Talisman: un objet en onyx, une obsidienne ou un scarabée. Parfum au pin et à la fougère.

CONRAD

ETYMOLOGIE ET HISTOIRE

De l'allemand *kuoni-kuhn* = courageux, audacieux, et *rada-rat* = conseil, c'est-à-dire: qui donne des conseils audacieux. C'est le prénom de plusieurs rois du Moyen Age: Conrad Ier de Franconie, Conrad le Salique, Conradin de Hohenstaufen. Fête: 9 et 25 février, 9 et 21 avril, 30 septembre et 26 novembre. Une célébrité: l'écrivain Konrad Korzenionsky, plus connu sous le nom de Joseph Konrad. Variantes: *Conny, Connies, Conrath, Kunz, Kurt.*

CARACTÈRE ET DESTIN

Sociable, sympathique, aventurier, Conrad obtient l'aide d'autrui et connaît le succès sans le chercher.

Doté d'une volonté de fer, de courage et de sang-froid, il essaie de vivre le plus d'expériences possibles, ce qui lui apporte un équilibre et une maturité précoces. Excellent père et mari, il est très exigeant mais se montre en retour dévoué et fidèle. Parmi les défauts que l'on peut lui reprocher, signalons son opportunisme et son léger complexe de supériorité.

CHANCE

Chiffre magique: le 1. Jour de chance: le dimanche. Couleur: le jaune vif. Talismans: une pièce d'or, une petite plante de véronique, de l'encens, de la cannelle.

CONSTANT-CONSTANTIN-CONSTANCE

ETYMOLOGIE ET HISTOIRE

Dérivé du latin *constans* = stable, ferme, résolu. Constant fut le nom d'un empereur romain, commémoré le 11 mars, et de plusieurs saints que l'on fête le 29 janvier, le 17 février, le 29 juillet, le 8 août, les 19 et 23 septembre.

CARACTÈRE ET DESTIN

Comme l'indique leur nom, **Constant, Constantin, Constance,** font preuve d'une fermeté et d'une obstination peu communes. Décidés, inflexibles, persévérants, ils affichent avec une pointe d'exhibitionnisme leur exceptionnel sens du devoir. Tendresse et protection envers les faibles. Ils ne savent pas apprécier le côté humoristique de la vie.

Chiffre magique; le 7 pour **Constant**, le 3 pour **Constantin**, le 4 pour **Constance** les jours de chance sont dans l'ordre: le lundi, le jeudi, le dimanche. Couleurs: le blanc, le violet, le jaune. Talismans: un papillon de nuit et un vêtement gris perle pour **Constant**; un fil d'étain, une feuille de tilleul et un gland pour **Constantin**; un collier d'ambre et l'image d'un taureau pour **Constance**.

CORA-CORINNE

ETYMOLOGIE ET HISTOIRE

Du grec *koré* = enfant. Dans la mythologie, c'est le nom de Proserpine, fille de Déméter, enlevée par Pluton et contrainte à passer six mois de l'année aux Enfers avec son époux et les six autres mois sur Terre, avec sa mère. Divinité liée à la terre, à la végétation et au cycle des saisons. Une célébrité: la chanteuse Cora Vaucaire. La variante Corinne, devenue aujourd'hui la forme la plus courante de ce prénom, évoque en revanche une poétesse grecque contemporaine de Pindare et la femme chantée par Ovide dans ses *Elégies*. Fête: 14 mai, 25 juin. Variantes intéressantes: *Corana, Corilla.*

CARACTÈRE ET DESTIN

Très féminines, mais concrètes, **Cora** et **Corinne** savent toujours trouver le moyen de réaliser leurs rêves, aussi bien sentimentaux que professionnels. Possibilité de vivre une histoire d'amour unique et très intense, dans laquelle elles se donneront complètement. Jalousie marquée. Situation financière variable.

CHANCE

Chiffre magique: le 1 d'influence solaire, pour **Cora** et **Corinne**. Jour de chance: le dimanche. Couleur: le jaune d'or. Une topaze ou un diamant, associé à une feuille de citronnier et à un bâtonnet d'encens constitueront un talisman très efficace.

CORALIE

ETYMOLOGIE ET HISTOIRE

Répandu depuis les pièces de Goldoni dans le sens de coralline. Une variante: *Coral.*

CARACTÈRE ET DESTIN

Tempérament, vif, aimant la compétition et le risque, tourmenté par les grands problèmes de l'humanité. La généreuse Coralie n'aime pas l'argent et le considère uniquement comme un bon moyen d'aider son prochain. Souvent incomprise en amour, elle est très attachée à la notion de couple, mais ne se marie que lorsqu'elle est sûre d'avoir rencontré sa "moitié", ce qui lui arrive généralement après trente ans.

CHANCE

Chiffre magique: le 9. Jour favorable: le mardi. Couleurs: le rose chair et le rouge vif. Talismans: des boucles d'oreilles en corail, un rubis, une fleur de chardon, un parfum de santal.

CYPRIEN

Du grec *kiprios* = consacré à Vénus, ou de *kipriazo* = je fleuris, ou encore de *kupros* = cuivre. C'est le nom d'un magicien de Nicomédie converti au christianisme. La saint-Cyprien est le 16 et le 26 septembre. Variantes: *Civran* et *Syvran*.

Caractère et destin

Très sensible, impressionnable et émotif, Cyprien considère la sphère des sentiments comme sa raison d'être. Doté d'une imagination débordante, il se laisse aller avec un enthousiasme parfois excessif à l'aventure. Goût de l'élégance, du luxe, amour de la bonne chère et de la compagnie. Il préfère éviter les échanges d'opinion trop vifs.

Chance

Influencé par Mars numériquement (chiffre 9) et par Vénus étymologiquement, Cyprien aura plus de chance le mardi et le vendredi. Couleurs: tous les tons de rose et de vert. Parmi les talismans: un objet en cuivre, un pendentif en corail, des feuilles de sureau et d'ortie.

CYR-CYRIAQUE-CYRILLE

Etymologie et histoire

Rattaché au perse *kurush*, l'épithète du soleil est un prénom traditionnel dans la dynastie des Achéménides à laquelle appartinrent Cyrus le Grand et Cyrus le Jeune. Saint Cyr, fêté le 24 et le 31 janvier, le 8 août et le 27 octobre, est le patron des médecins, des chirurgiens, des skieurs et des enfants. On peut considérer comme des variations du prénom: *Cyriaque* = consacré au Seigneur, célébré le 24 mai, le 15 juillet et le 23 août, et *Cyrille* = du Seigneur, le saint auquel les Slaves doivent leur alphabet, fêté le 28 janvier, le 9 février, le 18 mars, les 5 et 17 juillet. C'est le protecteur des professeurs.

Caractère et destin

Cyr est fier, courageux, bagarreur et méprise la douleur physique. Egoïste, despotique, polémique, il a cependant tendance à dominer les passions qui s'agitent en lui. Dans le fond de son âme, il cultive des idéaux de chevalier médiéval. Manque d'imagination, aptitude à la mécanique. Très semblable à Cyr, Cyriaque partage avec lui le goût de la domination. Mais dans son cas, il s'agit d'une domination de l'esprit, qui s'organise à des niveaux plus subtils. Froid, ambitieux, il atteint des objectifs de plus en plus élevés grâce à sa détermination hors du commun et à son charisme. Il tend à adopter des attitudes aristocratiques et joue au raffiné en amour, accordant plus d'importance à la mise en scène qu'aux vrais sentiments. Cyrille, lui, est très différent: plus gai, optimiste, souvent frappé par ce qui sort de l'ordinaire. Très protecteur, sensible aux compliments et aux critiques d'autrui. Pacifique, respectueux de la loi, il cherche à vivre dans la sérénité et l'aisance matérielle; quand il choisit de partager sa vie avec une compagne, celle-ci doit être tranquille, dévouée et fidèle.

CHANCE

Chiffre 1 pour **Cyr**, 9 pour **Cyriaque**, 3 pour **Cyrille**. Jours de chance: respectivement le dimanche, le mardi et le jeudi. Couleurs: le jaune, le rouge et le bleu électrique. Talismans: un bâtonnet de cannelle, une feuille de grenadier et un parfum au musc pour **Cyr**; une vis en fer, des fleurs de lupin et un morceau d'hématite pour **Cyriaque**; un clou de girofle, une feuille de poirier ou de géranium et l'image d'un faisan pour **Cyrille**.

D

DAMIEN-DAMIA

ETYMOLOGIE ET HISTOIRE

Dérivé du grec *damazo* = soumettre,
ou de *damos* = dorique, de *demos* =
peuple, ou encore de *Damia*, déesse
de la fertilité; Damien a connu une
certaine faveur liée au culte des
saints Côme et Damien, patrons des
médecins, chirurgiens, pharmaciens
et dentistes. Sa fête est célébrée le 23
février, le 16 mars, le 27 septembre et
le 27 novembre. Variante: *Damian*.

CARACTÈRE ET DESTIN

Personnalité énergique, affectueuse,
irascible, passionnée. Jaloux et plutôt tyranniques en amour, **Damien**
et **Damia** s'investissent énormément
sur le plan émotif dans le rapport de
couple. Parfaite réussite professionnelle, surtout dans les domaines
scientifique et artistique. Inaptitude
à la gestion financière.

CHANCE

Tous deux caractérisés par le chiffre
1, **Damien** et **Damia** auront un destin particulièrement favorable le
lundi. Couleurs: tous les tons du jaune et de l'orange. Talismans: une
broche qui représente un canari ou
un bélier, un tournesol, de la cannelle et de l'encens.

DANIEL-DANIELLE

ETYMOLOGIE ET HISTOIRE

C'est celui des quatre principaux
prophètes qui, par les paroles *Ma-
nes-Teciel-Fares*, prononça à Baldas-
sara la sentence de mort; c'est aussi
lui qui fut jeté dans la fosse aux lions
et en sortit sain et sauf. En hébreu,
ce prénom signifie *Dieu a jugé (dab)*
ou bien *dieu est mon juge (dayan)*.
Parmi les célébrités: D. de Foe. Les
Daniel sont fêtés le 3 janvier, le 21
juillet et le 11 décembre. Nombreuses variantes, dont certaines très belles, et formes étrangères: *Dana, Da-
nia, Daniau, Daniella, Danilo, Dani-
la, Danilla, Danis, Danita, Dany*.

CARACTÈRE ET DESTIN

Sage et profondément épris de justice, **Daniel** a tendance à ne se fier qu'à
lui-même. Il mise beaucoup sur sa
profession et essaie de progresser en
permanence. Plutôt sceptique en

amour, il est rare qu'il rencontre une compagne qui le satisfasse sur tous les plans. **Danielle**, qui est calme, intelligente, mais plutôt fermée, réservée, trouvera dans la vie conjugale et la famille sa raison d'être. Intransigeance, paresse, tendance à la rêverie.

Chiffre 9 pour **Daniel**, 8 pour **Danielle**. Leurs jours de chance sont respectivement le mardi et le samedi. Couleurs: le rouge vif pour lui, le noir et le gris fumé pour elle. Talismans: un chardon, une plante d'absinthe, un objet en fer pour lui, un hérisson en peluche, un jaspe brun et une broche représentant une balance pour elle.

DAPHNE

ETYMOLOGIE ET HISTOIRE

Dans la mythologie grecque, c'est la bergère que son père transforma en arbre pour qu'elle puisse échapper aux assiduités du dieu Apollon dont elle ne partageait pas les sentiments. Comme tous les prénoms qui ne sont pas représentés par un saint, les Daphné sont fêtées le 1er novembre. Une célébrité: Daphné Du Maurier.

CARACTÈRE ET DESTIN

Orgueil, esprit passionné, ambition sont les principaux traits de la personnalité de la belle Daphné, toujours gaie, optimiste, adaptable. Toujours entourée d'amis, elle tire parti de son charme pour vivre plusieurs flirts à la fois, mais quand elle rencontre le compagnon idéal, elle se montre prête à changer d'attitude et se consacre à

son partenaire avec un profond dévouement. Dépensière de nature, elle recherche le bien-être matériel et une position sociale élevée.

CHANCE

Chiffre porte-bonheur: le 3. Jour favorable: le jeudi. Couleur: le pourpre. Talismans: une feuille de laurier, l'image d'une alouette ou d'une perdrix, une turquoise, une noisette.

DAVID

ETYMOLOGIE ET HISTOIRE

Dérivé de l'hébreu *Dawidh* (aimé), il peut être interprété comme *chéri, amour* ou bien dans le sens de *Dieu a aimé*. Ce prénom tiré de l'Ancien Testament évoque la figure du IIe roi d'Israël, prophète, guerrier et habile joueur de cithare, celui qui, encore jeune, l'emporta sur le géant Goliath. Patron des chanteurs, des poètes, des musiciens, il est fêté le 1er mars et le 29 décembre. Parmi les personnages illustres ayant porté ce prénom, citons le philosophe D. Hume et l'économiste D. Ricardo. Variantes et diminutifs: *Davin, Davy.*

CARACTÈRE ET DESTIN

Personnalité double, secrètement despotique et plutôt froide sur le plan sentimental. Capable de s'adapter à une existence médiocre et différente de celle à laquelle son ambition démesurée l'incite à rêver, il conserve dans le fond de lui-même une certaine rancœur. Réservé, mélancolique, mais fier à sa façon. Il aime l'ordre et la parfaite organisation.

Chiffre porte-bonheur: le 4, d'influence solaire. Jour faste: le dimanche. Couleurs: le jaune d'or et le bronze. Talismans: un petit objet en or, l'image d'un instrument de musique, de l'encens, du laurier.

DEBORAH

ETYMOLOGIE ET HISTOIRE

Prénom très courant parmi les juifs et les protestants, Deborah (*abeille* ou *loquace*) est la prophétesse biblique qui fut le juge des Israélites et les conduisit à la victoire contre les Cananéens. Elle est fêtée le 21 septembre. Un diminutif: *Debbie*.

CARACTÈRE ET DESTIN

Deborah, caractérisée par le chiffre 8, signe d'isolement et de pessimisme, fait preuve d'un sérieux excessif et manque parfois totalement d'humour. Egocentrique, autoritaire, elle sait charmer autrui d'un simple regard. Dotée d'imagination, de créativité, de résistance physique, sa réussite est pratiquement assurée. Quand elle se sent comprise, elle noue des relations intenses et profondes.

CHANCE

Chiffre magique: le 8. Jour faste: le samedi. Couleur: tous les tons du marron. Talismans: une améthyste, une branche de pin, une broche qui représente une abeille.

DELPHIN-DELPHINE

ETYMOLOGIE ET HISTOIRE

Prénom plus courant au féminin qu'au masculin, il peut être considéré comme dérivé du grec *delphis*: utérus, ou du nom de la ville de Delphes, siège du célèbre oracle d'Apollon, Delphinios, dieu insulaire et crétois adoré sous la forme d'un dauphin. Fête: 27 septembre, 20 novembre et 24 décembre. Parmi les variantes: *Dauphin, Dauphine*.

CARACTÈRE ET DESTIN

Modeste, résigné, observateur et persévérant, **Delphin** est doté d'une patience à toute épreuve. Il aime les études, les sciences, les arts et sait apprécier les petites choses de la vie. Peu sentimental, il privilégie la famille plutôt que le rapport de couple. **Delphine** est plus ambitieuse et mieux armée pour réussir. Générosité, enthousiasme, largeur d'esprit.

CHANCE

Chiffre 5 pour **Delphin**; 1 pour **Delphine**. Jours fastes: le mercredi et le dimanche. Couleurs: le bleu ciel et le jaune d'or. Talismans: l'image d'un perroquet, des graines d'anis, de la menthe et de la lavande pour lui; du laurier, de l'encens, du safran et un collier d'ambre pour elle. Tous les deux auront naturellement aussi intérêt à conserver sur eux l'image d'un dauphin.

DENIS-DENISE

Dérivé de deux racines grecques, *Dion* = Zeus et *nys* = fils, Denis signifie consacré à Dionysos, divinité du vin et de l'ivresse. Saint Denis, patron des juges, est célébré le 8 avril, le 3 et le 9 octobre, le 17 novembre, le 6 et le 26 décembre. Célèbre est la légende de saint Denis, évêque de Paris qui, après avoir été décapité, porta sa tête jusqu'à la tombe. Parmi les personnages illustres: les deux tyrans de Syracuse surnommés le Vieux et le Jeune, l'historien du Ier siècle, D. Alicarnasso et D. Diderot, le père de l'*Encyclopédie*. Diminutifs et variantes: *Denisa, Denisia, Deny, Denys, Denyse*.

CARACTÈRE ET DESTIN

Plutôt introverti, sous sa carapace orgueilleuse, **Denis** cache un tempérament extrêmement passionné. Aptitude aux mathématiques et à la physique. **Denise**, qui possède une personnalité très semblable, est bonne, généreuse et aspire à une vie harmonieuse. Adaptable, docile, parfois légèrement masochiste, elle s'épanouit, comme Denis, dans le rapport de couple dont elle sait renforcer les liens avec le temps. Elle s'engage à fond dans sa profession, souvent à caractère social.

CHANCE

Chiffre porte-bonheur: le 6 pour **Denis**, le 2 pour **Denise**. Jours fastes: le vendredi et le lundi. Couleurs: le vert et le blanc. Talismans: un colifichet en cuivre et une fleur de sureau pour lui; un quartz blanc et un coquillage pour elle. Pour tous les deux: une feuille de vigne ou l'image d'une belle grappe de raisin.

DESIRE-DIDIER

ETYMOLOGIE ET HISTOIRE

Prénom du dernier roi lombard, qui vient de l'allemand *thiud*: peuple et *hari-her*: armée, peuple armé. Saint Désiré, que l'on fête le 8 et le 23 mai, est considéré comme le patron des retraités. Variantes à retenir: *Désirat, Diderot, Dié, Diesy, Dizier*.

CARACTÈRE ET DESTIN

Une inquiétude et une insatisfaction permanentes caractérisent la personnalité de **Désiré**. Sceptique, hésitant, il détruit, par pur esprit de contradiction, les idées d'autrui. De tempérament plutôt faible, il se révèle timide et inconstant en amour. Emotivité. **Didier**, lui, est plus concret, rationnel, pratique et prudent. Habile organisateur, il refuse tout ce qui lui semble improvisé, irréfléchi. Peu passionné sur le plan sentimental, c'est le type d'homme classique sur lequel on peut toujours compter.

CHANCE

Chiffre 6 pour **Désiré**, 4 pour **Didier**. Jours favorables: le vendredi et dimanche. Couleurs: le vert pomme et turquoise pour le premier, jaune pour le second. Talismans: un bracelet en cuivre, un brin de muguet, et l'image d'un moineau pour **Désiré**, une feuille de citronnier, de l'ambre jaune et une fleur d'arnica pour **Didier**.

DIANE

L'équivalent latin d'*Artémis*, déesse de la chasse et de la lune, dérive probablement de *Diviana*, qui vient à son tour de *Dius* ou du sanscrit *divyah*: céleste, lumineux. Certains le rattachent aussi au grec *dianein* = travailler. Et d'autres établissent un curieux parallèle avec le roumain *zand* et l'albanais *zane* = fée ou encore avec l'étrusque *tiv-tivr* = lune. Ce prénom est entré en usage depuis le Moyen Age. Fête: 10 juin. Variante: *Diana*.

CARACTÈRE ET DESTIN

La légende fait de Diane un symbole de chasteté, car elle transforma Actéon en cerf iniquement parce qu'il avait osé l'admirer nue tandis qu'elle se baignait. Par analogie avec les caractéristiques de la déesse, Diane est une pure, une esthète aimant la beauté. Intelligente, forte spirituellement, elle cultive les traditions en y ajoutant sa note personnelle. Sa grande sensibilité en fait une excellente amie et confidente. Imagination, ambition, activité, bonne mémoire. Sentiment de supériorité à l'égard des hommes.

CHANCE

Chiffre porte-bonheur: le 6, d'influence vénusienne. Jour faste: le vendredi. Couleurs: le rose, le vert clair. Talismans: une rose, un brin de muguet, une marguerite, une émeraude ou un béryl. Bénéfique également, la traditionnelle broche en forme de croissant de lune suggérée par le nom.

DIEGO

ETYMOLOGIE ET HISTOIRE

Utilisé depuis la fin du XVIIᵉ siècle, mais devenu courant à l'époque romantique, Diego est une évolution de *Diago-Diaco*, du grec *didaché* = doctrine, instruction. Fête: le 5 avril, le 12 novembre et le 16 décembre. Parmi les célébrités, on peut citer le peintre espagnol Velàzquez.

CARACTÈRE ET DESTIN

Tempérament fermé, inquiet, autoritaire. Diego est dévoré par l'ambition et sa soif de connaissance est stupéfiante. Psychologie, facultés paranormales. Plutôt méfiant en amour, il se transforme en compagnon fidèle et paternel quand il s'attache à quelqu'un. Il aime la compagnie et la bonne chère.

CHANCE

Chiffre porte-bonheur: le 4. Jour faste: le dimanche. Couleur: le jaune d'or. Talismans: une jacinthe, une émeraude, une branche de sauge ou l'image d'un zèbre.

DIMITRI

ETYMOLOGIE ET HISTOIRE

Ce prénom signifie *consacré à Déméter ou Cérès* (en grec *dè, ghe* = terre et *méter* = mère, c'est-à-dire terre mère), la divinité de la fertilité, des champs et des animaux, fille de Cronos et de Rhéa et mère de Proserpine. La forme russe Dimitri, assez courante, est fêtée le 9 avril, le 26 octobre, le 21 novembre ou le 22 décembre.

Esprit pratique, bon sens, maîtrise de soi, volonté. Pudique sur le plan sentimental, mais romantique au fond de lui-même, Dimitri est profondément attaché à la famille et aux enfants. Avide, bon vivant, excellent administrateur en affaires. Réussite professionnelle probable.

CHANCE

Chiffre favorable: le 1. Jour faste: le dimanche. Couleur: le jaune vif. Talismans: un petit objet en or, une feuille de palmier, un parfum au musc.

DOLORES

ETYMOLOGIE ET HISTOIRE

Dolorès est un nom religieux dont la signification n'est guère heureuse; il évoque en effet les sept douleurs vécues par la Vierge durant la Passion de son Fils. Fête: le vendredi qui précède le dimanche des Rameaux ou le 15 septembre. Une célébrité: Dolores del Rio, l'étoile du cinéma muet. Variantes et diminutifs: *Dolly, Doloretta, Dolorinda, Doloris, Dolorosa, Lola, Lolita.*

CARACTÈRE ET DESTIN

Personnalité vibrante, sensible, impressionable. Sentimentale, généreuse, Dolorès éprouve un grand besoin de protéger et d'être protégée. Elle peut dissimuler sous son apparente indolence un tempérament passionné et imprudent. Très capricieuse en amour, jalouse, exclusive. Prédisposition à la musique et au théâtre.

CHANCE

Chiffre magique: le 7. Jour de chance: le lundi. Couleurs: le blanc et le gris. Fétiches conseillés: une perle, une opale ou une branche de laurier.

DOMINIQUE

ETYMOLOGIE ET HISTOIRE

Du latin Dominicus, ce prénom qui signifie *consacré au seigneur* est aussi courant depuis la fin du IVe siècle dans le sens de *né un dimanche*. Sa diffusion fut renforcée par le culte lié à saint Dominique d'Osma, créateur de l'ordre des Frères prêcheurs. Très célébrés aussi, saint Dominique de Sales, protecteur des bergers, et saint Dominique de Silos, patron des prisonniers et des parturientes. Fêtes le 9 mars, le 6 juillet, le 4 août, le 14 octobre et le 20 décembre. Célébrités: Cimarosa et Scarlatti (compositeurs), Ingres, Ghirlandajo et Veneziano (peintres). Variantes et formes étrangères: *Domingo, Domingue, Doumié.*

CARACTÈRE ET DESTIN

Traditionnel, sociable, Dominique (homme) est très attaché à l'hospitalité et au respect des convenances. Plutôt ordonné, précis, il a tendance, malgré son air timide et vulnérable, à imposer ses points de vue et à se mêler des affaires d'autrui même quand on ne lui demande rien. Risque de problèmes professionnels. Dominique aime les titres et les honneurs, et apprécie la bonne cuisine. Dominique (femme) est plus introvertie, décidée, douce et affectueuse malgré son agressivité apparente. Intransigeance, maîtrise de soi, charisme remarquable.

CHANCE

Chiffre 4 pour lui, 8 pour elle. Jours fastes: respectivement le dimanche et le samedi. Couleurs: le jaune et le brun dans toutes ses nuances. Il choisira comme fétiche du romarin, du laurier ou du gui. Elle préférera un onyx ou une branche de cyprès.

DONALD

ETYMOLOGIE ET HISTOIRE

Prénom d'origine écossaise signifiant *viril, courageux*, pour certains, dérivé, pour d'autres, du celte *don* = bon + *noald* = noël, il fut porté par un saint écossais du VIIIe siècle, père de neuf filles. La saint-Donald est le 15 juillet. Signalons pour l'anecdote Donald Duck, célèbre personnage de Walt Disney. Diminutif: Don.

CARACTÈRE ET DESTIN

Dynamique, actif, infatigable, Donald se présente comme un individu agité, curieux, passionné d'aventure et de voyages. Le jeu et la compétition l'attirent. En amour, il déteste les obligations et les responsabilités et préfère mener une vie sentimentale à l'enseigne du changement. Il aime assez l'argent qu'il considère comme un moyen pratique de satisfaire ses multiples envies.

CHANCE

Chiffre magique: le 5, d'influence mercurienne. Jour faste: le mercre-di. Couleurs préférées: le jaune citron, le bleu ciel. Comme talismans, il pourra choisir cinq baies de genièvre, quelques feuilles de menthe, un objet en platine ou l'image d'un ibis.

DORIS

ETYMOLOGIE ET HISTOIRE

Doris est le prénom d'une nymphe grecque, fille d'Océanos et de Téthys et épouse de Nérée. C'est également un nom ethnique qui signifie *provenant de la Doride*, une région de la Grèce antique. La femme de Dionysos, tyran de Syracuse, portait ce prénom.

CARACTÈRE ET DESTIN

Chaude, passionnée, malgré son apparente maîtrise de soi, Doris est bonne et généreuse, facile à aimer. Très émotive, elle peut avoir des sautes d'humeur ou se laisser dominer par autrui, en particulier par son partenaire. Elle est attirée par les professions sociales où l'on s'engage beaucoup, en dépit de sa faible combativité. Tendance à être économe.

CHANCE

Chiffre magique: le 2. Jour faste: le lundi. Couleur: le gris perle. Son meilleur fétiche sera constitué d'un objet en argent ou d'un chat, blanc si possible.

DOROTHEE

ETYMOLOGIE ET HISTOIRE

Du grec *doron-theos*, cela signifie, comme Théodore, *don de Dieu.* C'est le prénom d'une martyre, patronne des jardiniers, et d'une religieuse qui vécut en ermite et se nourrit d'herbes et de racines pendant 60 ans. Fêtes: 6 février, 5 juin et 6 septembre. On peut aussi préciser qu'à l'origine Dorothée était un prénom masculin, et ce n'est que plus tard que son usage a été réservé au sexe féminin. Variantes: *Dolly, Dorothea, Dorothy, Dorrit.*

CARACTÈRE ET DESTIN

Capricieuse, séduisante et têtue comme une mule, Dorothée méprise le danger et résiste avec acharnement à l'adversaire. Elle n'oublie jamais les offenses reçues et ne sait pas pardonner. Souvent incomprise, elle risque de devoir vivre dans la solitude car elle est très intolérante et se montre trop exigeante. Elle s'épanouit dans des professions à caractère humanitaire. Elle redoute cependant les contacts avec le public et déteste les affaires et le commerce.

CHANCE

Chiffre porte-bonheur: le 9. Jour faste: le mardi. Couleurs: le rouge vif et le grenat. Comme talismans, elle pourra adopter un jaspe rouge, une vis rouillée, une feuille de rue. Excellents aussi, le corail et le jade, dont l'empreinte vénusienne peut contribuer à adoucir Dorothée et à la rendre plus indulgente.

EDGAR

Etymologie et histoire

Dérivé du saxon Edgard (*ead* = riche, puissant, et *gar-ger* = lance), ce prénom signifie *puissant à la lance*. Le 8 juillet, on fête Edgar le Pacifique, roi d'Angleterre du Xe siècle, le précurseur du week-end. Autres Edgar célèbres: les écrivains Wallace et Poe, le peintre Degas. Intéressantes formes étrangères: *Augier, Oger, Ogier, Okter*.

Caractère et destin

Sérieux, extravagant, peu communicatif, Edgar possède un charme magnétique. Profond sens de la famille et de l'économie. Attirance pour le mystère. Excellentes capacités de résistance, maîtrise de soi, décision. Efficacité et précision dans le travail.

Chance

Chiffre porte-bonheur: le 8 marqué par Saturne. Jour faste: le samedi. Couleurs: le noir, le gris, le marron. Talismans: un morceau de lignite, de la mousse, du houx, l'image d'un hibou.

EDITH

Etymologie et histoire

Edith vient du saxon *ead* = richesse, propriété, et *gyadh* = combat et signifie *celle qui lutte pour la richesse*. Plus qu'au culte de Miss Cavel, martyre anglaise fusillée par les Allemands, ce prénom doit sa popularité à la célèbre et admirable chanteuse Edith Piaf. On fête les Edith le 16 septembre.

Caractère et destin

Energique, ambitieuse, sportive, Edith ne se laisse jamais dominer par personne. Courageuse, dotée d'un sang-froid exceptionnel, elle aime l'argent et la gloire, et déteste les liens et la routine. Indépendance, réussite professionnelle. Edith reconnaît rarement s'être trompée.

Chance

Chiffre magique: le 1. Jour de chance: le dimanche. Couleur: le jaune vif. Fétiches: un petit lion en or, un collier d'ambre, une fleur de taraxacum.

EDMOND-EDMA-EDMEE

ETYMOLOGIE ET HISTOIRE

Du saxon *ead* = propriété, richesse et *mund* = défense, ce prénom signifie littéralement *défense du patrimoine*. Ce nom a connu une certaine faveur, pas tant en raison du culte du roi des Anglais, martyr, chrétien célébré le 20 novembre, qu'à la suite d'une mode littéraire liée à d'illustres personnages: l'Edmond du Comte de Montecristo, l'Edmund du *Roi Lear*, ainsi que Spenser, Rostand, de Goncourt. Au féminin, Edmond se transforme en Edmée, Edma, plus gracieux. Variantes: *Aymond, Eddie, Emon.*

CARACTÈRE ET DESTIN

Généralement blond, doux mais obstiné, **Edmond** cache sous son air gentil une bonne dose d'égoïsme et de susceptibilité. Son ambition, bien que secrète, le conduit parfois à se montrer cruel si cela lui permet de réussir. Situation financière irrégulière. **Edma** et **Edmée** sont dotées de charme, d'énergie, de coquetterie et d'un soupçon de jalousie.

CHANCE

Chiffre magique: le 1 pour **Edmond**, le 5 pour **Edma** et **Edmée**. Jours fastes: respectivement, le dimanche et mercredi. Couleurs: le jaune et le bleu. Talismans: une topaze, un objet en cuivre et l'image d'un zèbre pour lui; un objet en platine, une agate et une primevère pour les demoiselles.

EDOUARD

ETYMOLOGIE ET HISTOIRE

Peut être rattaché au saxon *ead ward* = gardien de la richesse ou à l'allemand ancien *had ward* = défenseur en guerre. Ce prénom, très courant chez les aristocrates anglais, a été porté par de nombreux personnages célèbres: de Edouard I dit le Vieux à Edouard VII, qui abdiqua pour des raisons sentimentales dans les années 30, sans oublier Edouard III le Confesseur, fêté le 13 octobre. On peut aussi évoquer les peintres Manet et Vuillard, les compositeurs Grieg et Lalo, le philosophe Hartmann. La saint-Edouard est fêtée le 5 janvier. Parmi les nombreuses variantes et formes étrangères, on retiendra: *Adoward, Duarte, Eddy, Eduard, Edward, Teddy.*

CARACTÈRE ET DESTIN

Dynamique, honnête, Edouard vit pleinement son existence, avec courage et volonté, mais il n'a malheureusement pas de chance. En amour, il est fermé, difficile, pudique, parce qu'il craint les liens et la routine. Traditionnel à l'extrême, il aura tendance à être déçu par ses enfants, trop progressistes pour son goût. Il est attiré par les professions difficiles qui exigent éclectisme et mobilité. Il se repent facilement des choix qu'il a faits.

CHANCE

Le 5, chiffre mercurien, est le plus en harmonie avec la personnalité d'Edouard. Jour de chance: le mercredi. Couleurs: le jaune citron, le bleu et toutes les teintes bigarrées, chatoyantes. Talismans: l'image d'un renard ou d'une pie, une noix muscade, la pierre "œil-de-chat".

EDWIGE

ETYMOLOGIE ET HISTOIRE

Edwige, de l'allemand *Hedwig*, apparaît en France à l'époque romantique dans le sens de *bataille sacrée (Hathu wiha)* ou plus simplement, par assimilation de *wiha* avec *wig*, de *bataille*. Fête: 14 avril, 13 septembre e 16 octobre. Variantes: *Hedwige, Hedwig.*

CARACTÈRE ET DESTIN

Prônant la justice et la paix, Edwige est dotée d'un tempérament méthodique, ordonné, très féminin. Sensible, fermée, elle a tendance à rester sur la défensive tant qu'elle n'a pas rencontré le compagnon de ses rêves, auprès duquel elle s'abandonne sans réserve. Edwige appartient à cette catégorie de personnes qui aiment en se donnant entièrement une seule fois dans leur vie. Besoin de protection.

CHANCE

Chiffre porte-bonheur: le 8. Jour de chance: le samedi. Couleurs: le gris et le noir. Talismans: une bague ornée d'un saphir, un petit morceau de plomb, l'image d'une taupe ou d'un chameau, un aimant.

ELEONORE

ETYMOLOGIE ET HISTOIRE

Eléonore n'est pas, contrairement à ce que l'on pourrait croire, un dérivé d'Hélène. Apparu en Provence ou en Espagne, les racines de ce prénom sont obscures: il vient probablement de *eli-alan* = grandir, bien que certains y voient une analogie avec le grec *elaino* = avoir pitié ou avec l'arabe *nu* = lumière. Ce prénom fut porté par de nombreuses reines et femmes appartenant à la noblesse, notamment Eléonore d'Este qui fut, dit-on, à l'origine de la folie du Tasse, mais aussi par de nombreuses héroïnes littéraires ou lyriques, ainsi que par une actrice célèbre très appréciée dans les années 20: E. Duse. Fête: 21 février, 27 mai, 15 et 25 juin, 1er juillet. Jolies variantes: *Allanora, Aliénor, Alinor, Dianora, Elinor, Ellenor, Lénora, Léonora, Léonore, Nelly, Nora.*

CARACTÈRE ET DESTIN

Séduisante et inaccessible, du moins en apparence, Eléonore dissimule en réalité une âme sentimentale et très tendre. Calme, intelligente, elle se tire toujours d'ennui grâce à son optimisme. Dotée d'un tempérament d'artiste, elle aime la musique, la peinture et toutes les professions créatives. Elle attribue une grande importance à l'amour et à la famille, toutefois, si elle ressent un manque d'attention et d'affection de la part de son partenaire, elle n'hésite pas à le quitter.

Chiffre porte-bonheur: le 8, soumis à l'influence de Saturne. Jour faste: samedi. Couleur: le marron. Fétiches: une bague ornée d'un saphir sombre, une améthyste ou une perle noire. Un asphodèle ou une fleur de sureau auront aussi une action bénéfique sur le destin d'Eléonore.

ELIANE

Etymologie et histoire

Dérivé du grec *helios* = soleil, le prénom Eliane est fêté le 22 juillet et le 19 septembre. Il est intéressant de remarquer l'analogie entre le symbolisme du dieu solaire Helios et le prophète biblique Elie (en hébreu, *eliyâh* = présence de Dieu) en qui certains voient l'origine du prénom, lequel fut enlevé au ciel sur un char de feu. Nombreuses variantes: *Eléa, Eléana, Elia, Eliette, Elinda, Elios, Elyette, Helios.*

Caractère et destin

Ambition, détermination, fausse désinvolture, incapacité de reconnaître ses erreurs, tels sont les traits caractéristiques de la personnalité d'Eliane. Réussite professionnelle probable, possessivité et jalousie maladive en amour. Situation financière inégale.

Chance

Le 1, d'influence solaire, est le chiffre porte-bonheur d'Eliane. Jour faste: le dimanche. Couleur: le jaune vif. Talismans: ambre, laurier, un tournesol, un colifichet en argent qui évoque le soleil.

ELISABETH

Etymologie et histoire

Elisabeth peut dériver de l'hébreu *Elisheba* qui signifie *dieu est serment* ou bien *dieu est perfection, plénitude,* car *sheba* = sept est le chiffre qui indique l'accomplissement. Epouse de Zacharie et mère de Jean-Baptiste dans la Bible, sœur de Didon dans la mythologie, Elisabeth fait son apparition dans l'histoire en gagnant la faveur des familles royales d'Angleterre, de Hongrie, du Portugal. De nombreuses reines portant ce nom furent des saintes. Patronne des boulangers et des skieurs, Elisabeth est fêtée le 5 et le 15 novembre. Parmi les nombreuses variantes et les diminutifs: *Babet, Babette, Betsy, Bettina, Betty, Elisa, Elise, Elisia, Elsa, Liddy, Lilibeth, Lisa, Lisanne, Lisbeth, Lise, Liselaure, Lisena, Lisette, Lisinda, Lison, Lissy, Liza, Lizzie.*

Caractère et destin

Très sensible, sentimentale et altruiste, Elisabeth sait mieux que personne réconforter, consoler, cajoler, pardonner. Travailleuse, elle aime son métier mais ne s'épanouit cependant que dans le mariage. Bonne mère, sévère, énergique, elle se préoccupe un peu trop des apparences. Peu sentimentale, mais affectueuse et sûre d'elle-même. Inaptitude à la gestion.

Chiffre favorable: le 9. Jour faste: le mardi. Couleur: le rouge vif. Talismans: une broche représentant un petit cheval, un rubis, une gentiane, de la limaille de fer.

ELVIRE

ETYMOLOGIE ET HISTOIRE

Il s'agit d'un nom espagnol d'origine wisigothique, forgé à partir de *geloyra* ou *gelvira* (de *gails* = lance ou *gail* = gai et *wers* = ami, amical) dans le sens d'*amie de la lance* ou de *gaie, joyeuse*. Le nom devint courant au siècle dernier parce qu'il apparut dans de nombreuses œuvres lyriques et littéraires. Fête: 27 janvier, 5 mars, 16 juillet.

CARACTÈRE ET DESTIN

Elvire est une rêveuse qui se projette hors du temps. Charmante, mélodramatique, elle sait toutefois se comporter affectueusement et de manière désintéressée. Elle a besoin de contacts humains, mais sa timidité a tendance à l'isoler. Elle fera probablement fortune à l'étranger. Volonté, résistance, intransigeance.

CHANCE

Chiffre magique: le 8. Jour faste: le samedi. Couleur: le gris souris. Dans le choix d'un talisman, elle pourra s'orienter vers un onyx, une fougère, un pin et, si possible, une sympathique tortue.

EMILE-EMILIE-EMILIEN

ETYMOLOGIE ET HISTOIRE

Il s'agit d'un ancien gentilice romain dérivé, d'après l'étymologie populaire, de *aemulus-aemulor* = rivaliser, mais plus probablement rattaché au nom étrusque *Aemus*. De nombreux saints ayant porté ce prénom, il s'est par la suite largement diffusé sous la forme patronymique Emilien-Emilienne. Les Emile sont fêtés le 5 janvier, le 1er février, le 28 mai, le 15 septembre et le 16 octobre; les Emilie le 5 avril, le 3 mai et le 24 août; Emilien, patron des pharmaciens, est célébré, ainsi qu'Emilienne, le 5 juin, le 11 septembre et le 6 décembre. Parmi les personnages illustres: l'écrivain Zola, le révolutionnaire mexicain Zapata et, dans la littérature, le célèbre Emile de Rousseau. Variantes et formes étrangères: *Amy, Emil, Emilian, Miliou, Milka, Millie*.

CARACTÈRE ET DESTIN

Traditionalistes, très fidèles, aimant la tranquillité, **Emile** et **Emilie** sont des êtres taciturnes, introvertis. Coléreux, rancuniers, ils savent toutefois, à l'occasion, faire preuve d'une courtoisie exquise. Aptitude aux professions qui requièrent attention et patience. La même prudence et méticulosité caractérisent le rationnel **Emilien** qui est toujours bien organisé, quelle que soit la situation. Manquant d'imagination et doté d'un esprit un peu étroit, il investit toute son énergie à la recherche de la sécurité financière et affective.

CHANCE

Chiffre magique: le 8 pour **Emile** et **Emilie**, le 4 pour **Emilien**. Jours fastes: respectivement le samedi et le dimanche. Couleurs: le marron et le jaune. **Emile** et **Emilie** choisiront comme talisman un jaspe brun, un aimant, une bague en forme de serpent ou une feuille de peuplier. **Emilien** préférera un objet en or, de l'encens, un tournesol ou, parmi les animaux, un canari.

EMMA

ETYMOLOGIE ET HISTOIRE

Variante d'*imma* = travailleuse, diligente, ou dérivé d'*irmin* = grand, puissant, ou de *imm* = loup, ou encore de *amme* = nourrice. Emma est l'héroïne du célèbre roman de Flaubert *Madame Bovary*. On fête les Emma le 31 janvier, le 19 avril, le 13 mai et le 26 juin. Parmi les variantes: *Hemma, Imma.*

CARACTÈRE ET DESTIN

Energique, autoritaire, sûre d'elle, Emma n'a jamais de problèmes quand il s'agit de commander. Son tempérament pratique et rationnel est à l'origine de son habileté en affaires. Elle aime la gaieté, la discussion, mais a souvent tendance à exagérer. Dans le rapport de couple, elle adopte souvent un comportement maternel, protecteur. Elle a probablement un bel avenir devant elle.

CHANCE

Chiffre bénéfique: le 5. Jour de chance: le mercredi. Couleur: le bleu

ciel. Talismans: un papillon, un bleuet, une agate ou une calcédoine.

EMMANUEL-EMMANUELLE

ETYMOLOGIE ET HISTOIRE

En hébreu, Emmanuel signifie *Dieu est avec nous* et fut le message prononcé par Isaïe à l'égard du Messie. Fête: 26 mars, 10 juillet et 25 décembre. Parmi les personnages illustres, on peut citer le duc E. de Savoie et le philosophe E. Kant.

CARACTÈRE ET DESTIN

Passionné, orgueilleux et très ambitieux, **Emmanuel** recherche le succès à tout prix, se servant de ses amis et du soupçon d'hypocrisie qui le caractérise parfois. Sensible aux louanges, optimiste, positif, il aura l'avenir qu'il saura se construire, se fiant à ses capacités inégalables. Instable en amour, après une longue série de flirts de jeunesse, il vivra un rapport sérieux et profond, reposant sur la fidélité la plus absolue. Moins énergique, **Emmanuelle** s'arrête souvent à mi-chemin. Caprices, colères, sautes d'humeur; sensibilité aiguë, besoin de protection la caractérisent.

CHANCE

Chiffre porte-bonheur: le 3 pour **Emmanuel**, de tempérament jupitérien, le 2 pour **Emmanuelle**, influencée par la Lune. Jours de chance: le jeudi et le lundi. Couleurs: le bleu électrique et le blanc laiteux. Talismans: une feuille de chêne, un géranium, un fil d'étain pour lui; une aigue-marine ou un béryl, une mauve et une marionnette ressemblant à une grenouille pour elle.

ERASME

ETYMOLOGIE ET HISTOIRE

En grec *Erasmos*, ce prénom dérive du verbe *eromai* = aimer, désirer, en se référant à l'enfant tant attendu et enfin obtenu. Saint Erasme, célébré le 2 juin, est le patron des femmes en couches, des luthiers, des pêcheurs et des marins. C'est d'ailleurs pourquoi les phénomènes lumineux qui se manifestent autour des mâts des bateaux, provoqués en réalité par l'électricité atmosphérique, sont baptisés feux de Saint-Erasme. Parmi les personnages célèbres, on peut mentionner le philosophe E. de Rotterdam, auteur de l'*Eloge de la folie*. Variantes: *Arras, Elme, Telme, Thelma.*

CARACTÈRE ET DESTIN

Caractère fermé, solitaire, méditatif, impulsif, sujet à des accès de gaieté suivis de crises de mélancolie. Attiré par les domaines philosophiques, il peut posséder, s'il est cultivé, de remarquables dons paranormaux. Affectueux, mais timide, il est rare qu'il rencontre une compagne qui sache le comprendre et respecter les côtés secrets de sa pesonnalité difficile. Sérieux et consciencieux dans son travail, il peut devenir un excellent psychologue, orfèvre, artiste, astrologue ou marin. Il n'accorde pas grande importance à l'argent, mais sait toutefois le gérer de façon avisée.

CHANCE

Chiffre magique: le 7, d'influence lunaire. Jour favorable: le lundi. Couleur: le gris perle. Portebonheur: une perle, un objet en argent ou en verre, un coquillage, un bateau miniature.

ERIC-ERIKA

ETYMOLOGIE ET HISTOIRE

Dérivé de l'allemand ancien *ein rich* = unique maître, ou de *ever rich* = toujours maître, ou encore de l'ancienne forme scandinave *Eirikr-Erik*, dieu mythique de la guerre, c'est un prénom très usité à la cour de Suède. Au féminin, le prénom évoque la famille de plantes des éricacées et notamment la bruyère. Saint Eric, évangélisateur et patron de la Suède, est célébré le 13 mars et le 18 mai. Variantes: *Erik, Ericka.*

CARACTÈRE ET DESTIN

De tempérament décidé, mais réservé, **Eric** aime le risque, la nouveauté et, grâce à son originalité et à son esprit d'initiative, il connaîtra presque certainement le succès. Il investit sans crainte son argent dans des entreprises hasardeuses mais généralement heureuses. Au féminin, le prénom révèle une passivité plus marquée, une tendance au rêve et à la paresse. Ayant beaucoup besoin de se sentir en harmonie avec son entourage, **Erika** est souvent victime des plus forts qu'elle. Douceur, dévouement, instinct maternel très prononcé.

Chiffre magique: le 8 pour lui, le 2 pour elle. Jours fastes: le samedi et le lundi. Couleurs: tous les tons du brun, du moutarde au marron foncé, pour lui; gris clair et rose pour elle. **Eric** choisira comme talismans de la mousse, une fougère, un onyx ou une obsidienne. Un diamant, un quartz, un trèfle et une plante de bruyère s'adapteront mieux à la personnalité d'**Erika**; bénéfique également, l'image d'un animal martien, comme le léopard, qui l'aidera à se sentir plus sûre d'elle-même.

ERNEST

ETYMOLOGIE ET HISTOIRE

Ce prénom vient de l'allemand ancien *arn* = aigle ou de *ernust* = bataille, ou encore de *arni* = sévère, sérieux. La Saint-Ernest est le 12 janvier, le 7 et le 22 novembre. Quelques célébrités: E. Hemingway et E. Guevara plus connu sous l'appellation de Che. Variantes: *Erna, Ernella, Ernie, Erno, Ernst.*

CARACTÈRE ET DESTIN

Ernest est un individu simple, robuste, sympathique. Il réussit facilement lorsque les objectifs qu'il se fixe ne sont pas hors de sa portée. Malgré son impulsivité, ses sautes d'humeur et une certaine brusquerie, il peut être considéré, dans l'ensemble, comme un bon compagnon. Intelligence vive, combativité, sérieux dans ses intentions.

Chiffre porte-bonheur: le 9. Jour favorable: le mardi. Couleur: le rouge vif. Talismans: l'image d'un aigle, un morceau d'hématite, un rameau d'absinthe, un vêtement rouge.

ESTHER

ETYMOLOGIE ET HISTOIRE

Ce fut l'épouse d'Assuérus, roi des Perses, et l'auteur du *Livre d'Esther*, qui compose la Bible. Ce prénom semble davantage perse qu'hébraïque; en iranien, *istareh* signifie en effet étoile. Esther peut aussi être rattachée au nom d'une déesse de la fécondité, *Ishtar*, par la suite assimilée à Vénus. Fête: 11 et 24 mai, 21 juin et 1er juillet. On retiendra, parmi les variantes: *Erina, Estelle, Ester.*

CARACTÈRE ET DESTIN

Personnalité énergique, orgueilleuse, combative, extrêmement idéaliste dans tous les domaines, y compris les sentiments. Dans le rapport de couple, elle se révèle toutefois tendre, protectrice et prête à partager les joies et les peines de son compagnon. Intérêt pour la mode, les colifichets, les fleurs. Excellente éducatrice d'enfants. Créativité et originalité dans sa profession; comportement gai et optimiste face aux problèmes de la vie.

CHANCE

Chiffre magique: le 3, d'influence jupitérienne. Jour faste: le jeudi. Couleurs préférées: le bleu électrique, le pourpre. Fétiches: des boucles d'oreille en forme d'étoile, une améthyste, un morceau d'écorce de bouleau, un chien en peluche ou, encore mieux, en chair et en os.

EUGENE-EUGENIE

ETYMOLOGIE ET HISTOIRE

Dérivé du grec *eughenes*, Eugène signifie *bien né, de souche noble*. Existant depuis l'époque des Grecs et des Romains et porté par de nombreux saints, le prénom Eugène est resté courant à l'époque moderne. Fête: 24 janvier, 26 mars, 13 juillet, 11 septembre et 30 décembre. Parmi les Eugène les plus connus: le peintre Delacroix et le romancier Sue.

CARACTÈRE ET DESTIN

Eugène est doté d'un tempérament équilibré, optimiste, positif, mais légèrement prétentieux. Traditionalistes, respectueux de la loi, **Eugène** et **Eugénie** ont du mal à exprimer leurs sentiments, bien qu'ils éprouvent un profond attachement pour leur partenaire et leurs enfants. Qualités humaines. Douceur, enthousiasme, chance assez importante. Excellent sens des affaires en dépit d'une prodigalité prononcée.

CHANCE

Chiffre porte-bonheur: le 3 pour tous les deux. Jour faste: le jeudi. Couleur: le bleu foncé. Fétiches: une feuille d'olivier ou de cèdre, un géranium, l'image d'un paon ou d'une girafe, une turquoise.

EVE

ETYMOLOGIE ET HISTOIRE

Ce prénom vient de l'hébreu *hayah* = vivre, ou bien de *havye* = serpent, et peut signifier *mère des vivants* ou *serpent*. La Sainte-Eve est le 14 mars, le 2 avril, le 6 septembre, le 6 et le 19 décembre. Parmi les personnalités: Eve Curie, fille des célèbres physiciens. Variantes: *Eva, Evi, Evia, Evita*.

CARACTÈRE ET DESTIN

Astucieuse, intelligente, pleine de volonté, Eve se sort à merveille de toutes les situations. Naturellement féminine, malicieuse, coquette, elle possède une gaieté et une tendresse qui font oublier ses menus péchés. Maternelle, elle se montre très attachée à son foyer et compréhensive à l'égard de ses enfants.

CHANCE

Chiffre favorable: le 1. Jour faste: le dimanche. Couleur: l'orange clair. Porte-bonheur: une bague en or en forme de serpent, une topaze, un canari ou une broche représentant une pomme.

EVELYNE

ETYMOLOGIE ET HISTOIRE

Contrairement aux apparences, Evelyne n'est pas un diminutif d'Eve. Il dérive plutôt de *ewa* = loi, justice, ou bien de l'ancien prénom *Avelin*, synonyme de désir ardent. Fête: 6 décembre. Bien que n'ayant pas un long passé, le prénom Evelyne est à l'origine d'une longue série de variantes dont les plus intéressantes sont: *Avelia, Aveline, Avelline, Evelia, Eveline.*

CARACTÈRE ET DESTIN

De tempérament mélancolique, réfléchi, prudent, Evelyne est une femme pensive, timide, souvent incomprise. Curieuse sur le plan intellectuel, elle aime les études, les voyages, l'art. Le mystère l'attire énormément, car elle est dotée de facultés paranormales non négligeables. Si elle ne se marie pas quand elle est jeune, elle finit, avec le temps, par préférer la solitude. Elle n'accorde pas d'importance à l'argent, mais sait le gérer avec sagesse.

CHANCE

Marquée par l'influence lunaire du chiffre 7, Evelyne réussit mieux le lundi et préfère le blanc et le vert pâle comme couleurs. Le fétiche idéal pour elle sera un petit poisson d'argent, une aigue-marine, une feuille de lunaire ou une bouteille contenant un voilier.

F

FABIEN-FABIENNE-FABIOLA

ÉTYMOLOGIE ET HISTOIRE

Nom gentilice romain qui vient de la racine *faba* (fève). C'est le prénom que portèrent le célèbre adversaire d'Hannibal, Fabius Maximus Verrucosus, dit le Temporisateur, et Fabius Quintus Vibulianus, qui échappa au massacre d'une famille de 300 personnes. La Saint-Fabien tombe le 20 janvier, le 17 mai et le 31 juillet. Fabiola, l'héroïne du roman du Cardinal Wiseman, *Quo Vadis*, est fêtée le 27 décembre. Une Fabiola célèbre: l'actuelle reine de Belgique.

CARACTÈRE ET DESTIN

Comme son célèbre prédécesseur, vainqueur d'Hannibal, **Fabien** essaie toujours de prendre son temps et se montre indécis, peu sûr de lui, à la traîne, y compris sur le plan sentimental. Rude, gauche, mais sensible, il aime la liberté, la campagne et les plantes, lesquelles lui seront bénéfiques. La même frugalité et mélancolie caractérisent l'instable **Fabienne**, qui craint toujours de blesser autrui ou d'avoir de mauvais rapports avec les autres, alors qu'elle rêve d'harmonie et d'entente perpétuelles. C'est exactement le contraire pour **Fabiola** qui aime l'émulation et que l'ambition porte à toujours viser plus haut, même si cela doit nuire à son entourage. Indépendance, orgueil, allergie à la routine.

CHANCE

Chiffre bénéfique: le 1 pour **Fabien** et **Fabiola**, le 2 pour **Fabienne**. Leurs jours des fastes sont, respectivement: le dimanche et le lundi. Couleurs: le jaune vif et l'orange pâle pour les premiers; le blanc et le gris perle pour la dernière. Parmi les talismans, **Fabien** et **Fabiola** choisiront une noix muscade, une feuille de laurier, un diamant ou l'image d'un condor. Une petite bouteille contenant du sable, un petit crabe en argent ou du parfum à la myrrhe conviendront très bien à **Fabienne**. Pour tous, enfin, une fève.

FABRICE

ÉTYMOLOGIE ET HISTOIRE

Prénom à consonance classique, historique et littéraire qui vient du latin *Fabricius*, dont les anciens avaient tiré *faber* = auteur. Il fut mis à l'honneur par le célèbre Fabrizio Luscino, qui fit preuve d'une incorruptibilité rare en refusant l'or que lui proposait son ennemi, le roi Pyrrhos. Fêtes: 9 juillet et 22 août.

CARACTÈRE ET DESTIN

Travailleur, tenace et, comme le suggère l'étymologie, honnête et épris de justice, Fabrice est un individu pratique, qui va droit à l'essentiel, même en amour. Mais son masque brusque cache en fait un grand besoin de tendresse. Magnétisme, capacité de subjuguer autrui. Sérieux extrême, intransigeance, maîtrise de soi.

CHANCE

Chiffre porte-bonheur: le 8. Jour de chance: le samedi. Couleurs favorites: le marron et le noir. Talismans lui convenant le mieux: un aimant, un jaspe brun, une feuille de peuplier, une statuette représentant un ours ou un loup.

FELIX-FELICIE-FELICITE

ETYMOLOGIE ET HISTOIRE

Il s'agit d'un prénom augural forgé à partir d'un nom de famille romain très répandu qui eut le sens de *fructueux, fertile*, puis de *favorisé par les dieux* (la déesse de l'abondance) et enfin de *content, heureux*. La légende raconte que saint Félix, patron de Zurich célébré le 16 janvier, le 12 février, les 21 et 30 mai, le 29 juillet, le 11 septembre et le 20 novembre, fut miraculeusement libéré de prison par un ange. La Sainte-Félicité est en revanche fêtée le 7 mars, le 10 juillet et le 23 novembre. Elle est invoquée pour favoriser la naissance de garçons et le bon déroulement des accouchements. Quelques célébrités: le compositeur F. Mendelssohn et F. de Valois, qui fonda l'ordre des Chevaliers de Malte. Parmi les multiples variantes, on retiendra: *Félicia, Félicien, Félicienne, Felin, Felisaz, Flin.*

CARACTÈRE ET DESTIN

En dépit de leurs racines étymologiques communes **Félix** et **Félicie** ont un tempérament diamétralement opposé: il est méditatif, traditionnel, introverti, tandis qu'elle est bavarde, plus créative, combative. On note cependant chez l'un comme chez l'autre un profond attachement à la famille, une attirance pour les petites choses, les divertissements enfantins, la gaieté non motivée. **Félicité** est elle aussi joyeuse et joueuse, mais elle manifeste son insouciance uniquement dans le domaine sentimental; d'innombrables flirts, des relations d'amitié amoureuse, des rapports intenses et brefs caractérisent l'existence de cette femme, généralement belle, élégante et un peu paresseuse. Goût du luxe, esthétisme, amour de l'art, vanité.

CHANCE

Chiffre porte-bonheur: le 2 pour **Félix**, le 4 pour **Félicie**, le 6 pour **Félicité**. Jours positifs: respectivement le lundi, le dimanche et le vendredi. Couleurs: le blanc, le jaune d'or, le vert émeraude. **Félix** choisira comme talisman un coquillage et une pince de crabe; **Félicie** optera pour un diamant et une chaîne en or; **Félicité** adoptera, quant à elle, un objet en jade ou en cuivre, un parfum à la violette, une fleur de jasmin.

FERNAND-FERNANDE

Etymologie et histoire

De l'allemand ancien *frithu* = paix et *nanths* = hardi, courageux, ce prénom pourrait signifier *courageux dans la paix*. Certains pensent toutefois qu'il dérive de *fers* = maître et *nand* = libre. Remontant à l'occupation de l'Espagne par les Wisigoths, ce prénom a été adopté par plusieurs familles dynastiques. On trouve en effet des Fernand et des Ferdinand à profusion parmi les rois d'Autriche, d'Espagne et du Portugal. Signalons, entre autres, Ferdinand III, qui fut canonisé, Ferdinand d'Aragon et Fernand Cortez, conquérant espagnol du Mexique. Saint Fernand, patron de l'Espagne, est célébré le 30 mai, le 5 et le 27 juin. Quelques célébrités: F. de Lesseps, F. Magellan et l'explorateur français F. Navarro, qui découvrit les restes de l'arche de Noë. Formes étrangères et variantes: *Ferdinand, Fernand, Fernandez, Hernan, Hernandez* et, selon certains, *Ferrrand, Ferrez, Ferrier* qui dérivent plus vraisemblablement de l'ancien nom du manteau en fer gris des chevaux.

Caractère et destin

Sévère, énergique, orgueilleux, trop susceptible, **Fernand** est doté d'un tempérament brusque, frugal. Il cultive en secret le rêve d'une vie tranquille, sans luttes ni luxe, reposant sur des choses simples et essentielles. Orgueilleuse également, réfléchie, prudente, **Fernande** aime organiser et programmer, et se montre économe. Légèrement froide, mais constante en amour.

Chance

Chiffre magique: le 8 pour lui, le 4 pour elle. Jours heureux: respectivement le samedi et le dimanche. Couleurs: le gris foncé pour lui, le jaune pour elle. Le porte-bonheur idéal pour **Fernand**: une pomme de pin, un fil de plomb, une fleur de sureau; **Fernande** choisira une feuille de laurier, du romarin, une topaze ou l'image d'un aigle.

FLAVIEN

Etymologie et histoire

Dérivé du gentilice latin *Flavius*, de *flavus* = blond, jaune, c'est le nom de plusieurs empereurs romains, parmi lesquels Vespasien, Titus et Domitien. Saint Flavien, invoqué pour empêcher la chute des dents, est célébré le 18 février, le 24 mars, le 4 mai, le 20 juillet et le 22 décembre. Une célébrité: F. Gioia, l'inventeur de la boussole. Parmi les variantes: *Flaive, Flavian, Flavie*.

Caractère et destin

Raffiné, affligé d'un complexe de supériorité prononcé, Flavien déteste la vulgarité, la routine, les pertes de temps. Placide, tranquille, il vit une existence intéressante dont le fil conducteur est l'amour. Chanceux sur le plan sentimental, il trouve, après avoir longuement collectionné les flirts, une partenaire qui le protège et avec laquelle il vieillit dans la sérénité. Réussite dans les études et les domaines artistiques.

CHANCE

Chiffre favorable: le 6, marqué par Vénus. Jour de chance: le vendredi. Couleurs: le rose et le vert menthe. Le talisman idéal: une plume de moineau, une statuette en jade, un cyclamen, un beau chat roux.

FLORIAN-FLORA-FLORENCE

ETYMOLOGIE ET HISTOIRE

L'origine de ces prénoms et de leurs innombrables variantes, souvent imposés aux enfants nés au printemps, est liée au joli nom de la déesse des fleurs, en latin *flos-floris*, femme de Zéphyr, le vent doux, ainsi qu'aux fêtes érotiques organisées en son honneur: *les Floralies*. Florence et les autres ont pratiquement une fête par mois, compte tenu du fait que chaque variante du nom est célébrée à une date particulière. Ainsi, Flore est célébrée le 11 juin, le 29 juillet et le 24 novembre. Fleur le 5 octobre, Florance et Florence, Florent, Florentin et Floris le 1er décembre. Fleuret, Fleurent, Floret et Flour le 22 septembre et le 4 novembre, Florian et Florien le 4 mai, Floriana le 1er mai et Florida le 10 janvier et le 27 juillet. Autres variantes et formes étrangères: *Flor, Floranna, Flora, Floire, Florand, Florant, Florel, Floria, Floriane, Floridea, Florin, Florinda, Florisa, Florita*.

CARACTÈRE ET DESTIN

Florian est caractérisé par un tempérament concret, optimiste, adaptable. Tout en attribuant aux sentiments leur juste valeur, il ne néglige pas sa profession, dans laquelle il veut réussir, et la gestion de son argent, qu'il considère comme indispensable pour atteindre le bien-être auquel il aspire. Sensible, délicate, **Flora** semble souvent fatiguée. Très émotive, instinctive, c'est une femme qui est vraiment capable d'aimer. Facultés paranormales possibles. Douce également, romantique, **Florence** se révèle généreuse et prête à se sacrifier pour autrui. Elle considère l'amour comme la valeur humaine la plus élevée et tend à structurer sa vie autour de celui-ci.

CHANCE

Chiffre 3 pour **Florian**; 7 pour **Flora**, 6 pour **Florence**. Jours fastes: le jeudi, lundi et le vendredi. Couleurs: le pourpre, le blanc, le vert vif. Les talismans floraux sont recommandés à tous: un géranium ou une fleur de jasmin pour **Florian**; un nénuphar et une belle-de-nuit pour **Flora**; une rose, un brin de muguet ou un narcisse pour **Florence.**

FRANÇOIS-FRANÇOISE-FRANCK

ETYMOLOGIE ET HISTOIRE

François est un prénom dont la signification a évolué avec le temps. Tandis qu'autrefois *Frankisk* désignait un individu appartenant au peuple germanique des Francs, plus tard il signifia habitant de la France.

A partir du XIVe siècle, ce prénom laïque eut une consonance religieuse grâce au culte de plus en plus répandu de saint François d'Assise, baptisé Jean mais appelé François par la suite en l'honneur du pays avec lequel son père, marchand d'étoffes, faisait du commerce. Franck, quand il ne s'agit pas d'une abréviation de François, dérive de l'allemand *Franke* qui signifie homme libre, non accablé par les impôts; mais il peut aussi avoir le sens de *loyal* ou de *porteur de javelot*. Outre saint François d'Assise, protecteur des marchands, des floriculteurs et des aveugles (car il fut lui-même aveugle après avoir reçu les stigmates), l'Eglise commémore saint François de Sales, patron des écrivains et des journalistes, saint François Saverio, apôtre des Indes, protecteur des automobilistes et des veuves, et sainte Françoise Cabrini, protectrice des émigrantes car elle fonda des instituts religieux en Amérique. Dates des fêtes: 29 janvier, 9 mars, 2 avril, 4 juin, 25 septembre, 4 et 10 octobre, 3 et 22 décembre. La Saint-François est célébrée le 29 avril, le 8 mai, le 5 juin et le 20 août. De nombreux personnages illustres ont porté ce prénom, parmi lesquels: Rabelais, Mauriac, Liszt, Schubert et le philosophe F. Bacon. Très nombreuses variantes et diminutifs: *Chico, Fanchon, Ferencz, France, Francine, Francis, Francisque, Frankie, Fran, Franny, Franz, Franziska, Paco, Pancho, Paquita, Paquito*.

Caractère et destin

Réfléchi, pondéré, observateur, **François** est doté d'esprit pratique et de réalisme. Très sincère, parfois moqueur, il peut s'attacher profondément à sa compagne en dépit de sa froideur apparente et de sa rationalité, à laquelle il ne renonce jamais, même en amour. Dès son enfance, **Françoise** se révèle comme la parfaite femme au foyer, ordonnée, économe, dotée de courage et de loyauté. Ses principaux défauts sont sa grande sensibilité, qui la conduit parfois à se laisser aller à de véritables crises de colère, et son admiration excessive pour les personnes célèbres. Quant à **Franck**, il se présente en général comme un être autoritaire, méthodique, jaloux et très rancunier. Sa loyauté et sa franchise parfois blessantes sont compensées par un charisme exceptionnel qui en font un être admiré et un peu envié.

Chance

Chiffre 4 pour **François**, 9 pour **Françoise**, 8 pour **Franck**. Jours fastes: respectivement, le dimanche, le mardi et le samedi. Couleurs: le jaune, rouge et le gris foncé. Talismans: un bâtonnet de cannelle et l'image d'un aigle pour **François**; une cornaline, une anémone et un tigre en peluche pour **Françoise**; un aimant, un jaspe brun et un petit bouquet de houx pour **Franck**.

FREDERIC-FREDERIQUE

Etymologie et histoire

De l'allemand *frithu, fridu* = protection, paix et *richi* = seigneur, ce prénom signifie *seigneur de la paix* ou *qui domine par la paix*. Il s'agit d'un nom généralement chanceux, peut-être en raison de sa grande diffusion dans les familles royales: qui a oublié Frédéric II le Grand ou le terrible Barberousse? Parmi les célébrités, il y eut beaucoup de philosophes (Nietzche, Hegel), de compositeurs (Chopin, Smetana), de poètes (Höderlin, Mistral, Lorca). Fêtes: 16 janvier, 6 mars, 27 mai et 18 juillet. A signaler, parmi les nombreux diminutifs et formes étrangères: *Federigo, Ferry, Fred, Freddy, Frederick, Frery, Fridolin, Frise et Fritz.*

Caractère et destin

Susceptible et, sous certains angles, un peu infatué, **Frédéric** a une vie sentimentale satisfaisante, positive, reposant sur la curiosité et le mouvement. Il est entouré d'amis et on l'apprécie dans son milieu professionnel. La personnalité de **Frédérique**, est assez semblable, mais il faut y ajouter un idéalisme farouche, une grande combativité et du courage.

Chance

Chiffre porte-bonheur: le 5 pour **Frédéric**, le 9 pour **Frédérique**. Jours fastes: respectivement le mercredi et le mardi. Couleurs: le jaune citron et le rouge. Talismans: une noix muscade, une feuille de cèdre, une primevère, l'image d'un ibis ou d'une hirondelle pour lui; un grenat, un bouton d'or, l'image d'un faucon pour elle.

G

GABRIEL

ETYMOLOGIE ET HISTOIRE

Gabriel est l'ange polyglotte qui apparut au prophète Daniel, qui annonça la naissance de Jean-Baptiste et de Jésus et qui révéla à Mahomet les versets du Coran. Ce nom peut être rattaché à l'hébreu *gheber* = homme, dans le sens d'homme de dieu, ou bien à l'assyrien *gabar* = forteresse, dans l'acception *Dieu est fort*. On fête les Gabriel le 27 février, le 24 mars et le 28 août. Saint Gabriel est considéré comme le patron des transporteurs, des facteurs, des journalistes et des télécommunications en général. Parmi les célébrités, on peut citer le compositeur G. Fauré et l'écrivain italien G. d'Annunzio. Ce nom est à l'origine de nombreuses variantes: *Gabin, Gabor, Gaby, Gabria, Gabrié, Gabrielle, Gabriella, Gabry, Gavril.*

CARACTÈRE ET DESTIN

Intelligence, volonté et courage caractérisent l'impulsif et fougueux Gabriel, considéré par la tradition ésotérique comme l'esprit lié à l'élément feu. Sympathique, imaginatif, mais très nerveux et susceptible, ses explosions d'enthousiasme peuvent être suivies de profondes crises de pessimisme. Déceptions de jeunesse possibles. Gabriel se marie bien souvent assez jeune, mais il ne réussit malheureusement pas toujours sa vie conjugale.

CHANCE

Chiffre porte-bonheur: le 9, d'influence martienne. Jour faste: le mardi. Couleurs: le rouge vif, le violet. Talismans: des fleurs de lupin, une ortie, une absinthe, une anémone, un fil de fer; très bon aussi, une broche qui représente un coq ou un tigre.

GAETAN

ETYMOLOGIE ET HISTOIRE

Nom étrusque signifiant habitant, natif de Gaète, cette ville tirant son nom de Caieta, la nourrice d'Enée, qui est enterrée à cet endroit. Le culte de saint Gaétan de Thiene, fondateur de la congrégation des Théatins, a contribué à la diffusion du prénom. Fête: 7 août. Une célébrité: le musicien G. Donizetti.

Tempérament positif, gai, traditionaliste. Patient, réfléchi, Gaétan déteste les imprévus et les coups de tête. Il aspire à une vie calme et sans remous, c'est pourquoi il se marie tard et seulement après avoir longuement réfléchi. Il aime les voyages bien organisés, les restaurants raffinés, les groupes peu bruyants. L'argent lui semble un moyen essentiel de maintenir son niveau de vie assez élevé; aussi, tout en ne regardant pas à la dépense, il se fixe comme objectif de gagner beaucoup d'argent et y parvient toujours.

CHANCE

Chiffre favorable: le 3. Jour de chance: le jeudi. Couleurs: le pourpre et le vert olive. Comme talismans, il choisira l'image d'un dauphin ou d'un pélican, un morceau d'écorce de bouleau, un clou de girofle ou un saphir sombre.

GAUTHIER-WALTER

ETYMOLOGIE ET HISTOIRE

Dérivé, ainsi que la traduction plus récente Walter, des termes germaniques *walda* = puissance et *harja* = armée, dans le sens de *celui qui commande l'armée*. Courant au siècle dernier du fait de la popularité de Walter Scott et son célèbre roman *Ivanhoé*, et de la figure du joueur de cithare dans l'œuvre lyrique Wally, ce prénom évoque aussi Walter von der Wogelweide, chanteur du XIIe siècle et père de la poésie allemande. Fête: 8 avril et 22 juillet. Variantes:

Gualtier, nom médiéval, *Walt, Walther, Wautier.*

CARACTÈRE ET DESTIN

Décidé et énergique, **Gauthier** n'en est pas moins une personne tranquille, réservée. Affectueux, mais peu bavard, intelligent et curieux de tout, il aime les études, la campagne, les activités sportives qui nécessitent de la résistance. Plus idéaliste, retiré, **Walter** est assez difficile à comprendre. Il désire avoir de nombreux amis, mais dès qu'il découvre en eux le moindre défaut, il n'hésite pas à les abandonner. Il s'entend mieux, sur le plan amical, avec le sexe féminin. Multiples hobbies, intérêt pour la mécanique et l'ingénierie.

CHANCE

Chiffre porte-bonheur: le 8 pour **Gauthier**, le 7 pour **Walter**. Jours fastes: respectivement le samedi et le lundi. Couleurs conseillées: le noir et le blanc. Talismans: un morceau de plomb et l'image d'un loup ou d'un ours pour **Gauthier**; une grenouille en argent et une fougère pour **Walter**.

GENEVIEVE

ETYMOLOGIE ET HISTOIRE

Ce prénom fait l'objet de plusieurs hypothèses quant à son origine: il pourrait venir de l'allemand *femme de noble rang* ou du celte *tisseuse de couronnes* ou encore signifier *femme aux belles joues* ou *femme de race*. Sainte Geneviève est considérée comme la patronne de Paris car, en promettant à ses habitants le salut

en échange d'un long jeûne, elle em-
pêcha effectivement la destruction
de la ville par Attila. Invoquée pendant les guerres et pour lutter contre
les inondations et les intempéries,
elle est aussi la protectrice des bergers, des tapissiers et de la police.
Fête: 3 janvier. A signaler, parmi les
diminutifs et les formes étrangères:
Gina, Ginette, Guenièvre, Jennifer.

CARACTÈRE ET DESTIN

D'aspect fragile et gracieux, Geneviève est toutefois dotée de sens pratique, de volonté et d'un courage
hors du commun qui la rend très séduisante. Elle est patiente, tendre,
compréhensive jusqu'à en être presque indulgente avec son mari et ses
enfants. Il n'est pas rare qu'elle choi-
sisse d'entrer au couvent.

CHANCE

Chiffre favorable: le 4. Jour de
chance: le dimanche. Couleur: le
jaune safran. Porte-bonheur: un diamant, un tournesol, une broche en
or qui évoque une couronne. Parfum de laurier et encens.

GEOFFREY

ETYMOLOGIE ET HISTOIRE

Evolution de Gottifried, ce prénom
dérive de l'allemand ancien *god-gud*
= dieu et *fridu* = paix et signifie *paix
ou amitié en Dieu.* Fêtes: 9 septembre et 8 novembre. Variantes: *Gau-
fré, Geoffroy, Godefroy, Jaufré, Jau-
fred, Jeff.*

CARACTÈRE ET DESTIN

Peu communicatif, mais doté d'une
grande richesse intérieure, Geoffrey
est affligé d'une sorte de complexe
de supériorité et veut toujours avoir
raison, ne supportant pas les
conseils. Avec le soutien d'une compagne affectueuse, il pourra cependant combattre ce défaut et apprendre à extérioriser la sympathie, la
douceur et le romantique qu'il dissimule sous sa froide carapace.

CHANCE

Le 6, chiffre vénusien, aidera Geoffrey à surmonter ses difficultés. Jour
faste: le vendredi. Couleurs conseillées: le vert et le turquoise. Comme
talismans, il pourra choisir un petit
objet en cuivre ou en jade, une petite branche de myrte, l'image d'une
chèvre ou d'un cygne.

GEORGES-GEORGETTE

ETYMOLOGIE ET HISTOIRE

C'est le chevalier martyr du IIIe siècle, le légendaire tueur du dragon,
emblème du Mal, qui patronne le
célèbre Ordre de la Jarretière. Protecteur de la chevalerie et des croisés, des scouts et des crémiers, on le
fête le 13 février, les 4, 23, et surtout
24 avril, en dégustant, selon la tradition, du pain de millet nappé de crème fraîche. Ce prénom, qui signifie
agriculteur en grec, fut adopté par
de nombreux monarques anglais
car, entre autres raisons, saint Georges est aussi le patron de l'Angleterre. La tradition assure à tous les
Georges une excellente réussite et
même parfois la conquête d'une cer-

taine renommée. Citons, à titre d'exemple, Vasari, Giorgione, le poète Byron, le philosophe Berkeley, le compositeur Bizet, le peintre Braque, l'homme politique Clémenceau, ainsi que George Washington, le héros de l'Indépendance américaine. Parmi les nombreuses variantes et formes étrangères, on retiendra: *Geordie, Geordy, Georgia, Georgie, Georgina, Giorgina, Göran, Iuri, Iurik, Joran, Joire, Jordie, Jordy, Jorey, Jorg, Joris, Jory, Jürgen, Youry,* prénom du premier homme qui vola dans l'espace.

Caractère et destin

Après une enfance très agitée, **Georges** se transforme en un individu calme, intelligent, rationnel. Sympathique, gai, mais au fond de lui-même vindicatif et lunatique, il a tendance à placer toutes ses ambitions dans sa profession, réussissant dans les activités techniques, les mathématiques, les sciences. Il a de nombreux passe-temps et ressent profondément le lien qui rattache son prénom à la terre et aux plantes. Très sympathique aussi, joviale, optimiste, **Georgette** possède un tempérament paisible et adaptable. Imaginative et jalouse en amour, manquant d'assurance dans sa profession, elle a besoin de compliments et de confirmations pour croire vraiment en ses capacités et en l'affection de son compagnon.

Chance

Chiffre favorable: le 4 pour **Georges**, influencé par le soleil et le 3 pour **Georgette**. Jours fastes: le dimanche et le jeudi. Couleurs préférées: tous les tons du jaune et du bronze pour lui; bleu électrique pour elle. Talismans: une branche de romarin ou de véronique, une noix muscade, un sachet de safran pour lui; une noisette, une améthyste et l'image d'un dauphin pour elle.

GERARD-GERALD-GERALDINE

Etymologie et histoire

Gérard dérive de l'allemand ancien *ger* et *hardhu* = forte, vaillante, lance, tandis que Gérald et Géraldine viennent de *gar* et *waltan* = qui domine avec la lance. Saint Gérard, patron des enfants et des femmes enceintes est fêté le 23 avril, le 1er juin, le 11 août, le 26 septembre, le 3 et le 16 octobre, et le 7 décembre; Gérald le 13 mars et le 5 avril. Ce prénom est à l'origine de quelques variantes, parmi lesquelles *Garalt, Gérardesque, Géraud, Giraud.*

Caractère et destin

Rationnel, déterminé, résistant, **Gérard** affronte la réalité de façon énergique, sans hésitation. Il est peu expansif, mais généreux et juste. Apprécié des femmes grâce à son charme magnétique, il préfère toutefois ne pas s'engager trop tôt. Quand cependant il se décide, il aime sérieusement et intensément pour toute la vie. Plus émotif, sensible, vulnérable est **Gérald**, souvent mélancolique et pessimiste. Quant à **Géraldine**, elle est optimiste, sociable, adaptable. Tous sont assez chanceux sur le plan financier.

Chiffre 8 pour **Gérard**; le 2 pour **Gérald**; le 3 pour **Géraldine**. Jours heureux: dans l'ordre, le samedi, le lundi et le jeudi. Couleurs: le marron, le blanc, le vert olive. Talismans: une pomme de pin et un jaspe brun pour **Gérard**; un objet en verre et du sable pour **Gérald**; un saphir sombre ou un jaspe vert associé à l'image d'un paon ou d'un cygne pour **Géraldine**.

GILBERT-GILBERTE

ETYMOLOGIE ET HISTOIRE

De l'allemand ancien *gisal behrt* = celui qui offre une brillante caution ou de *ghil behrt* = illustre ami ou otage. La Saint-Gilbert est fêtée les 4 et 13 février, le 6 juin ou, au féminin, le 11 août. Variantes: *Guillebert, Gilban, Gilbain*.

CARACTÈRE ET DESTIN

Gilbert est une personne assez misanthrope, ambitieuse, ne supportant pas les liens et les conventions sociales. Il aime par contre l'argent et le pouvoir, qu'il fait passer avant tout, même les sentiments. **Gilberte**, de tempérament totalement opposé, place au contraire les sentiments au centre de son existence. Douce, tendre, fidèle, elle vivra une existence familiale heureuse. Réussite dans les professions créatives, surtout les domaines du design et de la mode.

CHANCE

Chiffre magique: le 1 pour lui, le 6 pour elle. Jours fastes: le dimanche et le vendredi. Couleurs: les tons clairs, solaires pour **Gilbert**; le noir et le vert pour **Gilberte**. Fétiches: une feuille de grenadier, un bâtonnet d'encens et l'image d'un crocodile pour lui; une broche évoquant la forme d'une lance, un colifichet en jade ou une émeraude pour elle. Parfum à la violette, à la rose ou au muguet.

GILLES

ETYMOLOGIE ET HISTOIRE

Gilles est une évolution du grec *aighidion* = chevreuil, ou de *aighidès* = vague, dans le sens de fils de l'Egée, né près de la mer. St Gilles, célèbre pour avoir vécu longtemps en ermitage dans une forêt, ayant pour toute compagnie un cerf, est fêté le 10 janvier, le 22 avril, le 14 mai et le 1er septembre. La tradition le considère comme le saint patron des tisseurs. Une réputation pourtant plus sombre entoure Gilles de Rais, le célèbre magicien noir incarné, dans la fable, par Barbe-bleue. Ce prénom a donné naissance à quelques variantes étrangères: *Egide, Gil, Gilio, Zilio*.

CARACTÈRE ET DESTIN

Très doué pour les affaires, aimant la famille et la compagnie, Gilles préfère vivre un peu au jour le jour plutôt que de planifier son existence. Renfermé, timide, maladroit, s'il est soutenu, il peut cependant se transformer en un séducteur habile et autoritaire.

CHANCE

Le chiffre favorable aux Gilles est le 1, influencé par le Soleil, le dimanche est son jour propice. Sa couleur préférée: le jaune. Ses porte-bonheur: un bâtonnet de cannelle, une fleur de tarassaque, l'image d'une chèvre ou celle d'un aigle.

GISELE

ETYMOLOGIE ET HISTOIRE

Dérivation de *gisal* = otage, gage de foi, ou bien de *gisil* = flèche ou de *gisl* = verge, baguette. C'est le prénom de la sœur et de la fille de Charlemagne. Fêtes: le 7 et le 21 mai, le 10 octobre. Parmi les variantes, à remarquer *Gisella, Giselle, Gislain* (au début, seulement masculin), *Ghislaine, Guillain.*

CARACTÈRE ET DESTIN

Capricieuse, frivole, charmante, Gisèle vit entourée et flattée par ses nombreux soupirants. Sous une apparente coquetterie, elle se révèle toutefois une femme équilibrée, adaptable, fidèle à son partenaire, auquel elle demande surtout de la protection. Avec un penchant pour la poésie et la littérature, elle est plutôt dépensière mais a de la chance dans le domaine financier.

CHANCE

Influencée par le chiffre 3, elle est avantagée le jeudi; Gisèle préfère les couleurs rouge pourpre et bleu sombre. A conseiller en tant que talismans: le saphir brun, une feuille de tilleul ou de bouleau, une broche qui rappelle un cerf ou une girafe.

GRACE

ETYMOLOGIE ET HISTOIRE

Grâce, employé au Moyen Age même au masculin, présente des liens aussi bien avec la mythologie (les trois grâces veillant la toilette d'Aphrodite) qu'avec la chrétienté (la grâce divine) et la vie profane; le prénom vient du latin *gratus* (bien accepté) et peut en effet constituer pour l'enfant qui le porte un simple vœu de beauté et de grâce. Grâce est fêtée les 16 avril, 2 juillet, 21 août, 23 octobre et 18 décembre. Parmi les célébrités, la fameuse princesse de Monaco, Grace Kelly. Ce prénom est employé dans les formes étrangères suivantes: *Gracieux, Graciosa, Gratien, Grazia, Graziella.*

CARACTÈRE ET DESTIN

Plutôt pointilleuse, précise, Grâce se révèle très adaptée aux études et à l'enseignement. Caractère timide, solitaire, énigmatique, susceptible. Sincère et fidèle en amour, mais souvent malheureuse et repliée sur sa tendresse vis-à-vis de ses fils. Intérêt pour la philosophie, la psychologie et l'occultisme.

CHANCE

Caractérisée par la vibration lunaire du chiffre 7, Grâce trouvera sa meilleure chance le lundi. Couleurs: le blanc, l'argent, le gris très clair. Utiles en tant que talismans: l'argent, le camphre, le riz ou la fleur de belle-de-nuit.

GREGOIRE

ETYMOLOGIE ET HISTOIRE

Grégoire prend ses racines dans le grec *grégorien* = réveiller, sous-entendu, dans le sens chrétien: la Foi. Le prénom a été diffusé grâce à certaines figures de saints d'une certaine importance, tel saint Grégoire Magne, le créateur du chant grégorien, patron des musiciens et saint Grégoire de Tours qui décrivit en 40 volumes la société mérovingienne. Grégoire est fêté le 9 et le 12 mars, le 18 juillet, le 3 septembre, le 17 novembre. Parmi les variantes: *Goro, Grégor, Grégory, Gringoire, Grisha, Grivor.*

CARACTÈRE ET DESTIN

Intelligence, esprit de décision, optimisme, semblent caractériser le tranquille et serein Grégoire. Gai, sociable, il tend à conserver un cœur simple, même après avoir atteint des objectifs très élevés. Possessif mais fort fidèle en amour, il choisit une femme qui lui ressemble, sereine et optimiste, pour pouvoir la combler de toute la tendresse dont il est capable.

CHANCE

Le 3 est son chiffre propice. Le jeudi est son jour favorable. Le pourpre et le vert olive sont les teintes à porter. Parmi les porte-bonheur, on conseille surtout le jaspe vert, l'étain, un clou de girofle et une feuille de frêne ou de noisetier.

GUENOLE

CARACTÈRE ET DESTIN

Signifie en gaélique *loup blanc*. St Guénolé qui, selon la légende, savait calmer miraculeusement les tempêtes est considéré comme le protecteur des marins bretons. On le fête le 3 mars. Quelques variantes: *Guennolé, Guignolé, Guingalois.*

CARACTÈRE ET DESTIN

De nature solitaire, réservée, comme il convient à un vrai loup, Guénolé tend à éviter les compagnies nombreuses, les flirts, l'allégresse. Tourné vers l'introspection et l'étude, il peut concentrer toute son attention sur les livres, seuls amis sur lesquels il croit pouvoir véritablement compter. Patient et tendre, mais renfermé en amour, il finit souvent par préférer la solitude à cause de sa constante impression de ne pas être compris. Il n'attache aucune importance à l'argent mais il sait le manier avec habilité.

CHANCE

Chiffre favorable: le 7. Jour propice: le lundi. Couleur: le blanc. Indiqués, en tant que talismans: la mauve, un papillon nocturne et l'image d'un loup blanc.

GUILLAUME

ETYMOLOGIE ET HISTOIRE

C'est l'association de deux étymons germaniques, sans doute indépendants l'un de l'autre, signifiant respectivement volonté *wil* et casque *helm* = protection *elm* mais interprétés parfois dans le sens unifié de volonté qui protège. A rappeler parmi les saints: Guillaume de Norwich, protecteur des animaux et des incarcérés, fêté le 28 mai et le 15 juin et St-Guillaume de Malavalle, fondateur du couvent dit *le Blanc Manteau* en raison des manteaux blancs que portaient les moines. Parmi les profanes, Guillaume le Conquérant, G. d'Orange, Guillaume Tell, le héros de l'Indépendance suisse, Apollinaire, le philosophe Leibniz et le très grand Shakespeare. Ce prénom semble peut-être plus doux dans les variantes suivantes: *Bill, Guillermo, Guillermino, Guillhem, Memo, Mina, Minnie, Vilia, Vilhelmo, Welma, Wilhelm, Wilhelmine, William, Willy, Wilma.*

Tempérament complexe, capricieux, impressionnable et tout aussi riche en imagination. Fierté, insolence. Il aime l'aventure, les voyages, l'indépendance; s'il se marie il finit par s'attacher à sa famille tout en restant, dans le fond, inquiet.

CHANCE

Influencé par la Lune, Guillaume préfère le chiffre 2, le lundi, le blanc et le jaune très clair. Une perle, un bibelot, un cristal, une feuille de lunaire, une boulette de camphre le favoriseront dans la vie. Sera positive même une pierre jovienne telle que l'améthyste, capable de lui offrir la sérénité de l'esprit, qui lui fait défaut.

GUY

ETYMOLOGIE ET HISTOIRE

Ce prénom peut signifier *loin (wida)* ou *bois, forêt* (germanique *widu*), comme le démontre l'ancien prénom des Vikings, *Widu Kind*, autrement dit *fils de la forêt*. St Guy, invoqué contre les maladies contagieuses, est le protecteur des sacristains, des acteurs et des danseurs. Il est célébré le 15 juin et le 8 juillet. L'histoire de l'art et de la littérature nous a transmis un certain nombre de Guy: les Italiens Guido di Arezzo, inventeur des notes de musique et le peintre Guido de Sienne; l'écrivain Guy de Maupassant parmi tant d'autres. Variantes et diminutifs: *Guidon, Guy, Guya, Vit, Witbald, Widman, Wido.*

CARACTÈRE ET DESTIN

Tempérament solitaire, susceptible, aimant les traditions, épris de justice. C'est un travailleur tranquille, ordonné, doué en botanique, ingénierie et chimie. Affectueux et passionné mais toujours maître de lui, il tend à idéaliser l'amour, créant des rapports très intenses. Capacité de risquer et d'investir intelligemment l'argent gagné.

CHANCE

Soutenu par la vibration saturnienne du chiffre 8, Guy préfère le samedi parmi les jours de la semaine, le gris et le marron foncé parmi les couleurs. On lui conseille l'usage d'un talisman qui peut être le fragment du cortex d'un pin, un morceau de lignite, l'image d'un hibou ou d'une tortue. Quelques graines d'anis, d'influence mercurienne, le pousseront à prendre la vie avec cette touche de légèreté qui manque un peu chez cet individu si sérieux et même un peu compassé.

GWENDOLINE

ETYMOLOGIE ET HISTOIRE

Gwendoline, la *femme aux cils blancs* ou plus simplement du gaulois *Gwengolen*, la blanche, la lumineuse, était dans les légendes du cycle breton, la femme du magicien Merlin l'Enchanteur. Toutefois certains, par une hypothèse certes moins suggestive, pensent qu'elle dérive de *vandale* ou, des prénoms de la noblesse allemande ou anglaise (*Wenden* = plier). Ste Gwendoline, qui, dans le mythe breton, fut dotée de trois mamelles pour nourrir ses trois enfants, est fêtée le 14 octobre. Diminutifs et variantes: *Gwenda, Gwenn, Wendy*.

CARACTÈRE ET DESTIN

Mélancolique, réservée, Gwendoline est une idéaliste, une perfectionniste qui est condamnée à souffrir dans la vie de la moindre dysharmonie. Peu matérialiste, fine et très sensible, elle sait comprendre profondément l'âme de celui qui s'adresse à elle. Aimée ou bien détestée, elle ne laisse pas indifférent. La vie de couple est pour elle une chose importante; elle ne conçoit pas plus l'incompréhension que la trahison et préfère renoncer au mariage tant qu'elle n'est pas convaincue d'avoir rencontré l'"âme sœur". Elle ne sait pas gérer ses finances, mais, malgré tout, elle a fréquemment des coups de chance.

CHANCE

Marquée par l'influence martienne du 9. Jour de chance: le mardi. Le rouge est la couleur qui lui convient le mieux. Un rubis, un dahlia ou l'image d'une panthère sont conseillés.

H

HAROLD

Etymologie et histoire

Il tire ses origines d'un ancien nom du roi des Batavi, déjà cité par Cicéron. En raison de ses racines *harja* = peuple, armée, et *waltan* = commander, dominer, Harold est décrit comme chef d'armée. Le terme peut aussi dériver de *heer* = armée et *ald* = vieux dans le sens du vieux de l'armée, autrement dit messager, d'où le nom commun de héraut. On le fête le 28 janvier. Variantes et formes étrangères: *Airoldo, Araldo, Arioldo, Eraldo, Harald.*

Caractère et destin

Harold, tel un vrai chef, se révèle autoritaire, brusque, têtu. Doté de patience et de sens pratique, mais dépourvu d'imagination, il est particulièrement ouvert aux sciences exactes et aux travaux agricoles. Scepticisme, colère, avarice; il ne sait pas exprimer ses sentiments.

Chance

Chiffre favorable: le 4. Jour de chance: le dimanche. Couleurs: le jaune et l'orange clair. Talismans: une chrysolite, une feuille de grenadier, l'image d'un aigle ou d'un condor.

HECTOR

Etymologie et histoire

Hector est le héros troyen de l'*Iliade* tué par Achille et traîné trois fois par celui-ci autour de la ville de Troie. La diffusion de ce prénom, en grec *Hektor* = qui régit la ville, est donc partiellement due à la fantaisie d'Homère. Il est fêté le 20 juin et le 23 décembre. Un Hector célèbre: H. Berlioz, compositeur.

Caractère et destin

Personnalité décidée, maître de soi, idéaliste et autoritaire dans tous les domaines et surtout en amour, qui est sa raison de vivre. Il sait se révéler, lorsqu'il aime, un partenaire affectueux, un ami généreux, équitable, "grand seigneur", voire dépensier. Epris comme il l'est de la vie de couple, il souhaite rarement avoir des enfants. Les Hector forgent en général eux-mêmes leur destin.

Chiffre favorable: le 6. Jour de chance: le vendredi. Couleurs: le turquoise et le vert pomme. Il pourra utiliser comme talismans une touffe de poil de lapin, une feuille de figue, un narcisse; un bracelet de cuivre serait aussi parfait.

HELENE

ETYMOLOGIE ET HISTOIRE

Ce prénom dérive presque certainement du grec *hele* = luminosité du soleil, sans doute le nom d'une ancienne divinité de la lumière. Prénom très répandu, lié aussi bien à la mythologie (qui ne connaît pas la Belle Hélène, femme de Ménélas, cause de la guerre de Troie?) qu'à l'Eglise (Hélène est la mère de Constantin, celle qui, à ce que l'on raconte, retrouva la croix du Christ en Palestine). Les Hélène sont fêtées le 31 mai et le 18 août. Parmi les innombrables variantes et formes étrangères: *Elli, Hela, Helena, Helen, Hella, Ellen, Ileana, Ilona, Lène, Léni, Nelly.*

CARACTÈRE ET DESTIN

Belle, élégante et douce, le domaine de prédilection d'Hélène n'est pas la pure intellectualité, mais la sympathie, la sensibilité, l'imagination. Rêveuse, aimant l'aventure, elle se transforme, lorsqu'elle rencontre son prince charmant, en une épouse dévouée et une mère affectueuse. Mais souvent cela n'arrive qu'au terme de "fiançailles" fort longues... Préférant sa famille aux amitiés, elle risque de se retrouver en âge mûr

solitaire et sans contact humain. Sensuelle et passionnée en amour.

CHANCE

C'est le 4, chiffre solaire, qui influe sur la personnalité d'Hélène. Jour favorable: le dimanche. Les couleurs les plus adaptées: toutes les nuances du jaune et de l'or. Talismans: un collier d'ambre, une branche de mimosa, une statuette rappelant le cygne; parfum de fleurs d'orangers ou de cannelle.

HENRI-HENRIETTE

ETYMOLOGIE ET HISTOIRE

Il dérive, avec toutes ses variantes, du germanique *Haimrich* dans le sens de *puissant dans sa patrie*. Les Henri, parsemés dans le monde entier depuis au moins un millénaire, sont nombreux, très nombreux: une belle théorie de rois, dont le célèbre Henri VIII qui suscita le schisme anglican à la suite du refus du Pape de le faire divorcer; ainsi qu'une grande série d'artistes: von Kleist, Heine, Beyle (Stendhal), Ibsen; les philosophes Bergson et Suso, ainsi qu'Henry l'Aveugle, ménestrel et poète du XVe siècle. On le fête non seulement le 15 avril mais encore les 15 et 17 juillet. Parmi les innombrables variantes: *Aimery, Arrigo, Emeric, Enric, Endrigo, Hakon, Hal, Hank, Harry, Heinrich, Heinz, Henry.*

CARACTÈRE ET DESTIN

Personnalité travailleuse, loyale, **Henri** vise son but de façon décidée en essayant de se distinguer des autres. Jaloux et impulsif en amour, il a tendance à garder rancune longtemps, mais, lorsqu'il tombe amoureux, il se montre dévoué et fidèle. Il cultive soigneusement ses amitiés. Mais gare à celui qui l'offensera. Il luttera jusqu'au bout pour affirmer ses principes, quitte à se montrer moqueur et violent. Une vie aisée, une profession orientée le plus souvent dans le domaine médical, sportif ou militaire. Nervosité et légers problèmes de santé. **Henriette**, l'archétype de l'épouse parfaite dans *l'Ecole des femmes* de Molière, possède un tempérament calme, persévérant, positif. Elle non plus n'est pas exempte de défauts: en effet, en la connaissant mieux, on la découvre jalouse et très envieuse.

CHANCE

Pour **Henri** = chiffre de chance le 9. Jour favorable: le mardi. Couleur: le rouge vif. Porte-bonheur: un clou rouillé, un fer de cheval, un cardon et un sachet de tabac. Pour **Henriette** = chiffre de chance le 5. Jour favorable: le mercredi. Couleur: le bleu ciel. Talismans: une émeraude, une marguerite, cinq baies de genièvre ou des graines d'anis étoilé.

HERBERT

ETYMOLOGIE ET HISTOIRE

Dérivé de deux étymons germaniques *heer* = armée et *behrt* = illustre, brillant, signifie donc *armée célèbre*. C'est le prénom du philosophe Spencer, le père de l'évolutionnisme. Sa fête est célébrée les 16 et 20 mars ainsi que le 20 août. Diminutifs et variantes: *Herb, Herbie, Heribert*.

CARACTÈRE ET DESTIN

Renfermé, réservé, doté d'une mémoire excellente, Herbert a les traits d'un individu rationnel et ordonné. Travailleur acharné, très apprécié dans sa profession, il tend à se laisser prendre par ses habitudes et ses devoirs. Peu diplomate, il peut, si on le provoque, avoir une attitude agressive. Epargnant habile, il n'abandonne jamais sa pondération, pas même dans le domaine financier.

CHANCE

Chiffre magique: le 4. Jour le plus propice à ses entreprises: le dimanche. Couleur: le jaune orange. Talismans: un tournesol, une feuille de laurier, l'image d'un bélier.

HERMINE

ETYMOLOGIE ET HISTOIRE

Ce prénom, probablement étrusque, a été cité dans un ouvrage célèbre de la littérature italienne. Certains par contre, pensent qu'il dérive du germanique *Irmin*, "attribut du Dieu du Ciel". Sa fête est célébrée le 28 janvier, les 7 et 25 avril, le 26 août.

CARACTÈRE ET DESTIN

Ce prénom confère un caractère fort, autoritaire et plutôt agressif. Orgueilleuse, Hermine ne supporte ni entraves ni contradictions; toujours insatisfaite, elle est l'esclave de ses propres désirs. Goût de l'imprévu et du risque dans la vie ainsi que dans l'amour. Des capacités intellectuelles remarquables, jointes au savoir-faire et à la ténacité, mèneront Hermine au succès, car aucun obstacle ne peut l'arrêter lorsqu'elle se fixe un objectif. Goût pour le jeu et le sport.

CHANCE

Favorisée par les vibrations martiennes du chiffre 9, Hermine obtiendra le maximum de chance le mardi. Couleur: le rouge vif. Elle pourra choisir pour talismans un rubis, un fuchsia, l'image d'une panthère ou d'un léopard.

HERVE

ETYMOLOGIE ET HISTOIRE

Du breton *Heerven*, c'est-à-dire *actif dans le combat* ou bien *amer, rude*, c'est le prénom du fils d'un barde qui, comme le dit la légende, était né aveugle et passa sa vie avec un loup pour compagnon. On le fête le 17 juin et on l'invoque pour les troubles oculaires. Variantes: *Huervé, Huvarné*.

CARACTÈRE ET DESTIN

Apparemment froid et rationnel, Hervé surprend souvent par ses élans et l'acharnement avec lequel il défend les principes auxquels il tient. Polémique, ambitieux, il aime taquiner son prochain. Grand travailleur, il est porté vers les professions juridiques et le monde complexe du spectacle. En amour, il montre un tempérament sensuel, égoïste et exclusif, mais dans l'ensemble il est aimant et fidèle.

CHANCE

Le chiffre en harmonie avec la personnalité de Hervé est le 4, d'influence solaire. Son jour positif est le dimanche. Couleur: le jaune d'or. Ses porte-bonheur seront une chrysolithe, une feuille de palmier ou d'oranger, un canari jaune.

HILDA

ETYMOLOGIE ET HISTOIRE

Nom d'une Walkyrie, de l'allemand *Hilda* ou *Hilde* (de *hildja* = bataille) constitue souvent le diminutif de Brunhild, Clotilde, Mathilde, ou bien de Hildegarde, *bataille hardie*, ou Hildegonde, qui veut dire simplement *bataille*. Le 17 septembre on fête Ste Hildegarde de Bingen, qui nous a transmis un recueil important de recettes médico-magiques. Autre anniversaire: le 17 novembre.

CARACTÈRE ET DESTIN

Femme pratique, décidée, Hilda est adaptée naturellement au succès et à la lutte. Elle aime le sport, la vie en plein air, mais avec un esprit romantique qui nous surprend, sous des dehors presque masculins. Elle aime aussi la poésie, l'art et le mystère. Sentimentale, elle conserve sa dignité en toute circonstance.

CHANCE

Chiffre favorable: le 7, lunaire. Jour propice: le lundi. Couleurs: le blanc et le gris perle. Hilda sera avantagée par un talisman tel qu'une perle, un cristal, un coquillage. Sera favorable aussi une broche rappelant une épée, si possible en argent.

HONOREE-HONORINE

Etymologie et histoire

Du latin *honor-honorist* = charge, honneur, c'est le prénom d'un grand nombre de papes et de saints. St Honoré, patron des boulangers et des pâtissiers, d'où dérive le délicieux gâteau inventé en 1899, est fêté le 11 et le 16 janvier, le 8 et le 27 février, le 24 avril, le 15 mai, le 30 septembre et le 26 octobre. Le féminin, Honorine, qui a donné son nom à la petite ville de Conflans, est représenté par une sainte morte dans la Seine et considérée comme la patronne des bateliers. Parmi les célébrités: H. de Balzac et le peintre Daumier. Quelques variantes: *Honorat, Honoré, Honorine, Ondras, Onorine.*

Caractère et destin

Honoré et **Honorine** sont dotés d'un caractère positif et d'une capacité d'assimilation et d'adaptation en toute circonstance. Sûrs d'eux, sereins, équilibrés, ils sont capables de juger les autres avec objectivité. En amour, ils savent être de bons compagnons, compréhensifs et passionnés. Ils ne supporteront pas la violence. Tendance aux professions intellectuelles et commerciales.

Chance

Leur chiffre favorable est le 3, influencé par Jupiter. Jour propice: le jeudi. Couleurs: le pourpre et le vert olive foncé. Parmi les talismans: l'olive, le géranium, le tilleul, un jas-

pe vert, l'image d'une alouette ou d'un pélican.

HORTENSE

Etymologie et histoire

Autrefois nom nobiliaire et prénom romain, il dérive de *hortus*, cultivateur de vergers et de jardins. Il a été diffusé au cours du XIXe siècle grâce à Hortense de Beauharnais, la fille adoptive de Napoléon, reine de Hollande. Ce prénom peut être également associé à la fleur homonyme, l'hortensia, cultivée pour ses belles et grandes inflorescences blanches, roses, bleu clair ou violettes. Rarissime au masculin. Fêtes: 11 janvier et 5 octobre.

Caractère et destin

Hortense, comme le suggère son prénom, tend à aimer la campagne, les plantes, la vie en plein air. De nature très mobile, exubérante, presque infantile, elle se présente comme une femme vivante, tendre et très sympatique. Franche, honnête, elle déteste les compromis, les engagements, les programmes. Libre et sensuelle en amour, créative et très engagée dans sa profession.

Chance

Chiffre de chance: le 5, d'influence mercurienne. Jour favorable: le mercredi. Couleurs: toutes les teintes changeantes, iridescentes. Parmi les porte-bonheur: un petit bijou en platine, l'anis, la menthe, un perroquet, et naturellement la fleur homonyme.

HUBERT

Du germanique *hugu* = esprit et *behrt* = clair, brillant, c'est-à-dire *grand pour son sens*, St Hubert, célébré le 3 novembre, est considéré comme le patron des chasseurs et, paradoxalement peut-être, des gardes forestiers. La raison en est que sa conversion eut lieu lors d'une battue de chasse, passe-temps auquel il se consacrait tout entier. Une croix lui apparut miraculeusement tandis qu'un cerf doué de parole lui demandait le pourquoi de ses folies meurtrières. Quelques variantes: *Hubel, Imbert*.

Caractère et destin

Distingué, intelligent, prudent, Hubert dissimule une profonde émotivité sous un apparent self-control. Redoutant la solitude et la dysharmonie, il s'efforce de garder la stabilité de ses amitiés, la solidité et l'équilibre dans son couple. Il se laisse dominer en amour. Propension à l'économie; sérieux et précis dans l'exercice de sa profession.

Chance

Chiffre favorable: le 2. Jour propice: le lundi. Couleur: le vert très pâle. Hubert préférera parmi les talismans un petit poisson en argent, un trèfle à quatre feuilles, les graines d'un melon ou d'une courge.

HUGUES-HUGUETTE

Etymologie et histoire

Diminutif de prénoms anciens et composés dont la première syllabe correspond au germanique *hug* = esprit, sens (exemple: Hugubert, Ugobalde). Vous ne pouvez pas oublier le jour de sa célébration, car c'est le jour fameux des petits poissons que l'on accroche au dos de ses camarades: le 1er avril. Autres fêtes: 29 avril, 13 octobre et 17 novembre. Parmi les nombreux esprits "célèbres": Hughes de Payns, fondateur de l'ordre des Templiers, l'écrivain italien Foscolo, et le Comte Hugolin, personnage de l'Enfer de Dante, tué par la faim avec ses fils. Les variantes: *Hugo, Hugolin, Usdeau*.

Caractère et destin

Considérés comme des personnes étranges, en raison de leur idéalisme poussé à l'extrême, **Hugues** et **Huguette**, finissent, en s'isolant, par cultiver leur vie intérieure au détriment de la vie sociale. Ainsi créent-ils, par leur imagination, des aventures splendides et donquichottesques, auxquelles ils finissent par croire. Ils rêvent de vrais romans d'amour dont d'ailleurs ils se vantent sans les avoir jamais réalisés. Au fond, ce sont des timides, des amoureux de leur liberté. Ils portent peu d'intérêt à la carrière et à l'argent en général.

Chance

Influencés par le chiffre martien 9, **Hugues** et **Huguette** obtiennent leurs meilleurs succès le mardi. Couleurs: le rouge et le violet. Ils pourront adopter comme talismans un fil de fer, un aimant, un sachet de tabac ou neuf grains de poivre.

HUMBERT

ETYMOLOGIE ET HISTOIRE

Appellation d'origine lombarde, dérivant de *un* = beaucoup, ou bien *Hun* = Huns ou encore *hunn* = jeune ours et *behrt* = clair, célèbre, latinisé en Humbertus. Sa fête est célébrée les 4 et 25 mars, le 6 septembre et le 12 décembre. Un diminutif: *Humbaldt*.

CARACTÈRE ET DESTIN

Caractère complexe un peu féminin, étant donné qu'il manifeste une attirance particulière pour la mode et les parfums. Même en amour, Humbert se révèle un partenaire inquiet, superficiel et un peu égoïste, même si par la suite il regrette toutes les femmes qu'il aura fini par perdre à cause de cette attitude. Il aime l'argent qui lui permet de mener une existence aisée sous le signe de l'élégance et du confort.

CHANCE

Chiffre porte-bonheur: le 6. Jour propice: le jeudi. Couleurs: le turquoise et le vert gazon. Talismans: une feuille de rose ou de verveine, un bracelet de cuivre, une touffe de poils de lapin ou de chat.

HYACINTHE

ETYMOLOGIE ET HISTOIRE

C'est le prénom du jeune garçon grec qu'Apollon tua par jalousie, et qu'il transforma ensuite en fleur. Le jour de sa fête le 30 janvier, le 17 août et le 11 septembre. St Hyacinthe est considéré comme le protecteur des femmes enceintes et de tous ceux qui risquent la noyade. Une célébrité: le peintre H. Rigaud, le portraitiste du roi Louis XIV. Une variante que l'on propose: Jacinthe.

CARACTÈRE ET DESTIN

Joyeux, sociable, promis au succès, Hyacinthe manifeste dès son enfance une passion précoce pour l'art et pour l'élégance en général. Sensible, vibrant, il révèle dès sa jeunesse des traits de caractère presque féminins mais qui s'effacent avec l'âge. Goût pour la bonne cuisine, religiosité, diplomatie.

CHANCE

Chiffre favorable: le 3. Jour de chance: le jeudi. Couleurs: le bleu foncé et le rouge pourpre. Parmi ses porte-bonheur, Hyacinthe choisira, en plus d'une belle fleur bleue s'accordant avec son prénom, un saphir, une pierre turquoise, une feuille de tilleul ou de bouleau. Parmi les animaux domestiques, le chien, qui lui tiendra compagnie, est tout désigné pour son bien-être.

I

IGOR

ETYMOLOGIE ET HISTOIRE

Nom d'origine littéraire et théâtrale porté par le Russe Igor, ce prince-héros du Xe siècle dont un poème épique du même nom a relancé les faits d'armes et inspiré sur le même thème la merveilleuse œuvre lyrique d'Alexandre Borodine, au siècle dernier. Ce prénom dérive du scandinave *Ing-Ingvy*, une divinité nordique, mais il peut aussi être considéré comme un diminutif de Grégoire. Fête: 5 juin. Une célébrité: le musicien Stravinski.

CARACTÈRE ET DESTIN

Tempérament ordonné, rationnel, réservé. Souvent il se dresse en paladin contre l'oppresseur des plus faibles, car il ne tolère guère les injustices et les abus, face auxquels il se montre provocateur et agressif. Planificateur obstiné, même en amour. Très habile à résoudre les situations financières les plus complexes.

CHANCE

Le chiffre 4, d'influence solaire, poussera Igor à préférer le dimanche, les couleurs gaies, chaudes, le palmier et l'oranger. Les images de l'aigle et du lion constituent dans son cas un talisman puissant, surtout si elles sont en or.

INGRID

ETYMOLOGIE ET HISTOIRE

Nom d'origine danoise signifiant *aimée par le Dieu Ing*. On la fête le 2 septembre.

CARACTÈRE ET DESTIN

Sage, réfléchie mais inquiète, Ingrid tend toujours à chercher la racine la plus profonde des choses. Solitaire, elle préfère les études, la culture aux rapports humains, renonçant souvent à l'amour, car elle est persuadée de ne pas être vraiment comprise. Elle craint le public et déteste tout ce qui se rapporte aux affaires, à l'argent et au commerce. Elle se réalise dans les professions à caractère intellectuel ou humanitaire. Elle peut avoir des capacités paranormales.

Influencée par le chiffre lunaire 7, Ingrid préfère parmi les jours de la semaine le lundi, parmi les couleurs les teintes claires, iridescentes. Pour elle, une feuille de lunaire, une opale, l'image d'un castor ou bien une huître seront des talismans extrêmement efficaces.

IRENE

ETYMOLOGIE ET HISTOIRE

Prénom de bon augure, notamment en notre siècle belliqueux, car Irène, dans le mythe grec, est l'une des Oréades: on la représente munie d'épis et de rameaux d'olivier; elle symbolise la paix. Cela n'empêche toutefois pas que l'Impératrice d'Orient Eirênê, fut reine assez cruelle pour aveugler son fils afin de gouverner... Ste Irène, patronne des infirmières, est invoquée contre la foudre; on la célèbre le 21 février, le 1er et le 5 avril, le 21 juillet et le 20 octobre. Variantes: *Erinie, Erigne, Irena, Irina, Reni*. Au masculin *Irénée*.

CARACTÈRE ET DESTIN

Tranquille, sereine, calme, Irène est une fille qui mûrit vite. Ordonnée, positive, quoique pouvant manquer d'enthousiasme, elle déteste les litiges et les complications. Une Irène, dans une famille, garantit paix, entente et harmonie. Un peu gourmande et collectionneuse maniaque.

CHANCE

Chiffre propice: le 6. Jour de chance: le vendredi. Couleurs: le vert et le rose. Porte-bonheur: l'olivier et l'épi, attribués à la déesse homonyme, mais aussi le jade, le cuivre et le parfum de muguet.

IRIS

ETYMOLOGIE ET HISTOIRE

Du grec *erein* = annoncer; Iris, dans la légende, était la messagère des dieux et la personnification de l'arc-en-ciel. L'utilisation de ce prénom est toutefois liée à l'héroïne d'une œuvre lyrique populaire de Mascagni, qui s'appelait justement Iris. Elle est fêtée le 4 septembre.

CARACTÈRE ET DESTIN

Jalouse, intransigeante mais très féminine, Iris se présente comme l'éternelle petite fille curieuse, coquine. Tendre, affectueuse, sentimentale, elle a tendance à tout voir en rose même là où il n'y a pas trace de rose. Elle est à son aise en compagnie. Aptitude aux affaires.

CHANCE

Chiffre favorable: le 1. Jour de chance: le dimanche. Couleur: le jaune or. Porte-bonheur: la fleur du même nom (même sous forme de parfum), la topaze, une feuille de sauge, une abeille en or.

IRMA

ETYMOLOGIE ET HISTOIRE

Irma, fêtée le 9 juillet et le 24 décembre, prend ses origines dans l'adjectif *Irmin* = grand, puissant, épithète d'une divinité nordique du ciel. Nombreuses sont les variantes: *Hermine, Herminie, Irmin, Irmine.*

Personnalité changeante, énergique, infatigable. Grand succès dans l'enseignement et le monde du spectacle. Inconstance et peur des responsabilités en amour. Intérêt pour l'argent en tant que moyen de satisfaction des caprices. Eclectisme, curiosité intellectuelle. Goût prononcé pour les voyages et le risque.

Chiffre favorable: le 5. Jour de chance: le mercredi. Couleurs: le bleu ciel et l'orange. Les talismans qui s'adaptent le plus à sa personnalité sont l'émeraude et la cornaline pour les pierres; la menthe et l'anis pour les plantes; enfin, pour les animaux le renard et le perroquet.

ISABEAU-ISABELLE

Amour, amour et encore amour dans les légendes et dans les contes où Isabelle, forme espagnole de Elisabeth, est la protagoniste. Dans le *Décaméron*, c'est la jeune fille qui conserve dans un pot de basilic la tête de son amant assassiné; dans le *Roland Furieux*, c'est l'amoureuse qui préfère mourir afin de rester fidèle à Zerbin; c'est aussi, dans le cours de l'histoire réelle, Isabelle d'Autriche qui fut rendue célèbre par la promesse qu'elle fit, pour suivre son mari à la guerre, de ne pas changer de linge jusqu'à la chute d'Ostende. Pour les malicieux, précisons que la ville résista trois ans! Ce jour est fêté le 22 février, le 4 juin et le 31 août. Parmi les variantes du prénom: *Isabel, Isabelita, Isola, Isolina, Jezabel.*

Digne, décidée, ferme dans ses projets, **Isabeau** est née calculatrice. Coquette, elle est consciente de plaire et s'en réjouit: elle revient aisément sur ses promesses, en laissant ses soupirants penauds... Sensible, enthousiaste, c'est la femme classique: une main de fer dans un gant de velours; portée sur l'enseignement et la puériculture. Plus souple, émotive, **Isabelle** au contraire tend à se laisser dominer de crainte de blesser son prochain. Compagne idéale, tendre et affectueuse, elle entoure son bien-aimé de mille soins et le chouchoute autant que faire se peut.

Le chiffre 4 d'empreinte solaire pour **Isabeau**; le 2 lunaire pour **Isabelle**. Les jours favorables sont respectivement le dimanche et le lundi. Couleurs: le jaune et le gris perle. Les talismans spécialement adaptés à **Isabeau** sont un tournesol, un bâtonnet de cannelle, un canari; une algue, une perle et les pinces d'un crabe sont par contre les talismans les plus adaptés pour **Isabelle**.

ISEULT-ISOLDE

C'est la protagoniste d'une légende ancienne (autour de laquelle se sont développées plusieurs variantes) et qui raconte son amour malheureux avec Tristan. Tristan, chargé d'accompagner Iseult la Blonde, future épouse du Roi Marc, boit par erreur un philtre qui allume entre eux un amour fou. Mais le sort sépare brusquement les deux amants, une fois arrivés à destination: Iseult est mariée au roi et Tristan est envoyé en exil. Loin, il épouse l'autre Iseult, Iseult aux mains blanches; mais, sur le point de mourir, il appelle son ancien amour à son chevet. Iseult la Blonde se met en route sans tarder, mais Tristan, trompé par sa femme qui lui assure que son amour ne viendra plus, se tue. Iseult et Isolde tirent leurs origines du français *iseut, iseul* = blonde ou bien du celte *essylt* = séduisant ou encore *is* ou *isan* et *hildja* dans le sens de guerrière de glace ou guerrière de fer. On les célèbre le 22 février. Parmi les variantes et les formes étrangères: *Iselda, Iseul, Iseut, Isolda, Isolina.*

Caractère et destin

Dotée d'une haute idée d'elle-même, aventureuse, instable, capricieuse, **Iseult** se révèle capable de rêver et surtout d'avoir confiance en la réalisation de ses désirs. Succès probable dans le cadre de l'enseignement et du spectacle. Fragile en apparence mais forte intérieurement, batailleuse, **Isolde** est une femme capable d'agir avec habileté et énergie. Généreuse dans sa profession comme dans ses amours, elle sait beaucoup donner d'elle-même; elle exige toutefois souvent l'équivalent en retour.

Chance

Chiffre favorable: le 5 pour **Iseult**, le 1 pour **Isolde**. Jours de chance: respectivement le mercredi et le dimanche. Couleurs: le jaune citron et le jaune d'or. La première choisira pour talismans l'agate, la verveine, un petit renard en peluche; la seconde s'orientera vers le diamant, la topaze ou une broche en or rappelant par sa forme une abeille.

J

JACQUES-JACQUELINE

ETYMOLOGIE ET HISTOIRE

La Rebecca biblique, épouse d'Isaac, mit au jour deux jumeaux. Le premier est le célèbre Esaü qui vendit son droit d'aînesse pour un plat de lentilles au second, Jacob, appelé ainsi parce qu'il naquit en tenant dans sa main le talon (hébreu *âqebh*) de son frère, ou bien parce qu'il usurpa la place de ce dernier (*âqab* = tromper). L'hypothèse la plus probable reste toutefois celle d'un nom théophore au sens de *Dieu (ja) protège (qb)*. Le nom a été diffusé particulièrement en raison de la vénération de deux saints, tous deux apôtres de Jésus: St Jacques Majeur, patron des chapeliers, des verriers, des pèlerins et de l'Espagne, et St Jacques Mineur, protecteur des pâtissiers et des cuisiniers. Les dates auxquelles on célèbre St Jacques sont nombreuses: 28 janvier, 27 avril, le 1ᵉʳ, le 11 et le 25 mai, le 13 et le 27 juillet, le 11 octobre et le 27 novembre. Sur l'impressionnant contingent de Jacques présents dans le monde, il ne pouvait pas manquer de célébrités; on remarquera à ce propos leur forte concentration dans les domaines des sciences et de l'art: le peintre italien il Tintoretto, Jacopone da Todi, Rousseau, Puccini, Watt, Offenbach, Daguerre, l'inventeur de la photographie, puis le poète de l'amour contemporain, J. Prévert; sans oublier, naturellement, le maître des séducteurs, Giacomo Casanova. Une curiosité: la première révolution paysanne fut baptisée "*Jacquerie*" du prénom de son leader. Ses variantes sont innombrables: *Giacomo, Hamish, Iacobella, Iacopo, Jack, Jackie, Jacob, Jacquard, Jacquet, Jacut, Jagu, Jaime, Jakez, James, Jim, Josha, Lapo, Yago.*

CARACTÈRE ET DESTIN

Sympathique, loyal, mais faible à l'intérieur, **Jacques** a besoin d'un guide sûr et discret surtout au cours de sa jeunesse. La compagne envers laquelle il éprouve des sentiments solides et durables, malgré son affection peu évidente, le rassurera, le dirigera et mettra de l'ordre dans son habituel chaos. Il est excessivement soucieux en ce qui concerne sa santé; il éprouve de l'intérêt pour la campagne. Tranquille, un peu "je-m'en-foutiste", **Jacqueline** se révèle

119

une femme incapable d'agir. Même en amour, bien qu'elle soit amoureuse et affectueuse, elle évite soigneusement les coups de tête et les pertes d'énergie. Elle aime les études, la réflexion, les livres et les films ayant comme thème dominant le mystère. Imagination très vive, rêverie.

CHANCE

La chance arrive le dimanche pour lui; influencé par le chiffre 4; le lundi pour elle, qui est un personnage lunaire (chiffre 7). Les couleurs à porter: le jaune pour lui, le blanc pour elle. **Jacques** prendra pour portebonheur une feuille de laurier, l'effigie d'un crocodile, la fleur de Calidonie. **Jacqueline** s'oriente vers l'opale, la pierre dite sélénite ou vers la nacre; favorable aussi la broche rappelant un nymphéa; seront utiles, pour accentuer son esprit pratique, un diamant et quelques graines d'encens.

JASMINE

ETYMOLOGIE ET HISTOIRE

Il s'agit d'un nom au contenu affectif évident, à rapprocher du jasmin et de son délicat parfum. Ce prénom peut ainsi influencer la nouvelle née par les vertus de grâce et de douceur propres à cette fleur. Comme tous les prénoms anonymes, autrement dit ne se référant pas à un saint, Jasmine est fêtée le 1er novembre. Quelques variantes: *Jamina, Jasmine, Yasmin.*

CARACTÈRE ET DESTIN

Tempérament pratique, rationnel, porté à l'épargne, Jasmine est une femme réservée, tranquille et précise. Appréciée aussi bien dans le milieu professionnel, comme employée modèle, que dans sa vie affective, comme compagne fidèle et fort bien organisée. Mais Jasmine n'est pas non plus dépourvue de défauts: le principal est la froideur; elle a aussi une véritable manie de l'ordre et de la perfection, qui avec le temps finit par lasser.

CHANCE

Favorisée par la vibration solaire du chiffre 4, Jasmine préfère le dimanche à tous les autres jours. Couleurs: le jaune et l'or. A conseiller: l'emploi de la topaze, de l'ambre, de l'or et de la grenadine en tant que talismans. Une branche de menthe ou de verveine pourra lui conférer cette touche d'imprévisibilité et de chaleur qui lui font tant défaut.

JEAN-JEANNE

ETYMOLOGIE ET HISTOIRE

C'est un prénom théophore qui adresse un remerciement à la divinité pour lui avoir concédé un fils: en hébreu *johanan* signifie en effet *Dieu a été miséricordieux.* Diffusé par le culte de St Jean-Baptiste, le précurseur de Christ, et de Jean l'Evangéliste, le proche disciple de Jésus, le prénom Jean s'est énormément répandu; il nous a offert une centaine de saints ainsi qu'une véritable armada de personnages célèbres. Mentionner tous les Jean sanctifiés et leurs fêtes relève de l'impossible. Rappelons simplement St Jean Bosco, fêté le 31 janvier, patron des étudiants et des éditeurs; St Jean de Dieu (8 mars), guide des infirmes, St Jean-Baptiste, protecteur des écoliers et des ramoneurs: à l'aube de sa fête qu'on célèbre le 24 juin en correspondance avec le solstice d'été, il était de tradition de cueillir des herbes magiques et thérapeutiques; St Jean l'Evangéliste (27 décembre), patron des veuves et des alchimistes. Parmi les femmes, il suffit de citer Jeanne d'Arc la Pucelle, protectrice des fromagers, brûlée vive sur le bûcher (30 mai). Autres anniversaires: 2 et 4 février, 27 mars, 6 et 16 mai, 12 et 23 juillet, 19 août, 18 octobre, 24 novembre, 2 et 10 décembre. Mentionnons quelques noms aussi parmi les grands de l'histoire et des disciplines artistiques: La Fontaine, Molière, Boccace, Racine, Cimabue, Brahms, Strauss et Gutenberg, l'inventeur de l'imprimerie. Parmi les variantes et les formes étrangères qui interviennent pour corriger la banalité du prénom Jean, on pourra recourir à *Ewan, Giovanni, Hans, Jahu, Jan, Ianni, Iban, Iohan, Ivan, Jan, Jann, Jannick, Janos, Jans, Jansen, Jehan, Joao, Johann, John, Johnny, Jonas, Joven, Juan, Owen, Van, Vanja, Vanni*. Jeanne s'orientera par contre vers *Giovanna, Jana, Jane, Janice, Janka, Jenny, Joan, Joanne, Johanna, Joni, Jouanna, Juana, Sheena, Vanna* et *Vannina*.

Caractère et destin

Caractère courageux, assimilateur et adaptable pour **Jean**. Sûr de lui, optimiste, positif, il est capable de se soumettre à l'effort avec intelligence et assurance. Sympathique, sentimental, passionné mais, du moins jusqu'à l'âge mûr, confus en amour. Il vise un certain bien-être économique et un train de vie plutôt élevé, en préférant la bonne table, les voyages bien organisés, les espaces confortables meublés avec bon goût. Plus équilibrée et pratique, **Jeanne** sait procurer une vie agréable et sereine à sa famille et à son partenaire en l'entourant de petites attentions affectueuses. Prolixité possible; aptitude à l'économie et à la gestion des affaires.

Chance

Chiffre favorable: le 3 pour **Jean**, influencée par Jupiter, le 4 pour **Jeanne**, personnage solaire. Jours de chance: le jeudi et le dimanche. Couleurs: le pourpre et le jaune safran. Porte-bonheur: pour lui une noix muscade, un fragment de cortex de bouleau, une statuette rappelant le corbeau, un chien sympathique et affectueux, pour elle: un petit lion en or, une topaze, une feuille de citron, du parfum de cannelle et de fleurs d'oranger.

JEREMIE

Etymologie et histoire

C'est le prénom de l'un des quatre prophètes les plus importants, qui fut lapidé par son peuple parce qu'il prédisait le malheur; il signifie en hébreu *yahrim* = exaltation du Seigneur. On le fête le 1er mai. Une célébrité: le philosophe Bentham. Variantes: *Jeremy, Jerry, Hieremie*.

Caractère et destin

Marqué par la lune changeante, Jérémie présente une nature riche en imagination et plutôt passive. Pas plus porté sur l'action que sur la vie pratique, il a un penchant pour les professions tranquilles, sédentaires. Plutôt renfermé, réservé, incapable de se sentir tout à fait serein, il sélectionne soigneusement les amitiés et surtout les compagnes avec lesquelles il souhaite instaurer un lien solide qui résiste au temps. Bien qu'économe, il est peu probable qu'il parvienne à s'enrichir.

CHANCE

Chiffre favorable: le 2. Jour de chance: le lundi. Couleurs: le blanc et l'argent. Outre le verre, son portebonheur doit être cherché dans le royaume des minerais: cristal, quartz, argent; pour ce qui est des animaux: le chat et le castor; des plantes: la lunaire et le nymphéa.

JEROME

ETYMOLOGIE ET HISTOIRE

Du grec *hyeronymos* = nom sacré, Jérôme est le nom du saint patron des traducteurs et des orphelins, célébré le 20 juillet et le 30 septembre. Plus connus que lui sont l'humoriste anglais J.K. Jerome et Savonarole, qui accusa l'eglise, à juste titre, de corruption, mais qui paya cet acte avec sa vie; citons aussi Carda, et surtout le célèbre chef Apache, Geronimo. Parmi les variantes: *Jarum, Jerry* et le prénom archaïque nobiliaire *Girmetta*.

CARACTÈRE ET DESTIN

Ouvert, sociable, Jérôme représente le genre de personne joviale, toujours disposée à dispenser des conseils et à aider les autres. L'opti-

misme et le potentiel de sympathie dont il rayonne le placent toujours au centre du groupe: que ce soit sa classe, sa bande de copains, ou au bureau parmi ses collègues. Assez sensible à l'adulation, ambitieux, il aura sans doute du succès dans les lettres. La grande chance qui le soutient financièrement ne suffira pas à l'enrichir étant donné son caractère excessivement dépensier qui l'accule à une situation de débiteur.

CHANCE

Chiffre de chance: le 3. Jour favorable: le jeudi. Couleurs: le bleu et le pourpre. Comme talismans, il pourra utiliser un gland, une violette, l'image d'une girafe ou d'un dauphin.

JESSICA

ETYMOLOGIE ET HISTOIRE

Appellation anonyme, c'est-à-dire non hagiographique, qui est tirée du drame shakesperien *Le Marchand de Venise*, où Jessica qui tient le rôle de la fille de l'usurier Shylock, est amoureuse du chrétien Laurent. Si on veut relier Jessica à un antécédent, on peut remonter à la sœur d'Abraham, de l'hébreu *iskah* = dieu garde. On commémore sa fête le 4 novembre. Variante: *Gessica*.

CARACTÈRE ET DESTIN

Influencée par la planète de Jupiter, Jessica est dotée d'un tempérament courageux et d'une forte ambition. Sereine, créative, adaptable, elle ressent profondément la nécessité d'être encouragée par les autres. Allégresse, optimisme. Les nombreux flirts de son adolescence sont remplacés vers la trentaine par un seul grand amour auquel elle se consacre avec fidélité et dévotion. Elle gagne beaucoup et dépense autant.

CHANCE

Chiffre favorable: le 3. Jour favorable: le jeudi. Couleurs: le pourpre et le bleu électrique. Talismans: un pétale de géranium, une noisette, une améthyste, l'image d'une girafe.

JOACHIM

ETYMOLOGIE ET HISTOIRE

De l'hébreu *jehojakim = Dieu rend fort* ou de *yôhaqim = Dieu fait soulager* (sous-entendu du malheur et de la misère), c'est le prénom du père supposé de la Vierge Marie, patron des grands-parents. Son jour se fête à de nombreuses reprises au cours de l'année: le 20 mars, le 26 juillet, le 16 août, le 9 septembre. Parmi les variantes et les formes étrangères: la version shakesperianne *Iachimo, Ioachim, Joaquin.*

CARACTÈRE ET DESTIN

Curieux, dynamique, Joachim conçoit son existence en tant que carrousel d'événements toujours différents, riches en surprises exaltantes. Tout ce qui est prévisible, sûr, durable l'ennuie, le déprime, qu'il s'agisse de professions ou d'amis, d'habitation ou de partenaires. Il adore la vitesse, les motos, le ski, les voitures de sport et, évidemment, le jeu de hasard. Il aura de la chance dans le domaine éditorial et dans le monde du spectacle.

CHANCE

Influencé par Mercure, la planète du changement, Joachim trouvera souvent sur son chemin le chiffre 5, et sa journée favorable sera le mercredi. Il préférera le jaune citron et le bleu ciel; son porte-bonheur le plus favorable est représenté par la primevère, la cornaline, la silhouette d'une hirondelle ou d'un magot.

JOEL-JOELLE

ETYMOLOGIE ET HISTOIRE

Nom de l'un des prophètes mineurs, représenté par l'iconographie avec ses lèvres en trompette, il signifie en hébreu "désir, serment". Il est fêté le 13 juillet. Une variante: *Johel.*

CARACTÈRE ET DESTIN

Doux, romantique, **Joël** concentre toute sa sensibilité vers l'amour en faisant preuve d'une tendresse protectrice vis-à-vis de sa compagne. L'altruisme et la générosité qu'il met dans tous les rapports avec les autres le soumettent cependant au stress et à de fréquentes et profondes déceptions. Changeante, gaie, moins concernée, **Joëlle** gère ses rapports amoureux avec aise, sans trop s'engager, Versatile, créative, elle est très appréciée dans sa profession, surtout dans le secteur littéraire ou commercial.

CHANCE

Chiffres porte-bonheur: le 6 pour lui, le 5 pour elle. Jours favorables: le vendredi et le mercredi. Couleurs: respectivement le vert gazon et l'orange. Le talisman pour **Joël** est représenté par une statuette de jade, une feuille de figue et un chat-tigre. Pour **Joëlle**: un clou de girofle, des boucles d'oreilles en platine, le parfum de la menthe et de la lavande.

JONAS

ETYMOLOGIE ET HISTOIRE

C'est le prénom de ce personnage biblique célèbre qui, pour ne pas avoir respecté la volonté divine, se retrouva enfermé dans le ventre d'une baleine. Le mythe contient de toute évidence une thématique clairement initiatique, où le ventre correspond à un utérus et la sortie du ventre à la naissance, ou mieux, à une renaissance, à l'entrée dans un nouveau mode d'existence. Jonas, en hébreu *colombe*, est fêté le 29 mars.

CARACTÈRE ET DESTIN

Personnalité réservée, presque détachée, charmante, attirée par les grands problèmes de l'humanité, Jonas gère ses rapports avec les autres à l'enseigne de l'honnêteté et de la franchise. Il déteste en effet les compromis, les fictions, les conventions sociales. Impulsif, compétitif, il a tendance à sous-estimer les dangers et les engagements, en préférant vivre au jour le jour dans une optique gaie, sans soucis et de manière un peu infantile.

CHANCE

Marqué par le chiffre 5 et par les vibrations mercuriennes, Jonas enregistre sa plus grande chance le mercredi. Les couleurs à porter: toutes

les nuances variées et iridescentes. Le talisman: une branche de menthe ou de lavande, un papillon bariolé, la silhouette d'un merle, d'une colombe ou de la légendaire baleine. Sera utile aussi une pomme de pin: elle pourra lui conférer un peu de sérieux.

JONATHAN

ETYMOLOGIE ET HISTOIRE

Dans la Bible, c'est le fils du Roi Saül; son nom signifie *don de Dieu*. Aujourd'hui il s'est diffusé grâce au titre d'une épopée populaire de Livingstone: *Jonathan le Goéland*. Entre autres, c'est le prénom de l'auteur d'un roman célèbre auprès des jeunes: *Les Voyages de Gulliver* de J. Swift. Il est fêté le 2 décembre.

CARACTÈRE ET DESTIN

Nature changeante, hypersensible et très généreuse. Introverti, lunatique, Jonathan ne supporte ni litiges ni ennuis. Il présente les caractères d'un individu tranquille et romantique; partenaire idéal et passionné, et, dans son travail, bon employé. Cependant, il manque un peu de combativité.

CHANCE

Le 2, chiffre lunaire, pour Jonathan l'aquatique. Jour favorable: le lundi. Couleur: le blanc. Parmi les talismans, il choisira la perle, le laurier, un coquillage. Un habit rouge qu'il portera de temps en temps pourra estomper son indolence innée en lui prêtant la pugnacité qui lui fait défaut mais s'avère si nécessaire à son succès.

JOSEPH-JOSEPHINE

De l'hébreu *josephiah = Dieu ajoute*, Joseph est le fils de Jacob et de Rachel. Il fut vendu par ses frères aux Ismaïliens. Excellent interprète des rêves, il est passé à la postérité pour la prophétie de la famine en Egypte déduite des sept vaches grasses et des sept vaches maigres dont le Pharaon avait rêvé. Evidemment, le prénom Joseph a essaimé depuis tant de générations qu'on le trouve aujourd'hui dans une bonne moitié du monde.

Les Chrétiens l'ont adopté suivant le culte de St Joseph, père adoptif de Jésus-Christ et patron des charpentiers et des pères (19 mars); sans omettre celui de St Joseph d'Arimathie qui s'abstint de condamner Jésus et le fit enterrer et, pour cette raison, est considéré comme le patron des croque-morts (17 mars); ni enfin celui de St Joseph de Copertino, le guide spirituel des étudiants et des aviateurs connu pour ses nombreuses expériences de sorties en astral (18 septembre). La vie laïque, par contre, sensible aux noms de rois et d'empereurs, patriotes et révolutionnaires, a préféré Joseph pour faire revivre, selon l'époque, le personnage de l'empereur d'Autriche, Mazzini, Haydn, Verdi, Garibaldi et Staline. Il existe de nombreuses variantes et des diminutifs un peu pour tous les goûts, par exemple: *Joe, Joey, José, Josef, Josep, Josip, Pépé, Pepito* pour les garçons et *Giosy, Giusy, Josepha, Josette, Josiane, Josie, Josy, Pépée, Pepita* pour les filles.

CARACTÈRE ET DESTIN

Lent, pratique, réfléchi, mais pas dépourvu d'une certaine ambition, **Joseph** vise son but avec calme sans jamais oublier les bonnes règles de l'honnêteté et du bon sens. Intense au fond de lui, dévoué en amour, il sait beaucoup donner de soi-même en s'attendant à recevoir un dévouement équivalent. Plus commune, car ce satisfaisant d'une existence banale, mais douce, **Joséphine** est sympathique; mais si l'on gratte un peu le vernis superficiel on trouve une certaine intolérance unie à une bonne dose de vanité, d'obstination, de capacité à feindre. Elle réussit dans les professions à caractère social.

CHANCE

Le chiffre favorable pour **Joseph** est le 1, marqué par le soleil, le 2 pour **Joséphine**, personnage lunaire. Les jours propices respectivement le dimanche et le lundi. Le jaune et le blanc sont les couleurs à porter. Le talisman pour lui est une feuille de laurier, l'image d'un taureau, une fleur d'oranger. Un petit objet en cristal, un coquillage, une fougère, une broche qui rappelle la demi-lune, pour elle.

JUDITH

ETYMOLOGIE ET HISTOIRE

Judith, de l'hébreu *jehudith = juive*, est cette jeune veuve qui libéra Béthulie assiégée par les Assyriens en séduisant leur général Holopherne: elle décapita celui-ci pendant son ivresse. Le prénom, soutenu par le culte de Ste Judith, martyre, patronne des teinturiers, a été très apprécié par les classes nobiliaires surtout au Moyen-Age. La mère de Barberousse, par exemple, s'appelait Judith. On la fête le 10 mai, le 16 et le 25 juin, le 18 juillet. Quelques diminutifs: *Judy* et *Jutta*, au goût nordique.

CARACTÈRE ET DESTIN

Tempérament énergique, courageux, décidé, capable de grands élans, mais intolérant face aux petites batailles de tous les jours. Fierté, enthousiasme, capacité de comprendre les problèmes des autres. Souvent incomprise en amour, et ayant tendance, au fil des ans, à faire preuve de méfiance, elle est extrêmement sélective à l'égard de son partenaire. Peu sentimentale, contrôlée mais affectueuse; elle ne fait pas facilement le pas vers le mariage.

CHANCE

Le chiffre qui s'accorde le mieux à la vibration de Judith est le 9, chiffre de Mars; le mardi est son jour magique; le rouge et le rose chair sont ses couleurs. En tant que portebonheur: une bague ornée d'un rubis ou d'un grenat, une renoncule, une gentiane, l'image d'un pic et quelques grains de poivre.

JULES-JULIA-JULIEN-JULIENNE

ETYMOLOGIE ET HISTOIRE

Bien que la "gens Julia" prétendait descendre de Iule, fils d'Enée, il est plus probable que ce nom dérive de *jovilios* = consacré à Jupiter, ou bien d'un étymon grec signifiant *sans barbe*, ou encore de *iulis* = chaleur ardente. De nombreux saints portent ce prénom et contribuent à le transmettre encore, même après l'écroulement de la mythologie romaine. Il existe un St Jules, patron des maçons, commémoré le 31 janvier, le 12 avril et le 22 mai, et un St Julien protecteur des pèlerins et des hôteliers (le 12 février et le 31 août). Il y a aussi de nombreuses Ste Julienne parmi lesquelles figure la protectrice des fromagers (16 janvier). Autres anniversaires: 28 janvier, 5 et 12 avril, 27 mai. Il est certain que Jules et Julienne, sur les pas de leur prédécesseur le fort célèbre Jules César, comptent un grand nombre de personnalités réputées: l'historien Jules Africano, les écrivains Laforgue, Renard, Verne; Julien l'Apostat, ennemi de la chrétienté, la malheureuse Juliette shakespearienne, la chanteuse existentialiste Juliette Gréco et la délicieuse julienne, la soupe parisienne de légumes. Variantes et diminutifs: *Julian, Juliana, Julie, Juliette, Julio.*

CARACTÈRE ET DESTIN

Commençons par **Jules**: c'est un homme rationnel, pratique et susceptible, qui ne tolère pas les plaisanteries et ignore la diplomatie. Conservateur, obstiné, il tend à tout planifier, même en amour. Excellent en qualité d'avocat, de chimiste ou d'ingénieur, il est très apprécié dans son travail mais s'avère toutefois dépourvu de cet élan de créativité et d'imagination qui fait les grands personnages. On ne peut pas dire de même de **Julia** et de **Julien**, qui possèdent des qualités essentielles. Actifs, enthousiastes, très tendres derrière leur rude masque, ils manifestent même dans leurs affections un égocentrisme profond et un besoin intense de compréhension. Brillante, vivante mais colérique, **Julienne** est indépendante; incapable de pardonner le moindre tort, elle finit par rendre difficile la vie à son partenaire. Elle compense toutefois par une énorme charge passionnelle, par la fidélité et la profondeur de ses sentiments.

CHANCE

Le chiffre 4 pour **Jules**, le 8 pour **Julia** et **Julien**, le 9 pour **Julienne**. Leurs jours de chance sont dans l'ordre: le dimanche, le samedi et le mardi. Les couleurs en harmonie avec leurs personnalités: le jaune, le noir et le rouge. **Jules** pourra adopter comme talisman une branche de genêt, une fleur de taraxacum, un épi et une noix muscade. Par contre, s'adaptent à **Julia** et à **Julien** une feuille de lierre ou de sureau, un fragment de roche pris dans une grotte, l'image d'un chameau. Quant à **Julienne**, elle choisira une absinthe, un peu de houblon, une cornaline, la pierre dite héliotrope; lui sera également favorable un parfum de rose ou de muguet, qui la rendra plus douce et souple.

L

LAETITIA

Etymologie et histoire

Du latin *laetus* = fertile et par extension, content, gai, tel fut le nom d'une déesse romaine de l'abondance, Laetitia, représentée avec un enfant dans son ventre, tenant une gerbe d'épis dans sa main gauche et une pomme dans la droite. On la fête le 15 mars, le 9 juillet et le 21 octobre avec Ste Ursule qui, probablement, était de ses amies. Une Laetitia célèbre: la mère de Napoléon. Parmi les variantes: *Letizia, Letty, Liesse.*

Caractère et destin

Caractérisée par une joie sincère, comme le laisse entendre son prénom, Laetitia présente toutefois une personnalité très contrastée, pleine d'intelligence mais paresseuse, attirée par la mode et les frivolités, rationnelle mais changeante, légère. Elle craint les liens, les engagements, les horaires fixes auxquels elle échappe en prétendant toujours mener une existence libre et sans soucis. Habileté dans les travaux manuels, changement fréquent dans le domaine professionnel.

Chance

Destinée selon la tradition à un sort peu heureux, Laetitia est marquée par le chiffre 5; elle pourra prévenir les caprices d'un destin avare en mettant des couleurs changeantes; en portant sur elle une fleur de lavande, une marguerite, des boucles d'oreille en platine, une barrette en forme de papillon; le mercredi sera son jour de chance.

LARISSA

Etymologie et histoire

Larissa désigne une ville de Thessalie, mais c'est surtout le nom d'une des Naïades aimée de Mercure. Ce nom peut être considéré aussi comme variante de Lara. C'est un personnage agréable, d'origine celte, lié à un étymon obscur désignant l'eau de mer, et inexplicablement entouré d'une auréole romantique insolite. Lara est l'héroïne suggestive et malchanceuse du *Docteur Jivago*, la protagoniste d'un conte de Byron et enfin le pseudonyme d'une poètesse du siècle dernier (comtesse Lara) dont la vie agitée prit fin par la main d'un de ses soupirants. Fête: le 26 mars. Parmi les variantes du prénom: *Larinda, Larisa.*

CARACTÈRE ET DESTIN

Personnalité inquiète, mélancolique et réservée. Prudente mais capable de saisir les situations positives, intelligente et studieuse, Larissa n'hésite pas à quitter ses amis et ses distractions en se repliant sur elle-même, dans un coin pour lire ou réfléchir. Son mot d'ordre: apprendre. Elle trouve dans tout ce qui l'entoure un enseignement, une information. Tout cela évolue souvent au détriment de l'amour. Sérieuse et compétente dans son travail, elle démontre peu d'intérêt pour l'argent.

CHANCE

Lunaire, marquée par le chiffre 7, Larissa préfère, de toute la semaine, le lundi; le gris perle contre toutes les couleurs. Elle pourra choisir comme talismans une opale, la fleur de la belle-de-nuit, une étoile de mer ou un coquillage blanc.

LAURA

ETYMOLOGIE ET HISTOIRE

Du latin *laurus* = laurier et *laurea* = couronne, moins probablement du grec *layros* = exhubérant ou du celte *lour* = suffisant. Le prénom Laura né en Provence vers l'an mille sous forme de *Laurada* a toujours été apprécié en raison de la mythologie, de la religion et de la littérature qui le mettent en valeur. En effet, le laurier est la belle plante parfumée chère au dieu Apollon. Avec ses feuilles, les Grecs tressaient la couronne de la victoire, et, à l'époque des persécutions chrétiennes, celle du martyr. Lorsqu'ensuite, Pétrarque nous offrit le portrait doux de Madonne Laure, la chance de ce prénom fut définitive. Son jour se fête le 18 juillet et le 19 octobre. Laura a donné suite a une longue série de variantes: *Aure, Laure, Laurana, Lauras, Laurea, Laurel, Laurent, Laurence, Laurette, Laurie, Laurilla, Laurin, Laurinda, Laurisa, Laurita, Lora, Lorella, Loretta, Loriana, Loriella, Lorin, Oretta, Orietta.*

CARACTÈRE ET DESTIN

Personnalité vibrante, sensible, éternellement plongée dans un bain-mousse d'amour. Il lui suffit d'un rien, une caresse ou un mot maladroit, pour la faire rire ou pleurer pendant des jours et des jours. Vivante, éveillée, Laura apprend facilement, aidée par sa mémoire formidable; mais incertaine, elle n'a pas d'assurance et a besoin continuellement de l'encouragement des autres. Négligente, nerveuse, coquette, elle se fait pardonner grâce à son allégresse, à l'optimisme avec lequel elle considère son existence et enfin à cette passion, à ce dévouement dont elle fait preuve en amour.

CHANCE

C'est le 3, chiffre de Jupiter, qui influe sur Laura, il la pousse à préférer le jeudi; les couleurs froides comme le bleu et le violet. Parmi les porte-bonheur, elle aime le saphir, l'étain, une branche de fleurs de tilleul, une broche qui évoque un cygne ou un paon, et, bien évidemment, la proverbiale feuille de laurier.

LAURENT-LAURENCE

Etymologie et histoire

Laurent, le Laurent de la nuit magique où chaque étoile qui tombe correspond à un souhait réalisé, a une origine identique à celle de Laure (du latin *laurum*). La légende dit en effet, que cette appellation lui a été donnée parce qu'il naquit sous un laurier. Le mot *laurum* a donné naissance aussi à un centre préromain, cité dans l'*Enéide*, et dont Laurent serait l'habitant: autrement dit, natif de la ville de Laurentum. Le St Laurent proverbial des étoiles filantes, fêté le 10 août, est le patron des cuisiniers, des pâtissiers, des pompiers, des repasseuses et des souffleurs de verre; il semble qu'il ait été martyrisé sur le gril. On fête également d'autres saints homonymes le 22 juillet, le 5 et le 15 septembre, le 8 octobre. Les personnages les plus célèbres "couronnés de lauriers": les architectes Ghiberti et Bernini, le peintre Lotto, l'écrivain anglais Sterne, Laurent le Magnifique, le célèbre mécène florentin de la famille des Médicis. Parmi les variantes et les formes étrangères: *Larry, Lars, Laurant, Laurenz, Laurie, Lawrence, Lola, Lolita, Lorenz.*

Caractère et destin

Tranquille, introverti, mais assez égoïste et froid, **Laurent**, serein et imperturbable, réussit à surmonter tout obstacle. Le courage et l'assu-rance le soutiennent dans son escalade ambitieuse vers le succès qui, souvent se fait au détriment des droits d'autrui. Logique et peu sensible en amour, du moins jusqu'à ce qu'il ne tombe réellement amoureux... **Laurence**, séduisante, vaniteuse, vit éternellement, comme sa cousine Laure, dans une atmosphère d'amour. Mais souvent ne s'agit-il que de rêveries inassouvies, irréalisables; sa situation affective, en effet, ne se présente pas toujours sous un jour rose. Difficilement comprise de son partenaire, elle se sent obligée de chercher une satisfaction dans les études ou dans l'imagination.

Chance

Le chiffre 1 pour **Laurent**, le 7 pour **Laurence**. Le sort les favorise respectivement le dimanche et le lundi. Couleurs les plus favorables: le jaune et le gris perle. Porte-bonheur pour lui: un canari, un bibelot en or, une noix muscade; pour elle: le myrte, la nacre et l'argent. Enfin, pour tous les deux, une feuille de laurier.

LEILA

Etymologie et histoire

Nom de l'héroïne d'une légende arabo-persane, repris par Byron et Bizet, et qui signifie "sombre, noir". Comme tous les noms qui ne correspondent pas à un saint, il est fêté le 1er novembre.

Caractère et destin

Combativité, orgueil et ambition, voici les traits typiques de la personnalité de Leila. Une femme sympathique, gaie, optimiste qui, grâce à ses vertus, réussit à exploiter parfaitement ses propres chances. Une grande émotivité peut conditionner (pendant sa jeunesse) sa vie affective en l'empêchant d'acquérir (avant 25-30 ans) la sûreté qu'elle désire. Elle préfère les professions impliquant des contacts humains. Elle adore dépenser sans compter.

CHANCE

Le chiffre 3, d'influence jovienne, est son chiffre magique. Jour favorable: le jeudi. Couleurs: le bleu et le vert foncé. Porte-bonheur: un saphir, un fil d'étain, un habit bleu et noir, une feuille de bouleau.

LEON-LEONIE-LEONARD-LEONCE

ETYMOLOGIE ET HISTOIRE

Voici une série de rois de la forêt, de toutes sortes et pour tous les goûts, face auxquels la révérence s'impose. "Léon" (et compagnie), tout comme "Ours", "Loup" et au Moyen-Age "Chien", représente un nom à caractère totémique, c'est-à-dire donné pour instiller au nouveau-né les attributs propres à l'animal homonyme. A part la forme plus savante, *Leo, Lea* (venant directement du latin) et la forme française Léon, suivi des variantes Léonne, Lionel, Lev, Léonnel, Léonier pour les garçons et Léonie, Léonille, Lionelle pour les petites filles, l'onomastique propose toute une série de noms composés. Le plus commun est Léonard avec les variantes Lennar, Linard du (germanique *lowen + hardhu*, dans le sens de "lion hardi"); ensuite Léon-

ce, soit petit lion; au féminin il devient Léondine, Léontine, prénom d'une splendide hétaïre, maîtresse du philosophe Epicure; Léonide, comme le commandant invaincu de l'armée des Thermopyles, signifiant en grec (*Leon Eides*) "celui qui a l'aspect d'un lion"; Léonilde germanique vient de *lewon* et *hildja* = bataille, "celle qui se bat comme une lionne". Passons rapidement en revue les fêtes: le 1er mars, 11 avril, 5 mai, 15 et 28 juin et 6 novembre pour Léon et Léonie, protecteur des femmes enceintes; 6 novembre pour Léonard, patron des incarcérés, des agriculteurs, des forgerons et des missionnaires; le 1er décembre pour Léonce, le 17 janvier pour Léonilde, le 28 du même mois et le 22 avril pour Léonide. Parmi les "lions" fameux: l'architecte Leon-Battista Alberti, le styliste Gambette, les romanciers Tolstoï et Daudet. Parmi les Léonard, l'universel L. de Vinci et le mathématicien Fibonacci.

CARACTÈRE ET DESTIN

Commençons par **Léon**, habile, ambitieux et exubérant, toujours en quête du succès, pour une existence en numéro 1. Il méprise les habitudes et les conventions sociales qu'il a le courage de ne pas respecter. Généreux en amour, il exige en retour autant qu'il donne. Chez **Léonie** et **Léonard**, on retrouve un caractère indépendant, érudit, perfectionniste. Romantiques, dévoués en amour, ils ont tendance à faire de leur partenaire le centre de leur existence. Ils ont un penchant pour les professions libérales, particulièrement celles inhérentes au secteur de la mode et du design. Idéalisme, élans d'enthousiasme, combativité caractérisent par contre **Léonce**, passionnée d'aventure et de risque. Pouvoirs occultes possibles.

CHANCE

Chiffre 1 pour **Léon**; 6 pour **Léonie** et **Léonard**; 9 pour **Léonce**. Les jours positifs pour eux suivent cet ordre: le dimanche, le vendredi, le mardi. Couleurs: le jaune, le vert, le rouge. Talismans: un tournesol, un bâtonnet de cannelle et une feuille de citron pour **Léon**; le myrte, le jade, le corail rose pour **Léonie** et **Léonard** le jaspe rouge, la rue, la limaille de fer pour **Léonce**. Pour tous, cela va de soi, la représentation d'un petit lion.

LEOPOLD

ETYMOLOGIE ET HISTOIRE

C'est un nom d'origine germanique courant dans les dynasties des Habsbourg et des Babenberg. Composé de *liud* et *bald*, il signifie "valeureux parmi le peuple". St Léopold, patron des pauvres et de l'Autriche, est fêté le 15 novembre.

CARACTÈRE ET DESTIN

Individu tendre, réservé, mélancolique mais, lorsqu'il le faut, capable de faire preuve d'un sens pratique inattendu. Grâce à l'aide d'une compagne gaie, combative, il obtient une bonne réussite dans les domaines professionnel et social. Il attache peu d'importance à l'argent tout en étant très habile dans son administration.

CHANCE

Le chiffre le plus adapté à Léopold est le 7. Le jour propice: le lundi. La couleur: le blanc laiteux. Parmi les talismans, il choisira de préférence un bibelot en cristal ou en verre, une feuille de lunaire, un petit poisson en argent, un coquillage.

LILIANE

ETYMOLOGIE ET HISTOIRE

Prénom dérivant de la forme latine de *giglia* = pure et chaste comme un lys, ou bien de la forme anglaise, Lily ou Lilly, diminutifs de Elisabeth (Lilibeth). On le célèbre le 10 mai, le 11 août et le 15 novembre. Ce prénom a plusieurs formes semblables, qui ne se distinguent souvent que par une orthographe différente: *Lila, Lilea, Lilia, Lilla, Lilli, Lily* et *Lili,* représentées par la femme aimée de Goethe, Lili Schonemann, et surtout par une superbe chanson, très en vogue durant la dernière guerre: Lili Marlène.

CARACTÈRE ET DESTIN

Décidée, impulsive, très intuitive, Liliane est souvent considérée comme étrange, voire même bizarre. Féminine et plutôt vaniteuse durant son adolescence, elle atteint avec le mariage un bon équilibre intérieur. Elle est prudente, économe, presque parcimonieuse dans la gestion de son ménage. Elle tend à élever ses enfants dans la liberté totale. Efficacité, précision et ordre dans l'exercice de sa profession.

Chiffre favorable: le 8. Jour de chance: le samedi. Couleurs: le gris foncé et le noir. Porte-bonheur: mis à part le lys suggéré par le prénom, une branche de cyprès, le plomb, le gravier, une bague représentant un serpent.

LINDA

ETYMOLOGIE ET HISTOIRE

Diminutif du nom germanique Théodolinde, Hermelinde, etc. Lancé ensuite par un opéra célèbre de Donizetti, Linda s'est diffusé en tant que prénom particulier, sans doute du fait de sa correspondance avec l'adjectif italien *lindo* = propre, soigné. Linda est fêtée le 22 janvier et le 22 mars.

CARACTÈRE ET DESTIN

Exubérante, passionnée, ardente, Linda tend à se créer une existence intense, riche en événements et en mouvement, sous le signe de la jeunesse éternelle. L'amour pour les voyages et l'excès de générosité qui la caractérisent peuvent cependant lui valoir de graves ennuis financiers, à moins qu'un compagnon raisonnable et modéré ne réussisse à freiner ses folies.

CHANCE

Le 4, chiffre solaire, est la vibration qui s'adapte le mieux à la personnalité de Linda. Jour favorable: le dimanche. Couleur: le jaune d'or. Parmi les talismans: un tournesol, une ambre ou une émeraude, une broche en forme de lion. Le parfum du pin, marqué par Saturne, pourra lui dispenser le minimum de mesure qui ne sera pas pour nuire à une femme quelque peu "panier percé".

LORRAINE

ETYMOLOGIE ET HISTOIRE

Il s'agit d'un nom idéologique, apparu vers la fin du XVIIIᵉ siècle comme manifestation de solidarité avec les ducs de Toscane, appartenant à la dynastie de Lorraine, bien-aimés pour leur idées libérales et réformistes. On le fête le 30 mai. Variante et forme étrangère: *Lorna*.

CARACTÈRE ET DESTIN

Tempérament sensible, altruiste, mais souvent contradictoire, la gentille Lorraine est constamment à la recherche de son équilibre intérieur et de l'harmonie avec les autres, ce qui la pousse à éviter par tous les moyens les questions et les litiges qu'elle juge insupportables. Légèrement masochiste et hypocrite au fond d'elle même, elle se raccroche à la vie de couple en essayant à tout prix de maintenir la solidité de son idylle. Engagement social. Parfois de l'avarice.

CHANCE

Chiffre favorable: le 2. Jour de chance: le lundi. Couleur: le blanc laiteux. Lorraine pourra choisir pour porte-bonheur une opale, un béryl, ou une perle. Parmi les plantes: les trèfles et la belle-de-nuit. Parfum de myrte.

LOUIS-LOUISE

ETYMOLOGIE ET HISTOIRE

Dérivés du germanique *hold* = illustre et *wig* = combat, dans le sens de glorieux à la bataille. La forme française "Clovis" donne Louis. Louis est fêté principalement le 28 avril et le 21 juin, fête de St Louis de Gonzague, patron de la jeunesse et des étudiants, et le 25 août, St Louis, roi instigateur de la IIᵉ Croisade. Ste Louise de Marillac, fondatrice de l'association des Dames de St Vincent et protectrice des assistantes sociales est célébrée le 15 mars. Parmi les Louis, on trouve une grande quantité de rois, dont Louis Philippe, le "roi bourgeois", Louis XIV le roi Soleil et Louis XVI envoyé, comme on le sait, à la guillotine. De plus, Braille, Pasteur et le trompettiste très réputé Louis Armstrong. Les variantes et les formes étrangères sont innombrables: au masculin *Alajos, Alois, Aloys, Alvise, Clovis, Layos, Lewis, Loic, Lois, Louison, Loys, Luiz*; pour les femmes: *Allison, Eloise, Héloise, Loisia, Luisa, Luisanna, Luisella, Luisita* et, comme composés de Louise et Marie, *Lulu, Malu, Marilu, Maryse*.

CARACTÈRE ET DESTIN

Ordonné, méthodique, difficile à "apprivoiser" car il est susceptible et doté d'un orgueil excessif, **Louis** devient plus "souple" une fois compris. Au fond c'est un timide, un complexé qui rugit par peur. Malgré la fermeté et la constance avec laquelle il mène à terme ses objectifs, il atteint difficilement le succès. Plus combative, idéaliste, sincère, **Louise** se présente comme une femme active, engagée dans les rapports sociaux. Elle croit fermement à la relation à deux, et elle y consacre toute son énergie. Peu sentimentale mais affectueuse. Incapable de gérer l'argent qu'elle dépense entièrement pour les autres, elle peut bénéficier toutefois de beaucoup de chance!

CHANCE

Chiffre: le 4 pour lui, le 9 pour elle. Les jours favorables seront respectivement le dimanche et le mardi. Couleurs: le jaune et le rouge. En tant que talismans, **Louis** adoptera une monnaie d'or (au temps de la monarchie française, le louis était d'ailleurs une monnaie d'or), une branche de forsythia, la fleur de la camomille; un rubis, un clou en acier, un fuchsia et l'image d'un léopard pour **Louise**.

LUC

ETYMOLOGIE ET HISTOIRE

Diminutif de *lucio* (lumineux) et de *lucien* (né à l'aube), aujourd'hui devenu un prénom indépendant, notamment en raison du culte pour St Luc l'Evangéliste (18 octobre), médecin et peintre d'Antioche, qui patronne ces professions ainsi que les sculpteurs et les notaires. Les Luc sont bien représentés dans le domaine artistique; il suffit de citer les peintres Signorelli et Della Robbia. D'autres dates à rappeler: le 1ᵉʳ mars. Parmi les variantes et les formes étrangères: *Lucas, Luchino, Lukas, Luke*; ce prénom est également très courant en association avec Jean (Jean-Luc).

CARACTÈRE ET DESTIN

Tempérament autonome, pratique, assez contradictoire, Luc se présente en tant qu'individu réfléchi, méfiant, énigmatique mais fidèle en amour. Faites attention à son instabilité et à ses colères soudaines. Adapté aux professions médicales ou artistiques, très bon sportif ou militaire. Il peut avoir de véritables coups de chance.

CHANCE

Luc, marqué par le chiffre 9, trouvera sa plus grande chance le mardi. Il s'habillera de préférence en rouge ou en violet. Comme talismans, il choisira un fil de fer, la pierre dite hématite ou héliotrope, ou une feuille de robinier et un petit sac rouge contenant du tabac.

LUCE-LUCIE-LUCIEN-LUCIENNE-LUCILLE

ETYMOLOGIE ET HISTOIRE

Un seul étymon, le latin *lux* = lumière, est à la base de tous ces prénoms qu'on imposait jadis à ceux qui naissaient à l'aube ou dans les premières heures du jour. Le plus répandu: Lucie, doit sa popularité à la sainte patronne de Syracuse, fêtée le 13 décembre; il y a des liens probables avec la fête de la lumière ou le solstice d'hiver (21 décembre). Selon la légende de son martyre, elle eut les yeux arrachés et finit égorgée. Elle est considérée comme la sainte protectrice des organes oculaires et la patronne des enfants. Les autres jours où elle est fêtée sont: le 4 mars, le 19 septembre et le 23 novembre.

Pour Lucien et Lucienne, nous ne citerons que quelques dates: le 16 février, le 29 juillet et le 31 octobre. Parmi les Lucie les plus célèbres mais imaginaires, le personnage de Manzoni dans *Les Fiancés*. Lucien d'autre part, est représenté notamment par un sophiste grec, célèbre pour avoir ironisé sur toutes les doctrines philosophiques et religieuses de son temps. Parmi les variantes: *Lucia, Lucette, Lucine*, attribué à Junon (déesse romaine entre autres, de l'accouchement), *Lucinde, Lucius, Lucy*.

CARACTÈRE ET DESTIN

Luce et Lucie présentent une personnalité inquiète, mobile, toujours à la recherche de nouveautés. Flirts, aventures, voyages, se succèdent comme un carrousel frénétique dans l'existence de ces femmes vivantes, bavardes et toujours juvéniles. Dans le domaine professionnel, elles révèlent un penchant pour l'enseignement, le commerce, le journalisme. Un conseil: ne leur demandez pas de se marier: elles disparaîtront aussitôt dans la nature. Pour ceux qui y parviennent malgré tout, elles seront des compagnes insolites, amusantes, prêtes à expérimenter tout ce qui sort des sentiers battus... Tempérament ambitieux et jamais médiocre pour Lucien, insouciant des limites et des conventions sociales. Charme, exclusivité, jalousie, extrême en amour. Au féminin, la susceptibilité, la paresse, l'imagination et l'instabilité se mêlent pour donner une créature très émotive et rêveuse. Lucienne poursuit dans ses rêveries un prince charmant, un homme important qui la dorlotte et la protège. Avarice, manque de volonté. Tout aussi parcimonieuse, ou plutôt économe, mais dotée d'une extrême volonté, **Lucille**, par contre, apparaît sérieuse, réservée, toute concentrée dans ses intérêts philosophiques et spéculatifs; charmante, magnétique mais souvent destinée à la solitude affective. D'excellentes capacités d'investissement.

CHANCE

Chiffre favorable: le 5 pour **Luce** et **Lucie**; le 1 pour **Lucien**; le 2 pour **Lucienne**; le 8 pour **Lucille**. Les jours de chance sont dans l'ordre: le mercredi, le dimanche, le lundi et le samedi. Couleurs: le bleu, le jaune d'or, le blanc et le noir. Porte-bonheur: l'anis, la verveine, un bibelot en platine, la pierre œil-de-chat et une broche évoquant une hirondelle ou un ibis pour **Luce** et **Lucie**; un bâtonnet de cannelle, sauge et safran pour **Lucien**; le trèfle, le riz, le béryl et la perle pour **Lucienne**; un aimant, le houx, une fougère ou un diamant pour **Lucille**.

LUCRECE

ETYMOLOGIE ET HISTOIRE

Provenant d'un étymon étrusque obscur, d'où dérive aussi le nom du mont Lucretilis, cette appellation s'associe dans l'étymologie populaire au latin *lucrum* = gain. Ce prénom doit son usage relativement répandu non seulement au culte emprunté aux Espagnols, de Ste Lucrèce de Mérida, fêtée le 15 mars, le 11 septembre et le 23 novembre, mais aussi à la littérature latine, grâce au grand poète Lucrèce auteur du *De natura rerum*. Quant aux femmes, à la figure corrompue de Lu-

crèce Borgia s'oppose celle irréprochable de Lucrèce, épouse de L. Collatino, qui se tua, ayant été violée par Tarquin le Superbe. C'est à la suite de cet événement que les rois furent chassés et la République romaine instaurée.

CARACTÈRE ET DESTIN

Sujette aux drames, active, souvent infatigable. Efficace, très organisée, Lucrèce se présente comme une femme d'intérieur et une employée modèle. Aimable, sympathique, elle peut cependant se révéler colérique, notamment envers ceux qui portent atteinte à sa sécurité et à son intégrité auxquelles elle tient tant, aussi bien dans les affaires que dans son métier et dans ses affections.

CHANCE

Influencée par le chiffre 4, Lucrèce sera favorisée par le sort le dimanche, surtout si elle porte du jaune. Les porte-bonheur les plus adaptés sont le mimosa, la jonquille, le genêt. Favorables: la topaze, le diamant, l'or et l'encens.

LYDIA

ETYMOLOGIE ET HISTOIRE

Tiré du nom ethnique *Lydia* = "native de la Lydie", région de l'Asie Mineure ou bien, curieusement, du celte *lida* = joie, fête. C'était aussi le pseudonyme donné par Horace et Martial aux femmes qu'ils aimaient et auxquelles ils dédièrent leurs poèmes. Plus tard, ce prénom est devenu le patrimoine de l'onomastique chrétienne en raison de la dévotion portée aux saintes: une Lydia martyre (27 mars) et une Lydia (3 août) patronne des teinturiers et protectrice des malades atteints de tumeurs. Parmi les variantes: *Lidia, Lydie.*

Caractère et destin

Lydia se présente comme une femme romantique, douce et très tendre. Sensible et maternelle en amour, elle est capable de tout sacrifier pour son partenaire; en revanche, elle l'oppresse avec sa jalousie et ses soupçons éternels. Adaptée aux professions de l'art et de la mode. Elégance, sens de l'esthétique, paresse.

Chance

Marquée par le chiffre 6, Lydia préfère le vendredi. Parmi les couleurs le rose et le vert émeraude. Une émeraude sera ainsi un bon talisman, avec le corail rose et le jaspe vert; favorables aussi un papillon, un bracelet en cuivre et le parfum du jasmin.

M

MADELEINE

ÉTYMOLOGIE ET HISTOIRE

C'est le prénom de la sœur de Lazare, souvent confondue avec la pécheresse repentie dont parle Mathieu dans son Evangile, la femme
possédée que Jésus avait guéri. Madeleine est en tout cas un nom ethnique ayant le sens de "originaire du
village de Magdala" (de *migdal* =
tour). Sa fête est célébrée le 10 avril,
le 15, le 25 et le 29 mai et le 22 juillet. A la suite de la découverte (effectuée au XIIᵉ siècle) des préten-
dues reliques de la sainte, patronne
des coiffeurs, des jardiniers et des
parfumeurs, invoquée contre la mé-
ningite, ce prénom s'est diffusé et
amplifié dans une grande série de
variantes. Parmi celles-ci: *Alean,
Lena, Leni, Maddige, Maddy, Ma-
deline, Madella, Madelon, Madid,
Madine, Mado, Magda, Magdala,
Magdalena, Magdelaine, Magdalei-
ne, Maida, Maidel, Malena, Mare-
na, Marlene, Marlena, Maud.*

CARACTÈRE ET DESTIN

D'intelligence supérieure, fine, délicate mais passionnée sous son apparence froide, Madeleine est une femme toujours belle et sympathique.
Dotée d'un bon esprit d'observation, psychologue, elle sait utiliser
ses vertus au service d'autrui. Si elle
est nerveuse, irritée, comme cela lui
arrive souvent, elle peut montrer le
côté le plus susceptible, le plus moqueur de sa personnalité. Elle sait
apprécier le jeu, le risque, l'aventure, les grands voyages, les livres et
les films. Très émotive en amour et
toujours courtisée, elle finit le plus
souvent par épouser un vieil ami;
elle saura toujours offrir son imagination, son imprévisibilité mais rarement le bonheur.

CHANCE

La mercurienne Madeleine, marquée par le chiffre 5, fera ses choix
les plus heureux le mercredi. Elle
pourra améliorer son destin en portant des teintes changeantes et un
talisman constitué par un bibelot en
platine, cinq baies de genièvre, un
petit objet en agate ou en cornaline, l'image d'un ibis ou d'un papillon coloré.

MARC

Nom théophore latin correspondant à "consacré au dieu Mars" ou bien lié a *mas-maris* = mâle ou encore à la racine aryenne *mar* = briser. Marc est le nom d'un des quatre évangelistes, de certains personnages illustres de la Rome antique (tel Marc Antoine, amant de Cléopâtre, l'empereur Marc Aurélius et l'orateur Marc Tullius Cicéron) ainsi que du marchand vénitien célèbre Marco Polo. Des centaines de générations l'ont diffusé partout, dans le Vieux et le Nouveau Monde. On connaît la légende de St Marc l'Evangéliste, patron de Venise, des opticiens, des verriers, des secrétaires, des interprètes, des tanneurs et des notaires: après l'avoir traîné dans les rues de la ville jusqu'à ce qu'il exhale son dernier souffle, on transporta sa dépouille à Venise, où elle fut volée. Retrouvée prodigieusement, elle fut cachée dans un endroit que seuls le doge et le procureur de la basilique connaissaient. Puis, de 1500 à 1881, on perdit sa trace. La dépouille est depuis le XIXe siècle conservée à Venise. Marc est fêté le 25 avril et le 18 juin. Un Marc renommé: le romancier M. Twain. Quelques formes étrangères: *Marcos, Marcus, Mark.*

Caractère et destin

Peu sensible, presque apathique, Marc est le genre de personne tranquille, isolée, qui ne supporte aucune complication. Il cache ses affections et un grand besoin de tendresse derrière son masque rude, presque cynique. Doté d'une grande capacité de résistance qui fait de lui un travailleur infatigable, efficace, précis, il réussit à surmonter la fatigue grâce à son self-control. Très admiré et un peu renfermé, il est secrètement envié pour le succès qu'il obtient sans le chercher. Il sait risquer et investir intelligemment son argent.

Chance

C'est le 8 le chiffre magique pour Marc; le samedi son jour de chance. Couleurs: le marron et le noir et, occasionnellement, le rouge, car il est influencé par la planète Mars qui se cache dans la racine de son prénom. Parmi les porte-bonheur: le soufre, le pin, le lierre, l'encens, un petit morceau de plomb ou bien un fragment de lignite. Une pierre volée et des ruines lui seront également favorables.

MARCEL-MARCELLE

Etymologie et histoire

Le prénom dérive de *Marcellus*, diminutif de *Marcus* = "consacré à Marc", un nom romain très répandu parmi la gens Claudia. Le 16 janvier on commémore le Pape St Marcel, que l'empereur Maxence condamna à être gardien des étables royales; le 3 novembre on fête l'évêque de Paris, patron des grenadiers, qui tua, d'après la légende, un dragon qui menaçait la ville, en le touchant simplement de la croix. D'autres anniversaires: 31 janvier, 26 avril, 2 et 28 juin, 18 juillet. Parmi les Marcel à rappeler: Marcus Claudius Marcellus, vainqueur d'Hannibal près de Nola; les écrivains M. Aymé, M. Prévost et M. Proust; le peintre Duchamp. Parmi les variantes: *Marceau, Marceline.*

Au masculin, ce prénom confère le calme, l'intelligence appliquée aux études, une humeur changeante. Riche d'imagination, sentimental, **Marcel** est un homme qui parle peu mais qui, en revanche, lit beaucoup. Jaloux et fidèle en amour; doué pour l'art et le commerce. **Marcelle**, influencée par Vénus, est douce, gentille, généreuse. Sensibilité au milieu qui l'entoure; attirance particulière pour l'art, l'ameublement et le jardinage. Aspirations pratiques, sentimentales; grand amour pour la famille.

CHANCE

Chiffre de chance: pour lui le 7; pour elle le 6. Jours les plus propices: respectivement le lundi et le vendredi. Couleurs: le blanc pour lui; le vert pomme pour elle. Parmi les talismans, **Marcel** préférera l'opale, une petite chaîne en argent, un fragment de quartz et une fleur de trèfle. **Marcelle**, elle, s'orientera vers le corail, la rose, le muguet, la forme d'un moineau ou d'un rossignol.

MARGUERITE

ETYMOLOGIE ET HISTOIRE

Il existe mille et une variantes pour ce beau prénom féminin, tiré du sanscrit *maujari* = fleur en bouton, par extension, perle. Prénom de saintes, de femmes nobles, de reines, il a été traduit dans toutes les langues, a donné lieu à un grand nombre de diminutifs. Les dates de sa fête sont évidemment nombreuses: le 18 janvier (Ste Marguerite, reine de Hongrie), le 22 février (Ste Marguerite de Cortone), le 22 mai (Ste Rita da Cascia, auteur d'un grand nombre de miracles), le 10 juin (Ste Marguerite, reine d'Ecosse), le 20 juillet (Ste Marguerite d'Antioche), patronne des accouchées, le 17 octobre (Ste Marguerite d'Alacoque, fondatrice du culte du Sacré-cœur). Pas aussi sainte mais nettement plus suggestive, la blonde Marguerite de *Faust* et la charmante Marguerite Gautier, la Dame aux camélias. Variantes et formes étrangères: *Daisy, Ghita, Greta, Gretchen, Gretel, Magda, Magali, Maggie, Margaret, Margareth, Margala, Margaride, Margarite, Margerie, Margery, Margit, Margo, Margot, Margotte, Margottan, Marjorie, Marjolaine, Meg, Mita, Peg, Peggie, Peggy, Rita.*

CARACTÈRE ET DESTIN

Avec Marguerite, nous nous trouvons face à une femme à la fois douce et forte. Enthousiaste, fougueuse, elle ne perd jamais son charme bien qu'elle montre une intelligence pratique, presque masculine. Marguerite est une idéaliste, souvent déçue, au fond mélancolique, obstinée sous une allégresse apparente. Altruiste et généreuse dans la profession qu'elle exerce, elle se consacre avec passion à la médecine, au droit et au sport. En amour, elle se révèle dévouée, sentimentale et très passionnée. Epouse économe, excellente administratrice mais mère peu attentive.

CHANCE

Le chiffre 9, d'influence martienne est le chiffre magique pour Marguerite. Son jour favorable: le mardi.

Couleurs: le rouge et le blanc. Parmi les talismans, comme on peut facilement le prévoir, la fleur homonyme, la perle ainsi que le rubis, un fil de fer, une anémone.

MARIE

ETYMOLOGIE ET HISTOIRE

Nous voilà arrivés au "prénom par excellence", le plus combiné avec les autres prénoms féminins. La raison de sa popularité provient, comme tout le monde le sait, du culte rendu à la Vierge Marie, diffusé surtout après le Concile de Latran en l'an 649. Les hypothèses étymologiques sont par contre nombreuses et peu claires. Marie était le prénom de la sœur de Moïse, celle qui avait assisté à la découverte par la fille du Pharaon de la corbeille où le bébé avait été laissé sur les eaux. On en déduit qu'il peut donc s'agir d'un nom égyptien (de *mr* = cher, aimé). En hébreu la forme la plus archaïque, *Maryam*, remplacée plus tard par *Miryam*, signifie "goutte de mer". Le prénom peut venir aussi de Marah, douleur ou encore de l'assyrien *Mariam* = dame, maîtresse. Prénom en outre de la fille d'Anne et Joachim, dans les Evangiles, Marie est célébrée plusieurs fois dans l'année: 8 décembre (Conception), 8 septembre (Nativité), 25 mars (Annonciation), 15 août (Assomption). Marie est aussi le prénom de nombreuses saintes: Marie Egiziaca (2 avril) Marie de Cléofa, l'une des femmes pieuses (9 avril), Marie Goretti (6 juillet) Marie Madeleine, guérie par Jésus (22 juillet), Marie la Pécheresse repentie (29 octobre). Parmi les profanes, il faut rappeler la reine Marie Stuart, la scientifique Marie Curie et Marie de France, poètesse du XIIe siècle. Il est presque impossible de donner la liste de tous les prénoms composés et variantes de Marie, même si cela s'avère utile pour les femmes qui, banalisées par un prénom si commun, essaient de le personnaliser. Voici quelques solutions: *Manon, Marielle, Mariette, Marion* et *Mimi, Mireille* et *Muriel*; l'hébreu *Marjam, Myriam*; le russe *Marianka, Mascia*; l'anglais *Mamie, Mary, Mia, Minnie, Molly*; le slave *Marussia, Mariana*; le hongrois *Marusca*; l'italien *Mariolina, Mariola, Mariù, Meris*; l'allemand *Mitzi*. Nous pouvons aussi ajouter quelques prénoms composés tels que: *Marie-Louise* (Maryse), *Marie-Thérèse, Marie-Rose*, etc. et quelques prénoms dérivés des attributs de la Vierge: *Dolores* (Marie Douloureuse), *Conception, Conchita, Maria Concetta* (Conception), *Mercedes, Pilar, Puridad*, etc.

CARACTÈRE ET DESTIN

Marie est une femme émotive, affectueuse, passionnelle mais prompte à la résignation. Malgré la forte volonté dont elle est dotée, elle a tendance à se laisser dominer dans ses rapports avec les autres, par tendresse ou par amour du calme. Ordonnée, modérée, sereine et gaie, elle est cependant peu sociable et gaie. Avec la maturité, elle résoudra ses nombreux problèmes d'adolescente, elle embellira. Grand besoin de stabilité et de sécurité. Imagination effrénée. Inquiète, ambitieuse, dominatrice, Marie aspire toujours à la première place. Elle n'admet pas de rivaux dans quelque domaine que ce soit.

Son mot d'ordre: être la première. Mais elle sait le faire avec tellement de grâce qu'on oublie presque ce désagrément. Situation financière très aisée.

CHANCE

Marquée par le chiffre 6 d'influence vénusienne, Marie préfère le vendredi. Parmi les couleurs, le rose et le vert. Pour talismans, elle adoptera avec profit une rose, un collier de corail, un bracelet de cuivre, une poupée évoquant un chat ou un lapin. Comme parfums: la violette, le lys et le jasmin. Marie trouvera aussi son bonheur dans le chiffre 1, le dimanche, la couleur jaune d'or, et parmi les talismans, la cannelle, le tournesol, la sauge et une paire de boucles d'oreille en or.

MARIANNE

ETYMOLOGIE ET HISTOIRE

Plutôt qu'un composé de Marie et Anne, Marianne peut être considéré comme un prénom à part, repris par le grec féminin *Mariané*, adaptation de l'égyptien *Mrj Imn* = aimée par le dieu Amon. Aujourd'hui Marianne peut être aussi associé à la société secrète française constituée contre l'empire de Napoléon III. Elle se fête le 17 février et le 26 mai.

CARACTÈRE ET DESTIN

Orgueilleuse, mais au fond peu sûre d'elle, gaie, adaptable, Marianne est une personne sur laquelle on peut compter. Volontiers femme au foyer, bonne ménagère et cuisinière, elle sait entourer les personnes aimées de soins et de conforts raffinés. Plutôt changeante dans sa jeunesse, elle atteint son équilibre intérieur au terme de bien des difficultés. Mais, lorsque l'entente est établie, on peut être certain qu'elle est parfaite sur tous les plans: vie sentimentale, intellectuelle, sexuelle.

CHANCE

Le 3 est le chiffre favorable pour la sociable et joyeuse Marianne que Jupiter influence. Le jour le plus favorable pour lancer un projet: le jeudi. Les couleurs préférées: le bleu électrique, le pourpre. Parmi les talismans, les boucles d'oreilles turquoise, un plomb, une feuille de hêtre ou d'olivier, un beau chien en tissu ou, encore mieux, en chair et en os.

MARLENE

ETYMOLOGIE ET HISTOIRE

Malgré son caractère exotique, accentué par les variantes étrangères (*Marilyn, Marlena, Marlia*), Marlène n'est que le diminutif de Marie-Madeleine, qui s'est affirmé en tant que prénom à la mode pendant la Seconde Guerre mondiale en raison de la grande célébrité de la chanson sentimentale et nostalgique "Lili Marlène" que à l'époque tout le monde chantait. La popularité de l'actrice allemande Marlène Dietrich, lancée par le film *L'Ange Bleu* en 1930, a contribué à la diffusion ce prénom.

Vivante, dynamique, curieuse, Marlène ne sait pas s'arrêter longtemps dans la même ville, la même entreprise, avec le même partenaire. Toute expérience vécue, positive ou négative, représente pour elle un élément précieux, la carte d'une mosaïque qu'elle exige aussi variée et complète que possible. Ce serait une erreur que tenter de la retenir. Seulement, en se sentant totalement libre, Marlène réussit à offrir le meilleur d'elle-même, c'est-à-dire la joie, l'imagination, l'érotisme, l'imprévisibilité.

CHANCE

Le chiffre magique pour Marlène, influencée par le rapide Mercure, est le 5. Son jour le plus agréable est le mercredi. Les couleurs qui s'adaptent le mieux à sa personnalité: le jaune citron, l'orange, le bleu. Le talisman qu'elle portera sera de préférence une émeraude, une cornaline, un objet en platine, l'image d'une hirondelle ou d'un beau papillon.

MARINA-MARINE

ETYMOLOGIE ET HISTOIRE

Bien qu'il s'agisse là d'un dérivé du nom latin *Marinus*, le prénom Marina était déjà associé, dans l'Antiquité, à la mer. Il y a des gens qui le rattachent à l'étrusque *maru* (charge publique ou à *mas, maris* (mâle) dans le sens "appartenant à l'homme". Inutile d'ajouter que la République du Mont Titano, petit état autonome à l'intérieur du territoire italien, fut fondée par St Marin, tailleur de pierres devenu par la suite

ermite célébré le 4 septembre. Le 17 juillet on commémore Ste Marine, religieuse du désert. D'autres dates à ne pas oublier: 3 mars, 18 juin, 26 décembre. Variante: *Marinette.*

CARACTÈRE ET DESTIN

Ce prénom confère à celle qui le porte un zeste de prétention. Froide, détachée, **Marina** semble toujours vivre loin des autres. Jusqu'à ce qu'elle rencontre son prince charmant. Car, lorsqu'elle découvre les émotions et l'amour, elle se transforme soudainement en une créature tendre, dévouée et même trop soumise. **Marine** n'est pas très différente, mais extrêmement romantique, fragile émotionnellement et sujette à de nombreuses déceptions amoureuses. Tournée toute entière vers la recherche d'un compagnon auquel se consacrer, elle tend à centrer son existence sur l'amour, malheureusement, elle rencontre souvent de grandes déceptions. Bon goût, élégance, aptitude aux professions liées à l'art et à la mode.

CHANCE

Chiffre favorable: le 2 pour **Marina**, le 6 pour **Marine**. Jours de chance: respectivement le lundi et le vendredi. Couleurs: le blanc pour la première; le rose et le vert pour la seconde. **Marina** pourra adopter comme talisman le béryl; **Marine** s'orientera sur un bracelet de corail. Parfum de myrrhe et d'algues pour toutes les deux.

MARIUS

ETYMOLOGIE ET HISTOIRE

Marius est probablement dérivé de l'étrusque *maru*, charge publique sacerdotale; il peut de même signifier simplement homme, du latin *mas-maris*. On célèbre aussi le culte du martyr chrétien tué à Rome en 250 après J.-C. (fêtes 19 et 27 janvier, 31 décembre). Marius connut une grande popularité au siècle auparavant, lors de la lutte du personnage romain Gaius Marius, le héros de la démocratie et de la défense des opprimés, adversaire de l'aristocrate Sylla. A ne pas oublier non plus, le Marius des *Misérables*, amoureux de Cosette; le Marius, héros du Midi de Pagnol.

CARACTÈRE ET DESTIN

Avec Marius, nous avons affaire à un personnage viril mais irresponsable en même temps, idéaliste, vantard. Marius est un grand bavard qui aime parler de lui en racontant ses petites folies, ses flirts, ses trouvailles originales, curieuses. Déterminé à se frayer un chemin, agressif mais sincère dans ses affections, généreux et altruiste, il peut être mal compris, berné, voire haï, mais, dans tous les cas, ne passe jamais inaperçu.

CHANCE

Chiffre de chance: le 9. Jour favorable: le mardi. Couleur: le rouge vif. Porte-bonheur: une branche d'absinthe, un fragment de rocher ferrugineux, l'image d'un léopard ou d'un loup, un sachet rouge contenant du tabac.

MARTHE

ETYMOLOGIE ET HISTOIRE

Marthe, dérivé de l'araméen *mâr* = dame, maîtresse. Dans l'Evangile, elle est la sœur de Lazare et disciple de Jésus. Fêtée le 19 janvier et le 29 juillet, elle est considérée comme la patronne des cuisinières, des femmes au foyer, des hôteliers et des hôtels en général, car elle-même avait invité Jésus à déjeuner. Ste Marthe est particulièrement vénérée en Provence, où la légende veut qu'elle ait maîtrisé la Tarasque, un dragon qui vivait dans le Rhône. Une variante: *Martha*.

CARACTÈRE ET DESTIN

A la fois douce et forte, un peu égoïste au fond, Marthe est une femme originale et curieuse. Très émotive et susceptible en amour, avec un charme magnétique uni à une forte détermination, elle est courtisée et recherchée. Malgré tout cela, l'amour lui cause souvent des déceptions et elle se cantonne dans la solitude. Avec son aspect juvénile, elle a une santé fragile. Succès notamment dans le cadre des professions sociales et médicales.

CHANCE

Marquée par la vibration lunaire du chiffre 2, Marthe préfère le lundi. Parmi les couleurs, les teintes très claires. Comme talismans, elle pourra adopter une bague avec un diamant, un collier de perles, une boulette de camphre et une feuille de mauve.

MARTIN-MARTINE

Etymologie et histoire

Il ne s'agit pas, bien que cela puisse sembler évident, d'un diminutif de Marthe, prénom ayant une tout autre origine. En effet, Martin est le dérivé patronymique du latin *martius* = guerrier. Tout le monde connaît la légende de Saint Martin, expliquant la tiédeur du mois de novembre aux alentours de la fête du saint (11 novembre). St Martin de Tours, légionnaire à cheval et apôtre gaulois, aurait en effet partagé son manteau par un coup d'épée, en en offrant la moitié à un mendiant transi de froid. Le pauvre homme fut réchauffé miraculeusement par un rayon de soleil envoyé soudain par Dieu, en signe d'approbation pour le geste de Martin. Le saint est célébré à l'époque du transvasement du vin et du renouvellement des contrats agricoles. Il est considéré non seulement comme le patron de l'armée, mais aussi des aubergistes, des ivrognes, des grandes et satisfaisantes beuveries, ainsi que, selon une tradition malicieuse, des "maris cocus et contents". Autre date: 30 janvier. Parmi les célébrités: Martin Luther, réformateur de l'Eglise protestante et Martin Luther King. Parmi les variantes: *Martial* et *Martinien*, fêtés le 11 et le 13 février.

Caractère et destin

Passionnel, courageux, animé par une grande ambition, **Martin** a besoin d'être encouragé pour atteindre le succès. En effet, ce n'est qu'en étant sécurisé par le jugement des autres qu'il réussit à manifester ses vertus par ailleurs incontestables. Créativité, originalité, habileté, caractère adaptable, positif et une certaine chance dans ses entreprises. **Martine**, au tempérament prudent, économe, toujours hantée par les obstacles et la peur de l'avenir, est le genre typique de personne qui avance prudemment dans toutes les situations de son existence. Soupçonneuse, méfiante mais très sincère en amour. Tranquille et introvertie, c'est une femme ordonnée, méthodique, fort équilibrée. Sens profond de la famille et de l'économie. Veillez à ne pas l'irriter: elle peut porter rancune.

Chance

Chiffre favorable: le 3, d'empreinte jupitérienne, pour lui; le 8 saturnien pour elle. Jours favorables: respectivement le jeudi et le samedi. Couleurs: le pourpre et le marron. Comme talismans, **Martin** choisira un gland, un fil d'étain, un fragment de jaspe vert et une feuille de géranium; pour **Martine** l'onyx, le plomb, une bague évoquant le serpent, un ourson en peluche.

MATHIAS-MATHIEU

Etymologie et histoire

De l'hébreu *Matithyah*, abrégé en *Mathathah*, ce prénom signifie *don de Dieu*. Le 21 septembre, on célèbre St Mathieu l'Evangéliste dont le nom à l'origine était Levi, saint patron des banquiers, des comptables, des percepteurs des impôts et, en Bretagne, des marins. Le 24 février on célèbre St Mathias, protecteur des charpentiers et des ingénieurs, qui remplaça Judas dans le cercle des douze Apôtres. Parmi les célébrités: le peintre du XVe siècle Matteo Siena, le personnage de Pirandello Mattia Pascal. Parmi les variantes: *Matteo, Mattia, Mata, Matelin, Mathalin, Mathie, Mathis, Mattheu, Matthew, Matthieu, Maza.* Une parenthèse pour le provençal *Mathurin*, qui peut être aussi bien considéré comme diminutif de Mathieu que comme éthymon signifiant "égal à mûr". C'est le prénom d'un psychiatre du IIIe siècle; patron des fous, il est fêté le 1er novembre.

CARACTÈRE ET DESTIN

Changeant, actif, doté d'une grande curiosité, **Mathias** est influencé par Mercure. Toujours à la recherche de nouveautés, il cultive de nombreuses amitiés, d'innombrables flirts et une activité indescriptible de hobbies et de passe-temps. Il craint les liens, les habitudes, mais surtout la solitude. Chance au cours des voyages. **Mathieu** est un individu tranquille, économe, prudent mais intolérant et souvent révolté contre les cas d'injustice manifeste. Malgré les nombreux problèmes qui l'affligent pendant sa jeunesse, il réussira à trouver à l'âge mûr le bon chemin, surtout grâce à l'aide d'une femme douce et compréhensive.

CHANCE

Chiffre magique: le 5 pour **Mathias**; le 8 pour **Mathieu**. Les jours positifs sont respectivement le mercredi et le samedi. Les couleurs: le jaune citron et le bleu pour le premier, le noir pour le second. Comme talisman, Mathias s'orientera vers la menthe, la verveine, la marguerite et l'image d'un renard ou d'un ibis. Mathieu préférera la lignite, l'onyx, le soufre et une feuille de lierre ou de rue.

MATHILDE

ETYMOLOGIE ET HISTOIRE

Il s'agit d'un nom composé de deux étymons germaniques, *magmacht* = force ou bien *maedh* = honneur et *hild* = bataille, ce qui signifie "forte dans le combat" ou bien "celle qui se bat avec honneur". Sa diffusion est imputée au culte d'une abbesse du XIIe siècle, patronne des brodeuses, ainsi qu'au prestige de certaines reines parmi lesquelles la célèbre Mathilde de Canossa, partisane du pouvoir papal, sans doute la même qui guide Dante dans le Purgatoire. Le jour se fête le 14 mars, le 30 avril et le 6 juillet. A considérer également les variantes étrangères: *Mafalda, Mahut, Mathelda, Matilde, Maud, Thilda, Tilde, Till.*

CARACTÈRE ET DESTIN

Forte, combative et très décidée, Mathilde fait preuve d'une personnalité autoritaire, toujours poussée vers le succès: un genre de femme qui ne passe, donc, jamais inaperçue. Exclusive et jalouse en amour, elle demande énormément et offre, en retour, la fidélité, la protection et un dévouement absolu. Malgré son succès professionnel garanti, elle ne s'enrichira pas car elle est généreuse et tend à dilapider ses ressources au profit des autres.

Favorisée par le chiffre 9, Mathilde sera favorisée par le sort et trouvera ses meilleurs succès le mardi. La couleur à porter est le rouge violacé. Un clou, un coupe-papier rappelant une épée, un rubis ou un grenat, la fleur de houblon parmi les talismans les plus féconds. Favorable aussi le muguet, d'influence vénusienne, qui la rendra plus douce, gracieuse et élégante.

MAUR-MAURICE

ETYMOLOGIE ET HISTOIRE

Initialement noms de peuples, ils sont devenus ensuite des noms de personne; Maur et Maurice dérivent du latin *maurus* = maure, habitant de la Mauritanie. St Maur, disciple de St Benoît, invoqué contre les hémorragies, est célébré le 15 janvier, le 29 mai, le 1er août et le 21 novembre. Le 13 février on célèbre Ste Maure, patronne des baby-sitters et des blanchisseuses car on raconte qu'elle ressuscita à l'aide de l'eau son petit neveu. Maurice, légionnaire romain tué avec toute sa légion, patron des alpinistes, des militaires et des teinturiers; ancien guérisseur de la goutte, est fêté le 24 avril, le 10 juillet, le 22 septembre et le 5 octobre. Parmi les Maur et les Maurice les plus renommés: le ministre Talleyrand, le poète Maeterlinck, le peintre Utrillo et le compositeur Ravel. Variantes et formes étrangères: *Maure, Maurele, Mauricelle, Mauricette, Mauricia, Maurille, Mauris, Moritz, Ritz.*

Maur se présente comme un individu ambitieux, décidé, magnétique, bref, doté des qualités d'un leader. Toutefois, une vertu essentielle lui manque pour atteindre le sommet: la diplomatie. Derrière une façade rude, exigeante, il cache un esprit sincère, frugal mais profondément dévoué. Chez **Maurice** nous trouvons, par contre, une nature réservée, méditative, peu ouverte au dialogue. Généralement réfléchi, doué pour les études approfondies, il poursuit ses idéaux avec une très grande loyauté, toujours soutenu par un extraordinaire sens du devoir. Il sait se révéler, dans les moments critiques, fort et déterminé; dans les moments... magiques, il est chaud et passionnel. Sens de la responsabilité très vif.

CHANCE

Pour **Maur**, personne sérieuse et stricte, le chiffre magique est le 8; pour **Maurice** c'est le 7. Les jours favorables sont respectivement le samedi et le lundi. Les couleurs: le marron et le blanc. Parmi les talismans, **Maur** choisira une pomme de pin, une feuille de peuplier, l'image d'un chameau et d'une tortue; une feuille de menthe, mercurienne, sera également efficace en le rendant beaucoup plus adaptable et gai. **Maurice** choisira par contre une poignée de riz, un petit objet en ivoire, un trèfle à quatre feuilles ou un os de seiche.

MAXENCE-MAXIME-MAXIMILIEN

ÉTYMOLOGIE ET HISTOIRE

Une seule base étymologique, le latin *maximus* = majeur, très grand, supérieur à tous. Maxence, Maxime et Maximilien sont fêtés à plusieurs reprises au cours de l'année: 8 janvier, 12 mars, 30 avril, 29 mai, 12 et 25 juin, 14 août, 12 et 29 octobre, 19 et 27 novembre. St Maxime, protecteur des enfants, est invoqué pour obtenir la pluie. Parmi les grands: Max Jacob, Linder et Gorki. Un petit mot encore sur Maximilien, composé de Maxime et Emilien. Il suggère presque l'association des capacités de Quintus Fabius Maximus, dit le Temporisateur et de Scipion l'Emilien, vainqueur des Carthaginois. Très courant en Autriche et en Bavière c'est aussi le prénom de Robespierre. On le célèbre le 12 mars. Il existe aussi le prénom Maximien, qui avait appartenu à l'empereur Marcus Aurelius Valerius Maximianus et au poète latin Maximianus Cornelius Gallus, ami de Virgile. Les variantes: *Massimien, Massimilla, Massimin, Maixence, Maixent, Max, Maxim, Maximin, Maximilienne.*

CARACTÈRE ET DESTIN

Lunaires et par conséquent lunatiques, **Maxence** et **Maxime** sont des individus doux, sensibles, qui cachent leur côté passionné derrière une apparence de contrôle de soi. Bons et généreux, mais plutôt introvertis, ils représentent le type du partenaire modèle, romantique, gentil, fidèle, donc capable de maintenir durablement la solidité d'une union. Excessivement attachés à l'argent, ils tendent à faire des économies mais s'enrichissent difficilement. Plus hardi, dynamique et ambitieux, **Maximilien** vise la première place avec une froide détermination. Indépendant, intolérant, il est très exigeant mais prétend en amour plus qu'il ne donne. Des hauts et des bas financiers, succès remarquable dans son travail.

CHANCE

Pour **Maxence** et **Maxime**, le chiffre favorable, d'influence lunaire, est le 2, pour **Maximilien**, le 1. Jours favorables: respectivement le lundi et le dimanche. Couleurs: le blanc laiteux et le jaune vif. Les premiers adopteront comme porte-bonheur un bibelot en argent, un cheval de mer, une fleur de belle-de-nuit; le dernier préférera le safran, la cannelle, l'encens; particulièrement favorable: l'image d'un bélier.

MÉDARD

ÉTYMOLOGIE ET HISTOIRE

Nom d'origine germanique mais dont l'étymologie n'est pas tout à fait claire, surtout en ce qui concerne le premier terme *maed* = honneur ou bien *mede* = paiement ou encore le celtique *matu* = bon, associé à *hardhu* = fort, valeureux. Médard, dans sa forme archaïque, se fête le 8 juin, jour de la célébration de St Médard de Noyon, invoqué contre les maladies intestinales, en outre patron des agriculteurs et des marchands de parapluies, pour la raison qu'on a l'habitude de faire coïncider sa fête avec l'anniversaire du Déluge. D'où le proverbe "Quand il pleut à la St-Médard, il pleut quarante jours plus tard à moins que St Barnabé ne lui coupe l'herbe sous le pied". Parmi les variantes: *Mard* et *Miard*.

CARACTÈRE ET DESTIN

Une chance inouïe soutenue par un optimisme sain et par un courage hors du commun rend à Médard la vie facile. Idéaliste, orgueilleux, il cultive ses affections avec intensité et passion. Il se réalise dans les professions qui lui permettent d'exprimer son grand altruisme. Par contre, il déteste le commerce et le travail d'employé. Excellent dans tous les sports.

CHANCE

Marqué par le chiffre 9, Médard sera favorisé par le sort le mardi. Couleurs: le rouge vif et le violacé. En tant que talismans, il choisira avec profit une pièce de monnaie en fer, une fleur de chardon, l'absinthe, la rue et neuf graines de poivre.

MELANIE

ETYMOLOGIE ET HISTOIRE

Du grec *melas-melanos* = sombre et du sanscrit *malinah* = sale, noir, l'ancien nom Mélanie était réservé jadis aux femmes brunes, d'origine orientale. Aujourd'hui, il est répandu grâce au roman célèbre *Autant en emporte le vent* de M. Mitchell. Fêtes: 31 décembre, 6 et 16 janvier, 8 juin. Variantes: *Mela, Malaine, Melan, Melany, Mel, Mellie.*

CARACTÈRE ET DESTIN

Mélancolique, réservée mais très dynamique, déterminée, Mélanie est une femme intelligente, attirée par les choses simples, riches de significations cachées. Grande féminité. Elans affectifs presque émouvants. Amour pour les voyages et les sports impliquant la vitesse. Réussite dans l'enseignement et le monde du spectacle.

CHANCE

Le 5, d'influence mercurienne, est le chiffre qui vibre à la même fréquence que Mélanie. Son jour est le mercredi. Ses teintes préférées sont les couleurs bariolées et vives. Parmi les porte-bonheur, elle pourra utiliser cinq graines de fenouil ou d'anis, la pierre œil-de-chat, une noisette et une primevère. Recommandé: un bracelet en platine.

MERCEDES

ETYMOLOGIE ET HISTOIRE

Nom qui reflète le culte typiquement espagnol de la Vierge *Nuestra Senora de Las Mercedes*, patronne de l'ordre pour la rédemption des esclaves et pour le rachat des prisonniers. A la racine du prénom, en tout cas, se trouve le latin *Merx-Mercis* = prix, récompense. Fêtes: 10 août et le 24 septembre.

CARACTÈRE ET DESTIN

L'amour constitue l'épicentre de l'existence de Mercedes, sentimentale et sensuelle. Méfiante, jalouse et véritablement despotique, elle veut l'homme à ses pieds et elle l'obient grâce au magnétisme et à l'habileté dont elle est amplement dotée. Intelligence, goût pour l'art, philanthropie.

CHANCE

Chiffre de chance: le 9. Jour favorable: le mardi. Couleurs: le rouge et le violet. Comme talismans: un rubis, une pivoine ou un fuchsia, un petit cheval en acier, parfum de santal.

MICHEL-MICHELE

ETYMOLOGIE ET HISTOIRE

Diffusé avec le culte de l'Archange Michel (de l'hébreu *Mikhael* = qui est comme Dieu), vainqueur de Satan et des anges rebelles, protecteur d'Israël et de la France, ce prénom a connu un accroissement de popularité du fait de l'apparition de cet Archange sur le promontoire de Gargano en Italie où on lui a consacré une église (VIᵉ siècle ap.J.-C.). Michel est fêté le 29 septembre, jour où jadis les bails tombaient à échéance. Autres fêtes: 8 et 14 mai, 9 juin, 21 août (Michèle), le 15 janvier (Michea, l'un des prophètes mineurs). St Michel est considéré comme le patron des banquiers, des droguistes, des pâtissiers, des armuriers, des parachutistes, des radiologues et des pharmaciens. Parmi les Michel et les Michelange célèbres: Michelangelo Merisi, dit Le Caravage, les écrivains Montaigne, Cervantès et Lermontov, le compositeur Glinka. Fréquent un peu partout, Michel, avec les féminins Michèle et Michelle ainsi que les diminutifs *Michou, Micheline,* s'est transformé en Angleterre en *Michaël, Mike, Mikey;* en Espagne et en Amérique latine,

il a donné origine à *Michiel, Miquel, Miguel, Miguelito* (terme par lequel on désigne d'habitude le fainéant, qui, prenant l'excuse du pèlerinage à St Michel, va se promener) et au féminin *Micaela.* En Europe de l'Est il est devenu *Michail, Misha.* Même le prénom féminin hébreu *Micol,* nom de la fille de Saul, a les mêmes origines. Michel est souvent associé à l'Ange, car l'association Michel/Ange est assez courante. Le représentant le plus illustre en est bien sûr le sculpteur et peintre Michelangelo Buonarroti (Michel-Ange).

CARACTÈRE ET DESTIN

Michel est un personnage difficile à saisir. Dynamique, énigmatique, charmant, séduisant, il choisit dès qu'il peut une vie indépendante sous l'égide du mouvement et de l'imprévisibilité. Doté d'une excellente volonté, d'intelligence et d'esprit d'observation, il réussit bien dans ses études et encore mieux dans sa profession. Par contre, il faut l'admettre, il réussit moins bien en amour, où il se révèle inconstant, indécis et égoïste. Profondément orgueilleux, capricieux, il vise toujours le sommet, certain d'y parvenir. Il cultive des intérêts multiples dans les domaines les plus divers: sciences, religion, magie. Plutôt ambitieuse, orgueilleuse et égoïste, **Michèle** se révèle depuis son enfance un petit tyran, capable de manœuvrer ceux qui l'entourent avec grâce mais aussi avec une volonté inflexible. Elle reconnaît difficilement ses fautes et n'est pas prête à abandonner une entreprise commencée. Elle obtient un succès exceptionnel dans sa profession, particulièrement dans les sciences et les arts. L'indépendance qui la caractérise la pousse à vivre très tôt hors de sa famille.

C'est le 5, d'influence mercurienne, le chiffre magique pour lui; le 1, solaire, pour elle. Jours positifs: respectivement le mercredi et le dimanche. Couleurs: le jaune citron pour lui et le jaune d'or pour elle. **Michel** portera comme porte-bonheur une cornaline, une feuille de cèdre, cinq baies de genièvre et un papillon; **Michèle** s'orientera vers une feuille de laurier, la fleur de l'anis, une topaze ou un rubis. Parfum de cannelle ou de fleur d'oranger.

MILENE

ETYMOLOGIE ET HISTOIRE

Il s'agit d'un nom slave introduit en Europe par le mariage du Roi d'Italie Victor-Emmanuel III avec Hélène de Monténégro, dont la mère s'appelait justement Milène. Dérivé de *Milu* = cher, miséricordieux ou bien de *Miloslave* = illustre, fameuse pour sa bonté. Milène est fêtée le 23 février. Parmi les variantes: *Mila, Milan, Milana, Milen, Milko, Milovan, Mylène.*

CARACTÈRE ET DESTIN

Gentille, serviable mais dotée de peu de chance, Milène aime se procurer ce qu'il y a de mieux et s'en entoure. Ménagère habile, secrétaire efficace, cette femme parfaite pèche par une manie excessive de l'ordre et par une prévisibilité qui la rend un peu ennuyeuse. Fiable, économe,

mais d'esprit peu ouvert, elle tend à gérer même les affaires de cœur. Douée pour tous les commerces et la gestion des finances.

CHANCE

Chiffre favorable: le 4. Jour le plus heureux: le dimanche. Couleur: le jaune vif. Talismans: des boucles d'oreille en or, une feuille de citronnier, une branche de mimosa et une broche représentant une abeille.

MIREILLE

ETYMOLOGIE ET HISTOIRE

Issu de la racine latine *mirare*, signifiant "merveilleuse", le prénom Mireille a eu son heure de gloire grâce à la jeune héroïne malheureuse du petit poème provençal *Mireio* de Mistral, dont Gounod a tiré un opéra lyrique célèbre. Certains le considèrent comme un diminutif provençal de Marie. Fête le 15 août. Parmi les variantes: *Mirabel, Mirina, Myra.*

CARACTÈRE ET DESTIN

Mireille apparaît sage, studieuse et profondément sensible. Elle fait une excellente assistante sociale, ou une psychologue. Douée pour les études, l'analyse, l'introspection, elle manque toutefois de sens pratique et de cette capacité de saisir les bonnes occasions. Timide mais affectueuse, elle cultive peu les relations humaines, cherchant plus la qualité que la quantité. Sérieuse et consciencieuse dans sa profession. Capacité paranormale possible.

Chiffre favorable: le 2. Jour de chance: le lundi. Coleur: le gris perle. Talismans: une perle avec du myrte, du riz, du camphre et une étoile de mer.

MONIQUE

ETYMOLOGIE ET HISTOIRE

Elle prend son origine dans le grec *monikos-monakos* = solitaire, ermite ou bien de *monna,* dans l'ancien langage infantile, mère, épouse. C'est le prénom de la mère de St Augustin, patronne des veuves et des typographes, célébrée le 4 mai et le 27 août. Parmi les variantes: *Mona, Monika, Monja.*

CARACTÈRE ET DESTIN

L'intelligence, la logique, le bon sens sont les caractéristiques dominantes de cette "solitaire" si optimiste, loyale et sincère. Et pourtant Monique, bien qu'elle semble avoir été créée pour rendre heureux son partenaire, est souvent malheureuse en amour. Son assurance habituelle l'empêche de se laisser aller et la pousse à s'orienter plutôt vers des rapports d'amitié et professionnels, là où elle se montre capable, très originale; mais elle n'en cessera pas moins d'attendre avec sérénité, et sans dramatiser une situation souvent difficile, celui qui la méritera vraiment.

CHANCE

Chiffre favorable: le 4. Jour de chance: le dimanche. Couleurs à porter de préférence: le jaune et l'orange.

Pour pouvoir mieux diriger son destin, Monique pourra se servir d'une émeraude, d'une noix muscade, d'un canari, d'un jaune uniforme.

MORGAN

ETYMOLOGIE ET HISTOIRE

Du gallois = *rivage de la mer* ou bien *conçu dans la mer,* au masculin c'est le nom d'un pirate redoutable et au féminin (Morgane) celui d'une fée bénéfique qui apparaît dans le cycle breton: la sœur du roi Arthur. Fête: le 8 octobre.

CARACTÈRE ET DESTIN

Tempérament dynamique, curieux mais très indécis, incapable de se prononcer durablement et de faire des choix. Gai, bavard et un peu enfantin, Morgan est très recherché pour les réunions qu'il anime avec force blagues et mots d'esprit. En tout cas il vaut mieux se méfier de ses promesses rarement tenues, comme des affirmations souvent peu véridiques. Excellentes dispositions quant aux carrières dans le show-business, la publicité et les transports. De nombreux voyages d'affaires.

CHANCE

Influencé par la vibration mercurienne du chiffre 5, Morgan préfère, de tous les jours, le mercredi et en ce qui concerne les couleurs, le bleu ciel. Il pourra utiliser comme porte-bonheur un clou de girofle, une calcédoine, une branche de menthe et l'image d'un petit singe ou d'un renard.

N

NADIA

ETYMOLOGIE ET HISTOIRE

Du russe *nadezda* espoir, Nadia, avec ses sœurs *Vera* (foi), *Ljuba* (amour) et sa mère *Sofia* (espoir), est fêtée le 18 septembre. Tout le monde n'ignore peut-être pas que les femmes de Lénine et de Staline s'appelaient Nadia. Les variantes sont nombreuses: *Nada, Nadea, Nadège, Nadeia, Nadiana, Nadine, Nadja.*

CARACTÈRE ET DESTIN

Tempérament intransigeant et très renfermé au cours de sa jeunesse, Nadia acquiert à sa maturité une plus grande souplesse. Enthousiasme dirigé vers de multiples directions, propension au désordre, goût de la rêverie. Très conciliante et compréhensive en amour, elle est une mère et une épouse parfaite.

CHANCE

Influencée par la lune et le chiffre 2, Nadia préfère le lundi, les couleurs pâles. Comme talismans l'argent, le diamant, le camphre et les coquillages blancs.

NARCISSE

ETYMOLOGIE ET HISTOIRE

La légende du splendide enfant de la ville de Céphise raconte qu'en se mirant dans l'eau d'une source, il tomba amoureux de son propre reflet et mourut de douleur faute d'avoir pu embrasser cette image de lui-même. Le nom Narcisse est basé sur l'étymon grec *narké* = torpeur, qui justifie l'usage thérapeutique du narcisse en tant que calmant. St Narcisse, évêque de Jérusalem qui atteignit l'âge de 127 ans, est commémoré le 2 janvier, le 18 mars et le 29 septembre.

CARACTÈRE ET DESTIN

Lent, renfermé, soucieux d'esthétique, Narcisse prétend briller à tout prix dans toutes les situations. Raffiné mais un peu affecté, il se soucie plus des apparences que de la substance même des choses. Goût pour la couleur, le spectacle. Amour pour les longs voyages, la méditation, le rêve éveillé.

CHANCE

Chiffre favorable: le 7. Le lundi est son jour le plus heureux. Le blanc est la couleur qu'il faut lui conseiller de porter afin qu'il puisse gagner quelque faveur providentielle. Une petite chaîne d'argent, l'image d'une grenouille, des graines de melon ou de courge et, bien entendu, la fleur homonyme seront ses porte-bonheur.

NATHANIEL

ETYMOLOGIE ET HISTOIRE

De l'hébreu *don de Dieu*, c'est le nom du prophète qui vécut au temps de David; commémoré le 28 août.

CARACTÈRE ET DESTIN

Sérénité, souplesse, optimisme: ces trois mots suffisent pour tracer la personnalité sympathique d'un individu fortement influencé par Jupiter. Dépensier mais chanceux, gai, enthousiaste, Nathaniel représente l'homme du monde typique, toujours prêt à la plaisanterie et prompt à sourire. Cette philosophie joviale, toutefois, ne va jamais sans une certaine sagesse doublée d'une spiritualité profonde. Tendresse et dévotion en amour.

CHANCE

Chiffre magique: le 3. Jour le plus heureux: le jeudi. Couleur: le bleu foncé. Talismans les plus appropriés: une noisette, un géranium, une feuille de cèdre, l'image d'une chevrette.

NAUSICAA

ETYMOLOGIE ET HISTOIRE

Nom de la fille du roi des Phéaciens; c'est encore elle qui, dans l'Odyssée, accueille Ulysse après son naufrage. Jour de fête: le 26 juillet.

CARACTÈRE ET DESTIN

Douce et sans doute charmante, Nausicaa est également dotée d'une intelligence vive, intuitive et d'une bonne dose d'assurance. Très romantique, désintéressée, elle place l'amour au centre de sa vie (quitte à encourir le risque de dépressions dangereuses occasionnées par la déception). Dotée d'un talent musical et artistique indéniable, elle pourra percer dans toutes les professions impliquant l'élégance, la créativité et le bon goût.

CHANCE

Influencée par la vibration vénusienne du 6, Nausicaa enregistrera son indice de chance maximale chaque vendredi. Couleurs: le rose, le vert pistache. Talismans: un objet en cuivre, un petit miroir, un papillon, un petit lapin en peluche.

NICOLAS-NICOLE

ETYMOLOGIE ET HISTOIRE

Du grec *niké* (victoire) et *laos* (peuple) il a la même signification que Nicodème, c'est-à-dire *vainqueur parmi le peuple*. La popularité de ce prénom est peut-être due au fait que, pour beaucoup, il évoque l'un des plus beaux souvenirs d'enfance.

Selon plusieurs traditions, c'est en effet St Nicolas qui vient visiter les enfants pour glisser les cadeaux dans leurs chaussettes. Dans le Nord, par contre, St Nicolas (du néerlandais *Sint Klaes*, d'où Santa Klaus), dûment habillé de rouge, avec son éternelle barbe blanche, a donné naissance au Père Noël auquel même les adultes, au fond, ne cessent jamais de croire. La raison de ce lien entre St Nicolas et les enfants, dont il est le patron (en plus des avocats, des marins, des pharmaciens, des parfumeurs et de la Russie) trouve son explication dans la légende de St Nicolas de Bari, célèbre thaumaturge, qui ressuscita, dit-on, trois enfants égorgés par un aubergiste. On le fête le 21 mars, le 6 mai, le 10 septembre et le 6 décembre. Moins connus, certes, que le Père Noël, nombreux sont les personnages célèbres qui vécurent sous son égide: les écrivains Machiavel, Tommaseo, Gogol; N. Paganini et le russe Rimski-Korsakov (musiciens), le sculpteur Pisano. Pour ce qui est des scientifiques: Niccolò Domasceno qui nous a laissé 144 volumes sur l'Histoire universelle, Cusano, Copernic, Flamel, Gay-Lussac. Traduit dans toutes les langues, Nicolas a donné naissance à une série infinie de variantes et de formes étrangères: *Colas, Coletta, Colette, Colin, Klaus, Nica, Niccolo, Nicla, Niclaus, Niclaux, Nico, Nicol, Nicolai, Nicolao, Nicoletta, Nicolo, Nicolosa, Niels, Nikka, Nikita, Nikla, Nicolaj, Nikolaus.*

Caractère et destin

Assez faible de caractère, **Nicolas** éprouve des difficultés à s'imposer.

Manque d'assurance et de combativité, mais persévérance jusqu'à l'ennui: il atteint son but très lentement pourvu qu'il n'ait pas à lutter contre les autres. D'un goût bourgeois, il aime la compagnie et la bonne table. Inconstant et souvent mécontent en amour, il exige un dévouement difficile à assurer. Sujet à des changements fréquents d'humeur, il retrouve cependant l'équilibre très vite. Au féminin, ce prénom semble exercer une influence particulièrement bénéfique. **Nicole** est une femme originale, fine, ouverte et plus inquiète que son homologue masculin. Elle se révèle cependant, quand on la provoque, contestataire et moqueuse. Elle se fixe de grands buts qu'elle arrive généralement à atteindre grâce à l'habileté et à la capacité d'adaptation qui lui sont propres. Succès dans les branches littéraire et artistique. Sécurité financière et affective.

Chance

Chiffre magique: le 1 pour **Nicolas**; le 4 pour **Nicole**. Jour de chance pour tous deux: le dimanche. Couleur: le jaune safran. Parmi les talismans: l'or, l'ambre, la topaze, la sauge et la fleur de la camomille.

NOEL-NOELLE-NATHALIE

Etymologie et histoire

Nom dérivant du latin *dies natalis* = jour de la naissance, entendu au début du christianisme comme date de la mort et du martyre des saints. C'est au Ve siècle seulement qu'il marqua l'anniversaire de la naissance du Christ. Pour cette raison, il est souvent donné aux enfants qui viennent au monde ce jour-là. Mis à part le 25 décembre, Noël et tous les prénoms apparentés peuvent se fêter le 21 février, le 16 mars, le 13 mai, le 21 et le 27 juillet, le 18 octobre, le 10 novembre et le 1er décembre. Il est considéré comme le patron des transportateurs. Parmi les variantes: *Nadau, Nadeau, Natacha, Natal, Natala, Natalene, Natalia, Natalizia, Natalja, Natasha* (devenu populaire après la publication du célèbre roman *Guerre et Paix*).

CARACTÈRE ET DESTIN

Noël et **Noëlle** font preuve d'une personnalité originale, qui leur vient d'une nature passionnelle et peu encline à la logique. Animés d'élans sentimentaux, ces individus obstinés suivent rarement les conseils que leur prodiguent les autres; ils admettent moins encore leurs propres fautes. En toute circonstance, ils ne renoncent jamais à leurs objectifs et réussissent tout au plus à convaincre autrui de la validité de leurs travaux. Romantiques et idéalistes en amour, ils croient profondément au rapport de couple en exigeant le maximum de leur partenaire. Peu d'aptitude aux affaires. Plus tranquille, introvertie et réfléchie, **Nathalie**, à la différence des autres, est prudente et coutumière de l'introspection. Attirée par la philosophie, l'occultisme ainsi que les voyages à but pédagogique, elle finit par s'isoler surtout lorsqu'elle ne rencontre pas un partenaire qui la comprenne intimement. Peu intéressée par l'argent, elle sait toutefois le gérer avec habileté.

CHANCE

Chiffre favorable: le 1 (solaire) pour **Noël**; le 9 (martien) pour **Noëlle**; le 7 (marqué par la lune) pour **Nathalie**. Leurs jours les plus propices sont, dans l'ordre: le dimanche, le mardi, le lundi. Couleurs: le jaune, le rouge et le blanc. **Noël** adoptera avec profit comme talismans un bâtonnet d'encens, une petite chaîne en or, l'image d'un bélier; du poivre, du santal et un rubis conviendront à **Noëlle**; pour **Nathalie**, ce sera une perle, un coquillage et un trèfle à quatre feuilles.

NOEMIE

ETYMOLOGIE ET HISTOIRE

Noémie est, dans la Bible, la fille de Lamec, celle qui inventa l'art du tissage et qui, après la mort de son mari et de ses deux enfants, voulut changer son prénom (*Noémie* = délice, agrément) en *Mara* = amertume.

CARACTÈRE ET DESTIN

Tempérament plein de gentillesse, disponible, capable de découvrir un côté agréable (voire romantique) chez toute personne et dans chaque événement de la vie. Passionnée en amour, compréhensive et maternelle avec ses enfants, Noémie sera très aimée et certainement heureuse.

CHANCE

Chiffre favorable: le 7. Jour propice: le lundi. Couleur: le gris perle. Porte-bonheur: le diamant, le quartz, l'argent et, parmi les fleurs, la belle-de-nuit.

NORBERT

ETYMOLOGIE ET HISTOIRE

Nom germanique du VIIe siècle considéré aujourd'hui comme un nom aristocratique, Norbert dérive de *behrt* = illustre, resplendissant et de *nord*, ou bien de *northa* = force. Il peut donc signifier "célèbre dans le Nord" ou bien "célèbre par sa force". Se fête le 6 et le 11 juin, jour de la commémoration de St Norbert de Magdebourg, patron des accouchées.

Caractère et destin

Réservé, sensible, parfois avare, Norbert se présente comme une personnalité tranquille, désireuse de paix et d'harmonie. Sujet à des changements fréquents d'humeur il préfère se renfermer dans un mutisme obstiné plutôt que de provoquer une dispute. Légèrement masochiste, mais romantique et passionné, il peut se laisser totalement assujettir par sa compagne. Employé diligent, il s'engage jusqu'au bout mais manque de combativité. Il atteindra rarement ses objectifs - et seulement a un âge avancé.

Chance

Chiffre favorable: le 7, influencé par la lune. Meilleur jour: le lundi. Parmi les couleurs: le gris perle et le vert d'eau. Comme porte-bonheur, il pourra choisir le camphre, le laurier, des graines de courge, une huître. Un habit rouge, en stimulant sa combativité, pourrait lui être également propice.

ODETTE-ODILE

Etymologie et histoire

Nom d'origine teutonne dérivant de *odon* = patrimoine, possession. Ste Odile, patronne des oculistes et des aveugles (on raconte en effet qu'elle retrouva la vue en recevant le sacrement du baptême) est célébrée le 1er janvier, le 20 avril, le 11 novembre et le 13 décembre. Les *Affinités électives* de Goethe et la *Recherche du temps perdu* de Proust ont encouragé l'emploi de ces deux prénoms, autrefois peu courants. Parmi d'innombrables variantes: *Dilia, Oda, Odelia, Odilia, Ottilia, Tilla; Odilon,* pour les hommes.

Caractère et destin

Intelligente, toujours la tête dans les nuages, Odette est une femme franche, dévouée mais souvent irritable et très susceptible. Odile présente des caractéristiques semblables, mais elle est plus réaliste et indépendante, originale, combative, toujours à la recherche de nouvelles sensations et d'ennuis. Idéalisme, insatisfactions amoureuses.

Chance

Chiffre favorable: le 6 pour **Odette**; le 9 pour **Odile**. Jours heureux: respectivement, le vendredi et le mardi. Couleurs: le bleu ciel pour la première; le rouge pour la seconde. Talismans: une rose, une jade et le corail pour **Odette**; un rubis, l'hématite, une pivoine et le parfum de santal pour **Odile**. Pour chacune, aussi, une pièce de monnaie ancienne.

OLAF

Etymologie et histoire

Il trouve son origine dans le scandinave *anu* ancêtre et *laiban* = propriété, ce qui signifie *fils, héritage des ancêtres*. Le 29 juin, on fête le roi Olaf de Norvège, qui introduisit le christianisme dans son pays et en devint le patron.

Caractère et destin

Caractère studieux, analytique et prédisposé à la tristesse; très intelligent, Olaf manque par contre de sens pratique. Timide, affectueux mais renfermé, il cultive peu les relations humaines, persuadé d'être

158

incompris. Excellent peintre, orfèvre, psychologue, marin, il aime les professions liées à l'eau, à la philosophie ou au monde mystérieux du paranormal. Prudent, il fait preuve d'une capacité surprenante à saisir les occasions.

CHANCE

Soutenu par la vibration lunaire du 7, Olaf bénéficie des meilleurs avantages le lundi. Couleur favorable: le blanc. Comme talismans: une petite sphère de cristal, une pièce en argent, le camphre, le laurier et le myrthe.

OLGA

ETYMOLOGIE ET HISTOIRE

La résonance russe nous trompe sans doute, car, bien qu'il soit très répandu dans les pays de l'Est, utilisé tant par Pouchkine que par Tchekhov, ce nom est originaire de Scandinavie. Il dérive de l'ancien suédois *helogher* = saint, heureux, et connaît la forme masculine Oleg. Ste Olga, épouse de Igor III, convertie au christianisme (elle prend alors le prénom d'Hélène), est fêtée le 1er janvier et le 17 juillet (18 août pour l'église orthodoxe). Parmi les variantes: *Heila, Héléna, Helga, Olean* pour le féminin et *Helgi* pour le masculin.

CARACTÈRE ET DESTIN

Gaie, fine, sujette pendant sa jeunesse à de nombreux "feux de paille" en amour, Olga devient ensuite plus sage et mûrit, grâce à l'influence de la planète Saturne. Une force d'âme, qu'elle acquiert au fur et à mesure que sa maturation personnelle l'aide à surmonter brillamment les nombreuses crises existentielles dont elle est victime. L'âge mûr lui offre une situation amoureuse stable, où elle se montre fidèle, solide, attachée à son partenaire et à sa famille. Elle se voit entourée d'un bon nombre d'amies qu'elle aime conseiller et consoler.

CHANCE

Chiffre propice: le 8. Jour favorable: le samedi. Couleurs: le gris et le brun. Talismans: le plomb, le diamant, une bague en forme de serpent. Un parfum d'encens lui est tout indiqué.

OLIVIA-OLIVIER

ETYMOLOGIE ET HISTOIRE

Bien que certains le rapprochent du celtique *all-wer* = tout ardent, ou bien de la langue germanique ancienne *aliwart* = défenseur de l'étranger, ce prénom dérive en réalité de l'olivier. L'olivier est l'arbre de la sagesse et de la paix, sacré aux yeux de la déesse Athéna comme à ceux de l'Eglise catholique: la passion du Christ prit origine sur le Mont des Oliviers; la colombe qui revint vers l'arche de Noé portait une branche d'olivier dans son bec. Quant à Olivier, assimilé au danois *Olaver* = relique des ancêtres ou au germanique *alf-hari* = armée d'elfes, c'était un prénom fréquent chez les anciens chevaliers du cycle carolingien. Olivia, qui a donné son nom à la mosquée de Tunis, ville où elle fut martyrisée, se fête le 5 mars, le 3 et le 10 juin, le 20 juillet; le 3 février, le 27 mai et le 11 juin sont les dates-anniversaires d'Olivier. Parmi les variantes étrangères: *Oliva, Olive, Olivella, Oliver, Oliviana, Ollia, Oliviero, Olivieri.*

Caractère et destin

Sensuelle, romantique, trahissant une nette tendance à la paresse, **Olivia** aime la musique, la littérature et les voyages. Malgré son air enfantin et un peu superficiel, elle se montre, à l'occasion, forte et intimement sereine. Galant avec les femmes, agressif et importun vis-à-vis des hommes, **Olivier** est incapable de supporter les critiques et les remarques. En amour, il se révèle ardent, prétentieux et protège ardemment sa compagne, qu'il souhaite compréhensive et patiente. Il fait un éducateur excellent.

Chance

Chiffre favorable: le 5, d'influence mercurienne, concerne **Olivia**; le 9, martien, pour **Olivier**. Jours favorables: respectivement, le mercredi et le mardi. Couleurs: le bleu ciel, le rouge vif et, pour tous deux, le vert olive. Parmi les talismans: un papillon, un perroquet, une agate et de la calcédoine pour elle; du fer, une anémone, du tabac et l'image d'un poulain pour lui. Une branche d'olivier seront de mise aussi bien pour elle que pour lui.

OPHELIE

Etymologie et histoire

Shakespeare l'a certainement emprunté au roman arcadien de Jacob Sannazzaro où s'illustre la malheureuse Ophélie, l'amoureuse d'Hamlet qui devient folle et meurt dans un étang, couronnée d'une guirlande de fleurs. Ce nom qui, en tout cas, n'existait pas en grec, peut s'associer à *opheleia* = aide ou bien à *ofela* = gâteau. Ophélie est célébrée le 3 février et le 6 juin.

Caractère et destin

De tempérament fragile, et plein de gentillesse, Ophélie est une idéaliste qui cherche à fuir à la moindre annonce de souffrance. On la sait, en effet, émotive et hypersensible: un rien la blesse. La mélancolie et la discrétion qui la caractérisent tendent à l'isoler en l'incitant à trouver refuge dans la musique et dans les études. En amour, elle sait offrir sa fidélité et le dévouement, pourvu qu'elle ne soit pas déçue car elle est alors capable de tout!

Chance

Chiffre magique: le 7. Jour favorable: le lundi. Couleurs: le blanc et l'argent. Parmi les porte-bonheur: la fleur de la belle-de-nuit, un typha, un caillou de fleuve, un bibelot de cristal. De même, une broche en argent à l'image d'une grenouille, augmentera sa chance.

OSCAR

Etymologie et histoire

Survenu vers la fin du VIIIe siècle avec le chant d'Ossian de MacPherson, le nom d'Oscar dérive du gaélique *Oscur* ou du saxon *osgar* = lance de Dieu; le fils d'Ossian est le neveu du barde Fingal. En fait, l'hagiographie indique qu'Anschaire, évêque de Brême qui convertit les Danois et les Suédois, le portait déjà. Il est à noter qu'en ce pays, le prénom d'Oscar ne disparaît pas: c'était en effet un nom courant, notamment au sein de la famille royale. On le fête le 3 février. Parmi les personnages illustres: le romancier anglais O. Wilde. D'autre part, même s'il ne s'agit pas d'une personne, le prix attribué depuis 1928 aux Etats-Unis aux meilleurs professionnels du cinéma: l'Oscar. Variante: *Ankar*.

CARACTÈRE ET DESTIN

Tempérament belliqueux, mais chevaleresque, poétique et souvent déçu par la réalité. Oscar est un individu loyal, sensible, toujours désireux de l'approbation des autres. Dans sa famille il se révèle toutefois très autoritaire, intransigeant par son sens du devoir. Cette caractéristique fait de lui un employé modèle et un bureaucrate excellent.

CHANCE

Chiffre favorable: le 2. Jour propice: le lundi. Parmi les couleurs: le gris perle et le vert d'eau. Comme talismans: une flèche en argent, un fragment de quartz, une feuille de myrte.

OSWALD

ETYMOLOGIE ET HISTOIRE

Dérive du saxon *Osweald*, soit *puissance de Dieu* ou bien *pouvoir exercé au nom de Dieu*. Ce prénom s'est répandu à l'époque romantique grâce au roman de Madame de Staël, *Corinne*, où Oswald est l'amant de l'héroïne. St Oswald, roi de Northumbrie est commémoré le 21 février et le 5 août. Variantes: *Oswalde* et *Oswalt*.

CARACTÈRE ET DESTIN

Tempérament altruiste, imaginatif et peu doué pour la pratique. Paresseux et inconstant, Oswald compense toutefois ses défauts par une adresse surprenante. Introverti mais généreux et fidèle en amour, il croit profondément au rapport de couple et met tout en œuvre pour le garder intact au fil du temps. Sympathie, douceur, manque de combativité et d'ambition.

CHANCE

Marqué par la vibration lunaire du 2, Oswald avoue une préférence pour le lundi. Dans les couleurs, il choisira le blanc et le gris. A recommander: l'emploi d'un talisman constitué par un nymphéa, du myrte, une perle ou une opale. Un petit cheval en fer sera utile pour combattre sa paresse innée.

P

PAMELA

ETYMOLOGIE ET HISTOIRE

Repris du personnage féminin d'un petit poème arcadien de Sidney et adopté ensuite par S. Richardson dans son roman *Pamela ou la vertu récompensée*, ce prénom signifie en grec "tout en miel, très douce", ou encore "tout un chant", donc mélodieuse, selon d'autres sources. On la fête le 16 février.

CARACTÈRE ET DESTIN

Tempérament jovial, comme le suggère son prénom, mais aussi optimiste et orgueilleuse, Pamela aime solliciter les louanges. Succès possible dans les secteurs artistiques et littéraires. Vie affective conditionnée par une forte émotivité. Un grand nombre d'amis. Subtile en affaires, elle traduit néanmoins une incontestable tendance à la dépense. Existence sereine, aisée et, dans l'ensemble, heureuse.

CHANCE

C'est le chiffre 3, marqué par la planète Jupiter, qui influencera le destin de Pamela. Jour favorable: le jeudi. Couleurs préférées: le bleu électrique et le pourpre. Porte-bonheur: elle pourra adopter un saphir, une plume de faisan ou une feuille de tilleul. Le chien sera pour Pamela un sympathique compagnon.

PASCAL-PASCALE

ETYMOLOGIE ET HISTOIRE

Prénom chrétien employé initialement pour les enfants nés le jour de Pâques, il s'est ensuite répandu grâce aux cultes rendus à de nombreux saints homonymes parmi lesquels St Pascal Bylon, patron des femmes célibataires, des bergers et des pâtissiers, (car, nous dit l'histoire, il inventa la crème sabayon). On célèbre son souvenir le 11 février, le 14 et le 17 mai. Le terme Pâques dérive de l'hébreu *pesah* = boiter, passer. L'ange de Jahvé passa en effet au-delà des maisons marquées du sang de l'agneau, pendant l'extermination des aînés égyptiens. Diminutifs et formes étrangères: *Paqua, Paquita, Pascaline, Paschal.*

Nature simple, sensée, capable de trouver le bonheur dans les petites choses. Observateur attentif, **Pascal** déteste les schémas, les obligations. Instinctif en amour, mais prédisposé à l'amitié, c'est un compagnon tranquille, plus qu'un bon amant. Paresse, romantisme. Aptitude pour les professions relatives à l'eau. Plus combative, ambitieuse, mais manquant d'assurance en ce qui concerne ses capacités, **Pascale** a un tempérament doux, serein; sociable, elle aime s'entourer de nombreux amis et, du moins, pendant sa jeunesse, d'un nombre aussi grand de soupirants. Mais lorsqu'elle rencontre son prince charmant, elle oublie toutes ses coquetteries et se transforme en épouse éprise et très affectueuse.

CHANCE

Le chiffre propice à **Pascal** est le 7, d'influence lunaire; quant à **Pascale**, plus optimiste et adaptable, elle se tournera vers le 3. Jours favorables: respectivement le lundi et le jeudi. Couleurs: le blanc et le bleu électrique. Parmi les talismans: un hippocampe, un coquillage, un œuf de cristal pour lui; de l'étain, un fragment de corne de cerf et un œuf en bois coloré pour elle.

PATRICE-PATRICIA

ETYMOLOGIE ET HISTOIRE

En Irlande, on a l'habitude, le 17 mars, de s'habiller en vert en l'honneur de St Patrice, patron du pays, qui se servit d'un trèfle pour expliquer le mystère de la Trinité. Une lé-

gende curieuse raconte que Patrice fut enlevé à l'âge de 16 ans par des corsaires et emmené en Irlande. Il prit la fuite six ans plus tard. Devenu évêque de France, il repartit évangéliser son pays de captivité où il mourut. On rapporte que Dieu lui-même lui montra l'entrée de l'enfer; on y accède par une caverne située sur une petite île au Nord de l'Irlande. C'est peut-être la raison pour laquelle Patrice est devenu le protecteur des mineurs. Autre anniversaire le 25 août. Ce prénom s'inspire d'un nom latin formé de *patres* = appartenant au Sénat (puis, par extension, à une classe libre et élevée). Variantes et formes étrangères: *Padraig, Paddy, Pat, Patrick, Patrix, Patriz, Patry, Patsy, Patty.*

CARACTÈRE ET DESTIN

Souvent jugé hypocrite et froid, **Patrice** est en réalité sincère et très fier. Son manque d'assurance le rend arrogant, voire provocateur, car son désir est de se montrer fort, surtout face à un public féminin. L'ambition pourra le mener à la richesse et au succès. On lui reproche sa superficialité. On remarque ce caractère enfermé chez **Patricia** qu'on trouvera timide et peu naturelle. Amour pour les études et grandes facilités pour les langues étrangères. Changeante, très mobile, curieuse, elle se révèle sensuelle et originale en amour.

CHANCE

Chiffre porte bonheur: le 9 pour **Patrice**; le 5 pour **Patricia**. Jours favorables: respectivement le mardi et le mercredi. Talismans: une clé en fer, une fleur de chardon, du poivre et du tabac pour lui; une cornaline, de la calcédoine, une noix muscade et un brin de lavande pour elle; très propice également: un petit singe en peluche.

PAUL-PAULE

Etymologie et histoire

En latin *paulus* = petit, c'est ainsi que Saül a voulu s'appeler lorsque, persécuteur des chrétiens, il se convertit sur le chemin de Damas avant de devenir l'apôtre du Christ. St Paul protecteur des boulangers, des chevaliers et du Japon, est fêté le 15 et le 25 janvier, le 6 et le 8 février, le 12 mars, le 22 et le 29 juin, le 9 juillet, le 10 et le 31 août. Le nombre n'est pas négligeable de ces "petits" qui devinrent des hommes suffisamment grands pour se ménager une place de choix dans l'histoire de l'art et de la pensée. Retenons les peintres Paolo Uccello et Paolo Caliari (Véronèse), Cézanne, Gauguin, Picasso, les poètes Verlaine, Eluard, Valéry et Neruda. Diminutifs et formes étrangères: *Pablo, Paco, Pal, Paolo, Pau, Paula, Paulette, Paulin, Pauline, Paulo, Pauly, Pavel, Pohl, Pol, Pov, Poul.*

Caractère et destin

Intelligent et de moralité stricte, **Paul** dissimule sa timidité sous une audace et une froideur apparentes et fabriquées. Agité, soucieux d'apprendre et de voyager, il dépense généreusement autant pour lui que pour les autres. Sensuel, changeant, mais sincère dans ses affections. Succès plausible. **Paule**, ambitieuse et plutôt nerveuse, réussit toujours à se contrôler parfaitement, malgré la volonté capricieuse qui la caractérise. Sécurité et dévouement dans les sentiments, désir de s'affirmer, amour du luxe.

Chance

Chiffre favorable: le 5 pour **Paul**; le 1 pour **Paule**. Jours positifs: respectivement, le mercredi et le dimanche. Couleurs: l'orange et le jaune. Porte-bonheur: pour lui, une pierre œil-de-chat, de la menthe, cinq baies de genièvre ou un perroquet multicolore; pour elle: une topaze, une pièce d'or, quatre graines de blé, l'image d'une abeille.

PHILIBERT

Etymologie et histoire

Prénom courant dans la famille italienne de Savoie, il signifie en germanique *filu-viel* = beaucoup et *bertha* = illustre, célèbre, très connu. On le fête le 6 juin et le 22 août. Variante: *Fulbert.*

Caractère et destin

Inquiet, aventurier, infatigable, Philibert déteste la vie sédentaire. Il lui préfère les activités sportives collectives qui nécessitent une grande dépense et mettent en avant l'esprit de compétition: course, équitation, lutte, etc. Renfermé, très réservé sentimentalement, il aime cependant tendrement sa compagne et ses enfants. Du fait de son caractère dépensier, sa situation financière s'avère souvent critique, empoisonnée qu'elle est par des frais dont il ne mesure pas la disproportion.

Intérêts culturels prononcés: il montre un appétit encyclopédique.

C'est le chiffre 9, chiffre martien, qui s'accorde le mieux au caractère impétueux de Philibert. Son jour de chance est le mardi; sa couleur le rouge. Comme talismans, il pourra adopter un petit sachet de tabac, du poivre, de l'ortie, un petit cheval en fer.

PHILIPPE

ETYMOLOGIE ET HISTOIRE

Du grec *Philippos* = aimant les chevaux; c'est le nom d'un des Apôtres ainsi que celui de St Philippe Neri, patron des éducateurs; on les fête, respectivement, le premier et le 26 mai. Autres dates: 20 février, 11 mai, 6 juin, 23 août. Philippe était également le père d'Alexandre de Macédoine; mentionnons ausi le célèbre roi de France Philippe le Bel qui ordonna le massacre des Templiers et qui mourut quelques mois plus tard, à cause peut-être de la malédiction qu'une des victimes lui donna. Variantes et formes étrangères: *Felip, Felipe, Philipp*, devenu très courant sous sa forme féminine anglo-saxonne (*Philippa*).

CARACTÈRE ET DESTIN

Doté de charme, de douceur, d'intuition, Philippe a toujours beaucoup de succès auprès des femmes. Bon père, partenaire affectueux, il ne se consacre cependant jamais entièrement à la sentimentalité. Sens pratique, intérêt pour les professions modernes visant l'avenir et dans lesquelles il se distingue par une ambition avouée et sa force de volonté.

CHANCE

Chiffre porte-bonheur: le 1. Jour propice: le dimanche. Couleur: le jaune safran. Talismans: l'image d'un cheval, un bracelet d'or, une fleur d'arnica et une feuille de sauge.

PIERRE-PIERRETTE

ETYMOLOGIE ET HISTOIRE

Jésus l'appela *Kefa*, en grec *Petros*, donc en latin *Petrus* = Tu es pierre et sur cette pierre je bâtirai mon église (évangile de Mathieu). Saint Pierre, prince des Apôtres, fut crucifié en l'an 66 à l'endroit où se dresse aujourd'hui la merveilleuse basilique romaine. Le premier Pape s'appela Pierre. Ce prénom est l'un des plus fréquents qui soit. St Pierre apôtre, fêté avec Paul le 29 juin, est le patron des pêcheurs, des horlogers, des charpentiers, des architectes, des moissonneurs et, dit-on aussi, des prisonniers et des vignerons. Quant aux autres dates, il y en a pour tous les goûts: 3, 19, 28 et 31 janvier, 3 février, 9 mai, 2 juin, 8 juillet, 9 septembre, 19 octobre, 26 novembre, 4 et 9 décembre. Pierre semble être un prénom particulièrement porté par des hommes de lettres, puisqu'il nous a donné des personnalités de la taille de Métastase ou Corneille. De plus, le philosophe Pietro d'Abano, les peintres P. Perugino, P. della Francesca et P. Bonnard; le compositeur Tchaïkovski et le tsar de Russie Pierre le Grand. Les formes et variantes étrangères sont en nombre quasiment infini: *Pé, Pedro, Peer,*

Peire, Pere, Perez, Peronella, Perrette, Perrin, Perrick, Perrine, Perry, Peter, Petja, Petra, Petri, Petro, Petronilla, Pierce, Pierrick, Pierrot, Pietro, Piotr, Pjotr. Il existe en outre des prénoms composés tels que *Jean-Pierre, Pierre-Paul*, etc.

CARACTÈRE ET DESTIN

De nature prudente, réfléchie, **Pierre** et **Pierrette** atteignent au succès avec de la méthode et de la courtoisie. Ils se montrent loyaux, sincères en amitié, dévoués et stables en amour bien qu'au fond de leur cœur bouillonnent bien des rébellions, tout comme des revers de médaille contre lesquelles ils luttent en silence. Parents plutôt autoritaires, stricts, intransigeants. Ils cultivent des intérêts pour l'archéologie, les mathématiques, l'histoire. Dans leur travail, ce sont des collaborateurs capables, sérieux et responsables, exigeants.

CHANCE

Le 8 est le numéro magique de **Pierre** et **Pierrette**. Le samedi est leur jour de chance. Les couleurs qui leur vont le mieux sont le marron et toutes les nuances du gris jusqu'au noir. Comme talismans: un aimant, de l'onyx, du gravier et une bague représentant la figure d'un serpent.

Seront également précieux des porte-bonheur joviens tels que le poirier et le hêtre (ils leur apprendront à sourire de temps en temps).

PRISCILLA

ETYMOLOGIE ET HISTOIRE

Dérivé, avec Prisque, du latin *primus*, ce prénom fait allusion à son homonyme le plus ancien. Elle est fêtée le 18 janvier et le 28 juillet. Autres dates: le 15 avril et le 1er septembre.

CARACTÈRE ET DESTIN

Traditionnelle, réfléchie et prudente, Priscilla semble gaie même si on découvre vite son manque d'ouverture. Le peu de sensibilité qu'elle témoigne est compensé par un affectif développé et un attachement profond à son partenaire. Elle risque de piquer des colères... mémorables ou de s'enthousiasmer de façon improvisée. Situation financière très variable, allant en général vers le mieux.

CHANCE

Chiffre magique: le 9. Jour de chance: le samedi. Couleurs: le marron et le noir. Talismans: l'essence de pin ou de cyprès, un vieil objet rouillé, un rubis et un dahlia.

Q-R

QUENTIN

ETYMOLOGIE ET HISTOIRE

Tiré du latin *Quintus*, cet ancien prénom, attribué par les Romains au cinquième enfant d'une famille ou bien aux nouveau-nés mis au jour au cours du dernier mois de l'année: en ce temps-là, il correspondait à notre mois de juillet. Les célébrités qui l'illustrent sont toutes romaines ou presque: Lucius Quinctius Cincinnatus qui, à la fin de la guerre, renonça aux charges qu'on lui avait confiées, préférant travailler tranquillement son champ; Quintus Fabius Massimus, dit le Temporisateur, vainqueur d'Hannibal; Q. Metsys et Latour, peintres. Les fêtes: 27 janvier, 19 mars, 13 avril, 10 mai et 31 octobre. Parmi les variantes: *Quantin, Quinte, Quintin*.

CARACTÈRE ET DESTIN

Caractère peu équilibré, affligé par l'orgueil, l'ambition, les caprices, les Quentin se révèlent souvent maladroits en parole, ce qu'on leur pardonne cependant aisément en raison de la vivacité et de l'activité qui font leur réputation. Sociable, Quentin se montre pourtant froid et sélectif dans ses amitiés et encore plus à l'égard de sa compagne de qui il exige pratiquement l'impossible. Il attache une grande importance aux sentiments qu'il vit intensément. Bonne mémoire, détermination, courage.

CHANCE

Chiffre favorable: le 8. Jour positif: le dimanche. Couleur: le jaune d'or. Porte-bonheur: l'or, la topaze, l'encens. Sera favorable aussi une branche de romarin ou de sauge.

RACHEL

ETYMOLOGIE ET HISTOIRE

De l'hébreu = *petite brebis,* Rachel est la deuxième femme de Jacob; elle s'éteignit en donnant la lumière à son fils Benjamin; la tradition dit qu'elle fut l'ancêtre des éleveurs de brebis qui s'opposèrent aux descendants de sa sœur Lia, vachers de leur métier. On la fête le 15 janvier, le 11 mai, le 30 septembre. Elle est la patronne des mères dépossédées de leur enfant. Une variante: *Raquel.*

167

Très féminine, vivante, illogique, Rachel n'est pas d'une nature méchante; elle est simplement obstinée et rancunière. Malgré tout cela et grâce à son charme, elle arrive à "harponner" un certain nombre de cœurs. Emotive, elle réussit toujours à se faire pardonner à cause des élans généreux dont elle fait montre. Instabilité, nervosité, parcimonie.

CHANCE

Le 2, d'influence lunaire, conditionne la personnalité de Rachel. Jour favorable: le lundi. Couleurs: les couleurs claires. Talismans dont elle devra se munir: une petite brebis en argent ou en porcelaine, du camphre, du myrte, une fleur de trèfle. Une pierre saturnienne telle que le jaspe brun pourra lui conférer la stabilité émotionnelle qui lui fait défaut.

RAOUL

ETYMOLOGIE ET HISTOIRE

Rendu populaire à travers des contes qui ne le sont pas moins, ce prénom dérive du germanique *Rad Wulf* ou *Radulf*, et qui se décompose de deux étymons: *ratha* = conseil et *wulfa* = loup, pouvant avoir le sens de "courageux comme un loup dans l'assemblée". Il est assimilable à l'anglais Ralph et à l'allemand Ralf. A rappeler l'existence d'un Raoul de Caen, l'un des héros de la première Croisade. Fêté le 21 juin, le 7 juillet, le 16 août.

Intelligence et volonté (auxquelles s'ajoute un cœur tendre), rendent Raoul sympathique à quiconque le côtoie. Fidèle et affectueux en amour, doué de sens pratique et plutôt conciliant dans sa vie professionnelle, il a vraiment l'air de quelqu'un qui n'a pas l'ombre d'un défaut. Mais il en a: une médiocrité de fond, par exemple, et un manque total d'ambition. Le pire, peut-être, serait son caractère extrêmement influençable.

CHANCE

Raoul, influencé par le chiffre 4, préfère le dimanche à tous les autres jours. Les couleurs chaudes et solaires sont les teintes sur lesquelles il est porté. Parmi les porte-bonheur, on distingue l'ambre, l'encens et le laurier. Naturellement, lui seront précieuses les images d'un loup, ou d'une pierre martienne telle que le jaspe rouge, qui augmentera sa combativité.

RAPHAEL

ETYMOLOGIE ET HISTOIRE

L'épisode biblique, où l'archange Raphaël permet au jeune Tobie de guérir son père aveugle grâce au fiel extrait d'un poisson miraculeux, renferme l'explication étymologique du prénom (de l'hébreu *Rapha el* = Dieu a assaini). Raphaël est fêté le 29 septembre et le 24 octobre. C'est le patron, suivant les racines étymologiques, des médecins, des oculistes, des émigrants et des mutilés; il bénit les eaux thermales et est invoqué contre les crises d'épilepsie. Un seul Raphaël célèbre entre tous, suffirait à faire l'orgueil du prénom: il s'agit bien sûr du peintre Raphaël Sanzio (Raffaello). On signalera quand même le poète espagnol Alberti. Quelques variantes: *Rafael, Rafaele, Raffaello, Raffaella, Ralph.*

CARACTÈRE ET DESTIN

Distrait et poète, toujours prêt à se "mettre en quatre" pour les autres, Raphaël se présente comme un individu doux, réservé et un peu maniéré. Avant de procéder à des choix existentiels, de première importance pour lui, il peut paraître, au cours de son adolescence, paresseux et indolent, ce qui ne laisse pas de donner quelques soucis à ses éducateurs. Mais une fois son chemin trouvé, il se révèle calme, studieux et responsable. Exubérant en amour, il finit pas s'assagir s'il rencontre une femme capable de le comprendre. Economie, une certaine ingénuité, quelques ennuis de santé.

CHANCE

Le chiffre 7, d'influence lunaire, lui sera idéal comme d'ailleurs le lundi. Le blanc et le gris perle sont ses couleurs. Comme porte-bonheur, il pourra adopter un petit poisson en argent, un caillou pris dans un fleuve, une feuille de lunaire ou de laurier.

RAYMOND-RAYMONDE

ETYMOLOGIE ET HISTOIRE

Du germanique *Raginmund*, il est composé de deux étymons: *ragan* = esprit, intellect, conseil et *munda* = défense dans le sens de "protection divine". Il s'agit d'un nom très ré-pandu parmi les comtes de Toulouse. Le 23 janvier et le 31 août, on fête St Raymond Nonnato (nonné), appelé de la sorte, parce qu'il semble qu'il ait été extrait du corps de sa mère morte; patron des femmes enceintes, des sages-femmes, des armuriers. Ses illustres "fils spirituels": le poète, philosophe et alchimiste R. Lulle, Poincaré, Navarro. Les variantes et les formes étrangères: *Raimond, Ramon, Ramona, Ramucho, Remont, Reymond.*

CARACTÈRE ET DESTIN

Tenace, rationnel sous une apparence trompeuse d'insignifiance, **Raymond** a toujours une solution sensée à tout. Fait pour commander, il tend à exercer ce don en faveur des plus faibles qu'il protège, il se sait une attirance pour les études approfondies et fréquente volontiers autrui, même s'il ne répond pas du tout au type du mondain. Extrêmement sérieux et dévoué en amour. Au féminin, ce prénom confère à celle qui le porte un caractère simple, naïf et un peu enfantin. Gaie, inconstante, romantique, **Raymonde** rêve d'une existence vivante, menée sous le signe de la curiosité et du dynamisme. Elle s'entoure de nombreux admirateurs, mais ne se lie à rien ni à personne de façon définitive. Lectrice enthousiaste, passionnée, elle fréquente le cinéma et le théâtre, adore dépenser, voyager. Elle apprécie l'argent en tant que moyen de satisfaction de ses innombrables caprices.

CHANCE

Chiffre magique: le 9 pour **Raymond**; le 5 pour **Raymonde**. Jours favorables: respectivement, le mardi et le mercredi. Couleurs: le rouge et le jaune citron. Parmi les talismans: une petite épée en acier, une plante grasse, l'image d'un petit cheval ou d'une panthère pour lui; un petit objet en agate, de la menthe, de la verveine, une feuille de cèdre et l'effigie d'un lézard vert pour elle.

REBECCA

ETYMOLOGIE ET HISTOIRE

Un film tiré de *Rebecca, la première femme,* roman célèbre de Daphné du Maurier a mis en lumière ce beau prénom. Rebecca, en hébreu, *ribaq* = filet, corde, emblème du lien entre Israël et Edon, était dans le Premier Testament la femme d'Isaac et la mère des jumeaux Jacob et Esaü. Rebecca est célébrée le 23 mars, le 30 août et le 23 septembre.

CARACTÈRE ET DESTIN

Affable, sympathique, Rebecca a constamment le sourire, un sourire qu'elle utilise, en réalité, pour dissimuler ses sentiments les plus secrets. Très adaptable, sensible, gentille, elle se révèle être une mère affectueuse et une épouse consentant aux moindres désirs de son compagnon. Bonne réussite dans les professions liées au dessin et à la mode.

CHANCE

Influencée par la vibration solaire du chiffre 1, Rebecca préfère parmi les jours de la semaine le dimanche; entre les couleurs le jaune vif. Son choix ira vers des porte-bonheur comme l'or d'une petite chaîne, un diamant, une topaze, ou encore la fleur parfumée de camomille.

REGINA-REGINALD-REGIS-REINE-REJANE-RENAND-RONALD-RONAN

ETYMOLOGIE ET HISTOIRE

Régina est un prénom créé et popularisé à cause du culte qu'on rend à la Vierge, reine du ciel, un rôle qui, avant le christianisme, était attribué à la Lune. Il peut aussi représenter un nom affectif que les parents donnent à leur fille pour lui souhaiter de devenir aussi belle, riche et puissante qu'une reine (féminin du latin *rex-regis*). Ce discours vaut également pour Reine et Régis. Il est aussi intéressant de faire un parallèle avec l'allemand *ragin* = conseil, d'où le masculin Réginald, Renand, Ronald, Ronan, qui veut dire "celui qui domine avec le conseil des dieux". Les fêtes: 2 avril, 16 juin, 1er juillet, 7 et 17 septembre pour Régine, Reine et Régis, patron des brodeuses; 7 janvier, 5 et 9 février, 7 mai et 18 août pour Réginald et Renand; 1er juin pour Ronald et Ronan, anniversaire qui prévoit un pèlerinage tous les six ans dans le Finistère. Une seule célébrité: Renaud de Montauban, l'un des protagonistes des chansons de geste. Ce riche groupe de prénoms a donné naissance à une véritable myriade de variantes: *Raynald, Raynard, Raynaud, Régine, Ragnault, Renalt, Renan, Renaud, Renault, Rinaldo.*

CARACTÈRE ET DESTIN

Active, très engagée dans sa profession et en société, **Régina** ne perd jamais cette douceur caractéristique qui, associée à sa capacité de persuasion, lui permet de tenir tête à tous sans pourtant le montrer. Toutefois, elle est impulsive jusqu'à l'imprudence et souvent étourdie. Studieux, réservé et réfléchi, comme **Renand**, **Réginald** est influencé par la lune. Susceptibles, changeants et souvent colériques, ils ont tendance à cacher leur profonde émotivité derrière une carapace dure, quasi-impénétrable. Profondément différents, **Régis** et **Ronald** ont une sensibilité et un courage qu'ils emploient uniquement à satisfaire leur ambition. Ils sont tous les deux destinés à un vie intense, riche en succès et en satisfactiôn de tous ordres. Dotés d'une personnalité exceptionnelle mais tyrannique, ils se montrent disposés à s'investir beaucoup en amitié et en amour, mais exigent l'équivalent en retour. Tendre, douce, romantique, **Reine** place par contre l'amour au centre de son existence, sans calculer le risque de grandes déceptions qui lui causent dépression et stress. Attrait pour le luxe, l'art, la mode; les bibelots, les parfums et les beaux habits rendent Reine heureuse, paresseuse et raffinée. Passons maintenant à **Rejane** et à **Ronan**, dotés chacun d'une grande capacité d'endurance et de volonté. Ce sont des personnalités charismatiques, charmantes, qui arrivent, même sans le vouloir, à catalyser l'attention des autres en la centrant sur eux-mêmes. Plutôt rudes, épineux mais au fond fidèles et terriblement tendres en amour; créatifs, originaux et très actifs dans le cadre professionnel.

Chiffre favorable: le 9 pour **Régina**; le 7 pour **Réginald**; le 4 pour **Régis**; le 6 pour **Reine**; le 8 pour **Réjane** et **Ronan**; le 2 pour **Renand** et le 1 pour **Ronald**. Jours positifs: le mardi pour **Régine**; le lundi pour **Réginald** et **Renand**; le dimanche pour **Régis** et **Ronald**; le vendredi pour **Reine**; le samedi pour **Réjane** et **Ronan**. Couleurs: dans l'ordre le rouge, le blanc, le jaune, le vert et le marron. **Régine** adoptera comme talisrnans une broche en forme de couronne, un dahlia et un rubis; **Réginald** et **Renand** préféreront le nymphéa, la sélénite et les pinces du crabe; pour **Régis** et **Ronald**: l'ambre, le romarin, l'effigie d'un taureau ou d'un zèbre; du jade, un bibelot en cuivre et une plume de pigeon ou bien un joli lapin en peluche pour **Reine**; de la rue, une fougère, une pomme de pin, du jaspe brun ainsi que l'image d'un âne ou d'un chameau pour **Réjane** et **Ronan**, qui sont d'obédience saturnienne.

REMI

ETYMOLOGIE ET HISTOIRE

Rémi peut être considéré comme l'altération du nom latin peu harmonieux *remedius* = médecine (pour l'âme) ou bien un dérivé de *remex-remegius* = rameur. Mais on considère que St Rémi, fêté le 15 janvier et le 1er octobre en tant que patron des écoliers, convertit les Francs; pour ce qui est de l'évêque de Reims, il ne faut pas écarter l'hypothèse qu'il s'agisse là, par contre, d'un nom éthique ayant le sens de "natif de Reims". St Rémi est invoqué contre le danger de cécité. Les variantes à prendre en considération: *Rehm, Remege, Remy, Romme.*

Ferme, décidé, mais de bon cœur, Rémi est un individu qui attribue une grande importance à la culture, comme le veut la tradition. Il trouvera la stabilité professionnelle et affective assez tard dans la vie, après une jeunesse agitée, constellée d'ennuis.

CHANCE

Le 9, d'influence martienne, est le chiffre qui s'accommode le mieux à la personnalité de Rémi. Jour favorable: le mardi. Couleurs: le rouge et le violet. Comme porte-bonheur, il est conseillé un fil de fer, du jaspe, une fleur de chardon et l'image d'un pivert.

RENE-RENEE

ETYMOLOGIE ET HISTOIRE

Du latin *renatus* = deux fois né, ce prénom révèle la charge initiatique contenue dans le baptême et qui, par le rite de l'immersion (les eaux maternelles) propose une seconde naissance (sous-entendu dans la communauté des fidèles). Le cas de St René, évêque d'Angers (6 octobre), ressuscité selon la légende grâce à l'intercession de St Manlio, semble être significatif. Autre date à noter: 12 novembre. A rappeler René d'Anjou, écrivain et, pendant quelques temps, roi; Renée de France, amie de Calvino et patronne des hommes de lettres; René Descartes, philosophe et père du rationnalisme; enfin l'écrivain romantique

René de Chateaubriand. Deux variantes: *Renate, Renata.*

CARACTÈRE ET DESTIN

René se présente en tant qu'individu timide, renfermé, réservé. Créatif et intelligent dans le cadre scolaire et professionel, il gère ses affaires avec une certaine habileté. Attentif et gentil envers sa compagne, il est séduit par le mariage. Si on le provoque, il peut manifester une certaine violence. **Renée** est une femme capricieuse mais délicate et sentimentale. Moins timide que son homologue masculin, elle peut apparaître vivante, légère, du moins à première vue. Car au fond elle cache un esprit mélancolique et méditatif.

CHANCE

René, influencé par le chiffre 6, a une prédilection pour le vendredi. Ses couleurs sont le vert et le bleu ciel. Pour talismans, indiquons-lui: le lapis-lazuli, le jaspe vert, la rose, la verveine et la fleur du sureau. Pour **Renée**: le chiffre 2, le lundi, le blanc et le gris perle. Porte-bonheur pour elle: une perle, une opale, la fleur de la belle-de-nuit et une boulette de camphre. Très favorable aussi: un gros chat blanc.

RICHARD

ETYMOLOGIE ET HISTOIRE

L'étymologie populaire, croyant à tort que Richard dérive de l'adjectif riche, a contribué à la diffusion de cette appellation, que beaucoup considèrent être de bon augure. Cependant Richard vient du germanique *rikja* et *hardhu* = puissant, fort. On le fête le 3 avril, le 7 février, le 14 juin et le 17 septembre. C'est le patron des charretiers. Outre Richard Cœur-de-Lion, protagoniste de la troisième croisade, et Richard III (dernier des Plantagenêts et personnage du drame shakespearien), Richard est représenté par deux illustres compositeurs: Wagner et Strauss.

Caractère et destin

Richard est volontiers dominateur et possessif même si, sous des dehors rudes et séducteurs, se cache une âme sensible et attentionnée. Heureux en affaires et bien adapté à la jungle moderne, Richard est moins chanceux en amour où sa fierté est trop souvent comprise comme un excès d'égoïsme.

Chance

Richard, influencé par le chiffre 3, subit pour son plus grand bien l'influence lunaire du lundi. Ses couleurs sont le rouge et le noir. Ses talismans: l'émeraude, l'agathe, l'opale et l'or. Ses porte-bonheur: un bâtonnet d'encens, un écrin en bronze, une figure représentant un poisson.

ROBERT

Etymologie et histoire

Robert vient du germain *hold* (la gloire) et *behrt* (brillant). Saint Robert devint bénédictin et fonda l'abbaye de Cîteaux. Sa fête est célébrée le 30 avril. Outre le seigneur normand Robert le Diable, plusieurs Robert se sont illustrés au cours de ce siècle: le patron de presse Robert

Hersant, le peintre Robert Malaval... Variantes: *Ruprecht* au masculin; *Binnie, Roberta, Robina, Robin, Robinia, Rubine* au féminin.

Caractère et destin

Sensible, charmant, heureux en amour et dans la vie familiale, Robert est sensible et doux, apprécié en tant qu'ami plein de sympathie, compagnon tendre et père affectueux. On ne tient pas compte ici, cela va sans dire, des colères qu'il est capable d'avoir, car elles sont furieuses et le font exploser. Eloquent, habile, il sait apprécier l'aspect économique de l'existence. Amour de l'art, de la musique et des délicatesses tant culinaires... qu'amoureuses.

Chance

Influencé par le chiffre 6, chiffre de Vénus, Robert préfère le vendredi. Couleur: le vert menthe. Parmi les porte-bonheur: le jade, le cyclamen, le chat, le lapin et la colombe (en chair et en os ou sous la forme d'une statuette gracieuse). Peut se révéler utile, une petite branche de pin, d'influence saturnienne.

RODOLPHE

Etymologie et histoire

Du germanique *hord* = gloire et *wulf* = loup, il correspond à "loup glorieux", un épithète plein de sens si l'on en juge par l'importance accordée, dans la conception nordique du loup, animal sacré, au dieu Odin, aux vertus magiques multiples et guerrières. Parmi les Rodolphe qui ne passent pas inaperçus, nous distinguons Rodolphe d'Habsbourg, protagoniste de la tragédie de Mayerling et le beau ténébreux, l'ensorcelant Rudolph Valentino. Fêté le 17 février, 26 juin, 17 octobre. Diminutifs et formes étrangères: *Ralph, Raoul, Rilke, Rodin, Rollo, Rudolf, Rudy.*

Caractère et destin

Doté de bon cœur et de bon sens, réfléchi, serein mais peu ouvert, Rodolphe est souvent plus séducteur dans les paroles que dans les faits. Créativité, optimisme, fortune. La générosité excessive se voit compensée par une capacité remarquable dans le secteur financier.

Chance

Chiffre favorable: le 3. Jour de chance: le jeudi. Couleurs: le pourpre et le bleu électrique. Conseils de porte-bonheur: une améthyste, du jaspe vert, un fil d'étain, un chien en tissu (ou un réel).

ROGER

Etymologie et histoire

Voici le nom qui nous parle de rois et d'aventures chevaleresques, dérivé du germanique *hrodgar* = lance glorieuse, et introduit en France par les rois Normands. Parmi les Roger qui ont fait parler d'eux, pour une raison ou pour une autre, le philosophe R. Bacon (1214-1294) et le chef de la dynastie des Este. N'oublions pas non plus le sarrasin dont parle le Roland Furieux et qui, une fois converti, devint l'époux de Bradamante et le beau-frère de Roland.

Roger est fêté le 16 septembre, le 15 octobre et le 30 décembre. Parmi les variantes: *Gordon, Rogier, Ruggero, Ruggiero, Ruy.*

Caractère et destin

De nature dynamique, positive, Roger, malgré toutes les bonnes qualités dont il fait preuve (loyauté, ordre, courage, ténacité) finit par se rendre malheureux. La cause en est imputable à sa soif démesurée de justice et à son besoin de lutter pour gagner à tout prix, quitte à sacrifier toutes les petites joies de la vie. Il montre de la sagesse, du sérieux, fait profession d'idéalisme et trahit une versatilité certaine dans les études comme dans le travail. Absolutiste et prétentieux, mais très généreux dans ses affections qui semblent enpreintes de malchance la plupart du temps.

Chance

Chiffre favorable: le 9, gagnant à tout prix. Jour magique: le mardi. Couleurs: le rouge et le rose chair. Il portera une petite pièce de monnaie rouillée, un morceau de pierre appelée hématite ou de la cornaline, une renoncule, une feuille d'ortie et un objet en acier quelconque, si possible pointu.

ROLAND

Etymologie et histoire

Roland dérive, à travers le latin, de Hrod = renommée et de *nathaa* = hardi ou de *land* = pays, il signifie donc "connu pour son audace" ou "bien connu dans son pays". Diffusé dès le Moyen-Age grâce à *la Chan-*

son de Roland, c'est le prénom du còmte palatin neveu de Charlemagne, tombé à Roncevaux en 778 pour protéger la retraite de l'armée impériale; il est commémoré le 31 mai. Autres dates: 16 janvier, 28 février, 13 mai, 15 juillet. Le 15 septembre on célèbre l'ermite Roland qui, d'après la légende, vécut dix ans en prière, vêtu seulement de feuilles sèches. Parmi les variantes: *Orland, Rolande, Rolende, Rolland.*

Créatif, ambitieux, doté d'un courage et d'une volonté tout à fait exceptionnels, Roland se présente comme un individu sympathique, un peu solitaire, rebelle, indiscipliné. Il déteste en effet la routine, les obligations et les conventions sociales, dont il ne se soucie guère. Précipité mais généreux en amour, il tend à s'engager trop vite et finit par le regretter. Situation financière aisée.

CHANCE

Marqué par le chiffre 1 d'influence solaire, Roland préfère le dimanche. Couleurs: le jaune et l'or. Talismans les plus appropriés: une feuille de palmier, un tournesol, une noix muscade et une petite épée en souvenir de la célèbre Durendal du héros Roland.

ROMAN-ROMAIN

ETYMOLOGIE ET HISTOIRE

Le cadre étymologique pour Roman et Romain est, lui aussi, extrêmement varié. De toute évidence, les deux prénoms sont liés au nom de la capitale italienne. Rome à son tour dérive probablement de *Rumon* = Tibre, *ruma* = mamelle (d'où la légende des deux jumeaux allaités par une louve) ou *Rhome* = force. Roman, soutenu dans son emploi par le culte de plusieurs saints, reprend le surnom latin de l'époque impériale *Romanus*, soit "habitant de Rome" et, plus tard, "citoyen impérial". Il est fêté le 2 février, le 9 août, le 23 octobre et le 18 novembre. Le saint a une importance majeure dans le Nord, où l'on raconte qu'il a fait rentrer miraculeusement le Rhône dans son lit ou, selon d'autres versions, qu'il a libéré la ville d'un monstre redoutable. St Roman de Russie est le patron de Moscou. Parmi les célébrités: l'écrivain R. Rolland et le metteur en scène Polanski. Le nom a donné naissance à diverses variantes parmi lesquelles: *Rohand, Romanos, Romilia, Romina, Romy.*

CARACTÈRE ET DESTIN

Paresseux, intuitifs, instables, **Roman** et **Romain** tendent à s'isoler dans un monde privé et fantastique auquel peu d'éléments réels ont droit d'accès: les livres, la musique, l'art. Solidaires et réservés, ils sont convaincus d'être trop différents des autres pour pouvoir être aimés. Le monde occulte les attire en compensant par la découverte d'horizons nouveaux leur sentiment d'insatisfaction perpétuelle.

CHANCE

Marqués tous les deux par la lune avec le chiffre 7, **Roman** et **Romain** préfèrent parmi les jours le lundi; parmi les couleurs le blanc et le gris perle. A recommander l'emploi du verre, du cristal, du trèfle, du camphre et d'un caillou pris dans un fleuve pour talismans.

ROMUALD

ETYMOLOGIE ET HISTOIRE

Du germanique *rhom* = renommé et *waltan* = commander, c'est le nom d'un saint connu pour avoir eu une vision semblable à celle de Jacob: un escalier de lumière unissant la terre au ciel. Le prénom Romuald a essaimé à l'endroit même ou ce phénomène se produisit. Il est fêté le 7 février et le 15 juin. Une variante: le provençal *Roumio*.

CARACTÈRE ET DESTIN

Son tempérament est gai, positif et optimiste. Le courage et la combativité, n'étant plus restreints à son ego, sont mis au service du prochain. Sérénité, sagesse, capacité d'adaptation, accompagnées d'un désir modéré de bien-être matériel. Généreux, dévoué en amour, il mûrit toutefois lentement au point de vue affectif, et ne parvient que dans sa maturité à un choix stable. Ce prénom promet une certaine chance.

CHANCE

Soutenu par la vibration jovienne du chiffre 3, Romuald connaîtra les plus grands bénéfices le jeudi. Parmi les talismans: une feuille d'olivier, un clou de girofle, un géranium, l'image d'une girafe ou d'un cerf.

ROSE

ETYMOLOGIE ET HISTOIRE

La rose, reine des fleurs, a donné naissance au prénom floral le plus courant. Rose (du grec *Rodon*) détient en effet l'une des premières places en popularité sur l'ensemble des prénoms français. Largement employé au Moyen-Age, en raison de la valeur symbolique de la rose, emblème de la jeunesse et de l'amour, ce prénom a été favorisé par le culte de certaines saintes et s'est caractérisé par une profusion de variantes. Rose peut être aussi considéré comme le diminutif d'autres prénoms tels que: Rosamonde, Rosalie, Rosalinde, Rosaria, Rosilde et Roswitha (celle qui est célèbre). Sa fête est le 17 janvier, le 30 août (Ste Rose de Lima, patronne de l'Amérique Latine, des fleuristes et des jardiniers) et le 4 septembre. Autres diminutifs et variantes: *Rosalyn, Rose, Rosceline, Roseline, Rosette, Rosine, Rosita, Roze, Rozen, Rozenn, Rozy* et les prénoms composés: *Rosalbe, Rosanne, Rosaura, Rosemary* et *Romy*.

CARACTÈRE ET DESTIN

Le charme, la passion mais aussi les épines, voici les caractéristiques qui, comme la fleur homonyme, définissent aussi Rose, la belle coquette qui accourt et s'enfuit aussitôt afin de rester toujours indépendante, maîtresse d'elle-même mais malheureuse. Paradoxalement, si par hasard elle tombe amoureuse, elle se transforme. Sa ténacité, sa distance et son obstination s'éteignent pour céder la place à une épouse diligente, très sereine et presque passive.

176

Chiffre favorable: le 8. Jour positif: le samedi. Couleurs: tous les tons du brun et, bien sûr, du rose. Une rose aussi comme talisman, ou bien un diamant, l'encens, la fougère et une bague en forme de serpent.

ROSALIE

ETYMOLOGIE ET HISTOIRE

Les hypothèses concernant l'origine de Rosalie sont multiples. Le prénom se compose de Rose et de Lie ou bien dérivé de Rocelin, d'origine normande ou encore, lié à Rosalie = couronne de roses, fête païenne adoptée par le chistianisme primitif. Ce prénom s'est répandu aussi grâce au culte d'une sainte: une jeune fille noble qui s'était retirée en pèlerinage sur le mont Pèlerin, où ses dépouilles furent trouvées 400 ans plus tard (11-15 juillet). Une variante: *Rosolie.*

CARACTÈRE ET DESTIN

Une nature sensible, réservée, charmante, caractérise la douce Rosalie. Très timide, dotée de peu de volonté, elle est cependant capable de donner beaucoup d'amour. Mais si l'on analyse plus à fond sa personnalité, on y trouvera un esprit de détermination, calculateur, typique des personnes qui ne laissent rien au hasard.

CHANCE

Chiffre favorable: le 7. Jour préféré: le lundi. Couleurs: le blanc et le gris. Talismans: une broche en forme de couronne, un petit collier de perles, une feuille de mauve, un chaton blanc qui sera en peluche, faute de mieux. Favorable aussi: l'onyx, qui renforce la volonté.

ROXANE

ETYMOLOGIE ET HISTOIRE

Tiré d'histoires médiévales, romancées, de la vie d'Alexandre le Grand, Roxane correspond au persan *Raushana* = resplendissante; ainsi s'appelait l'épouse du Macédonien, tuée avec son fils à la mort de son mari par un usurpateur du trône. Ce prénom a été utilisé par Corneille, Rostand, Racine et par D. de Foe, dans son conte *Lady Roxane.* Variantes: *Rosselana, Rosana.*

CARACTÈRE ET DESTIN

Curieuse, infatigable et sans aucun doute charmante, Roxane recherche tout ce qui est nouveau, changeant ou hors du commun. Passionnée de théâtre, de cinéma, de livres, elle rêve de tenir une place importante dans le monde du spectacle ou de l'édition. Elle aime le jeu, la compétition, le risque, surtout en amour. Malgré ses nombreuses conquêtes, elle se lie difficilement avec quelqu'un, de crainte de perdre sa liberté. Mais pour ceux qui ne l'impressionnent pas, elle sait se révéler douce, tendre et sensuelle.

CHANCE

Chiffre: c'est le 5, marqué par Mercure, qui convient le mieux à la personnalité de Roxane. Jour magique: le mercredi. Couleurs: le jaune citron et le bleu ciel. Comme talismans, elle pourra se servir d'une noix muscade, d'un bibelot en platine, de l'agathe ou de l'œil-de-chat, de la silhouette d'un renard ou d'un singe. Le parfum de la lavande et de la menthe sont fort adaptés.

S

SABINE

Étymologie et histoire

Deux formes: l'une, plus savante, Sabine, et l'autre, plus populaire, Savine, pour ce surnom ethnique signifiant "appartenant au peuple des Sabins" dont on connaît l'histoire: les femmes de ceux-ci furent enlevées par les premiers Romains. Certains par contre le considèrent comme une dérivation du germanique *sippe* = tribu ou *swoba* = souabe, mais ces hypothèses paraissent peu crédibles. Aussi nombreuses que les racines étymologiques, les fêtes sont célébrées le 17 et le 30 janvier, le 7 et le 11 juillet, le 29 août, le 9 et le 27 octobre; le 19 octobre et le 23 décembre on fête St Sabinien. Parmi les variantes: *Sabin, Saby, Savin, Sevin.*

Caractère et destin

D'un tempérament inconstant et capricieux; très active, courageuse, mais parfois menteuse, Sabine conçoit son existence comme une grande scène où elle peut jouer, risquer, se mesurer aux autres. Les changements de résidence, de profession, de partenaire et d'intérêts sont à l'ordre du jour pour elle. En fait, elle déteste les engagements, les responsabilités, les liens et les horaires fixes. Son mot d'ordre: la liberté.

Chance

Le 5, marqué par Mercure, est le chiffre qui s'accorde le mieux avec la personnalité curieuse et bizarre de Sabine. Jour favorable: le mercredi. Couleurs: le jaune et le bleu ciel. Talismans: une agate, une émeraude, cinq graines d'anis étoilé et un perroquet multicolore. Le parfum de la lavande est également recommandé.

SABRINA

Étymologie et histoire

Prénom récent, on le retrouve dans le film *Sabrina Fair* (1954). Il est commémoré le 29 janvier.

Caractère et destin

Ambitieuse, aimant la compétition, jamais médiocre. Capable de volonté et de sang-froid, Sabrina est une personne vouée à la réussite. Orgueilleuse et indépendante, elle ne supporte pas la routine et n'admet pas facilement ses fautes. Succès dans sa profession, des hauts et des bas en amour.

CHANCE

Chiffre favorable: le 1. Jour de chance: le dimanche. Couleurs: le jaune d'or et l'orange. Talismans: un tournesol, un cactus, l'image d'un crocodile ou d'un cobra. Favorable aussi: un bibelot en or.

SAMANTHA

ETYMOLOGIE ET HISTOIRE

Employé aux Etats-Unis au cours du XVIIIᵉ siècle, Samantha apparaît au siècle dernier comme nom d'une sorcière. Bien qu'anglais, il garde tout de même sa racine hébraïque: "celle qui écoute".

CARACTÈRE ET DESTIN

Personnalité curieuse, vivante, toujours à la recherche d'ennuis. Samantha est une femme active, infatigable et très sincère. Elle obtiendra probablement un certain succès dans le monde du spectacle grâce à sa constance et à son courage. Même en amour, elle préfère la compétition, le jeu, pourvu que l'aspect ludique persiste. Sinon, dans la mesure où elle supporte mal les rapports sérieux, elle finira par chercher ailleurs de nouvelles conquêtes.

CHANCE

Chiffre favorable: le 5. Jour de chance: le mercredi. Couleur: le jaune canari. Talismans: cinq baies de genièvre, une émeraude, le parfum de la lavande.

SAMUEL

ETYMOLOGIE ET HISTOIRE

De l'hébreu *Shemuel*, signifiant "son nom (de celui qui l'a donné) est Dieu" ou bien "demandé par Dieu", Samuel est le prophète et le juge d'Israël (XIᵉ siècle avant J.-C.) qui consacra David. Dans les Ecritures, on lui attribue le Livre des Juges, le Livre de Ruth et le Livre Premier des Rois. On le fête le 16 février, le 20 août et le 10 octobre. A citer: Samuel Johnson, écrivain anglais du XVIIIᵉ siècle, le romancier Richardson et le poète Coleridge. C'est un prénom assez courant aux Etats-Unis. Parmi les variantes et les diminutifs: *Sam, Sammy* et, au féminin, *Samuella*.

CARACTÈRE ET DESTIN

Introverti, méfiant, Samuel préserve jalousement sa vie privée. Habituellement plus cultivé qu'il n'en a l'air, il est habile et économe. Un penchant particulier pour les affaires et le droit. Attachement profond à sa famille, au sein de laquelle il se transforme en se révélant tendre et romantique.

CHANCE

Chiffre porte-bonheur: le 8, marqué par Saturne. Jour le plus favorable: le samedi. Couleurs préférées: le noir et le gris sombre. Talismans: l'onyx, le plomb, la fougère, une branche de cyprès. Propice aussi: un gland, qui le rendra plus optimiste et extraverti.

SARAH

ETYMOLOGIE ET HISTOIRE

Repris dans l'Ancien Testament, où Sarah est la femme d'Abraham, devenue mère d'Isaac à 90 ans, ce prénom signifie princesse, de *sarar* = commander. Ensuite, toujours dans l'Ancien Testament, il existe une Sarah tourmentée par le démon Asmodée (qui avait tué ses sept maris et fut finalement vaincu par l'Archange Gabriel). L'hagiographie nous entretient aussi de l'existence d'une Ste Sarah, qui passa 63 ans de sa vie dans une petite cellule aux bords des rivages du Nil, où elle atteignit la sagesse. Les tziganes des Saintes-Maries-de-la-Mer vénèrent une autre Sarah, la servante noire de Marie-Madeleine. Sa fête est célébrée le 13 juillet, le 9 octobre, le 10 décembre. Un célébrité: la fameuse actrice du siècle dernier Sarah Bernhardt. A considérer les variantes suivantes: *Sadi, Sadie, Sally.*

CARACTÈRE ET DESTIN

Curieuse, pointilleuse, mais en même temps distante et peu communicative, Sarah, à l'inverse de ce qu'on croit, a au fond beaucoup de bonté. Très douce et affectueuse dans ses rapports sentimentaux, elle se montre toutefois extrêmement jalouse. Et pourtant, son partenaire la couvre de tendresse et d'attentions. Bien qu'économe, elle ne réussira pas facilement à s'enrichir.

CHANCE

Chiffre de chance: le 2. Jour propice: le lundi. Couleurs: Sarah aura avantage à porter du blanc et du gris clair. Talismans: une petite chaîne d'argent, une opale, une perle et une fleur de belle-de-nuit. Favorable aussi un parfum de myrte et de laurier.

SEBASTIEN

ETYMOLOGIE ET HISTOIRE

Sébastien se compose d'un étymon grec complété par un suffixe latin qui signifie vénérable. Le saint auquel est dédiée la belle basilique à Rome est le martyr célèbre si cher aux peintres des temps passés. La légende raconte que Sébastien, condamné à être criblé de flèches, fut abandonné, laissé pour mort, puis soigné par une femme pieuse. Il se présenta alors à nouveau devant l'empereur Dioclétien pour lui reprocher la cruauté avec laquelle les Chrétiens étaient traités, mais fut décapité et jeté aux égouts. Il est le patron des vigiles, des archers, des tapissiers; on l'invoque contre les méfaits de la poliomyélite ainsi qu'en cas de guerre. Son souvenir est commémoré le 12 et le 20 janvier, le 25 février. Parmi les célébrités: un peintre du XVIe siècle, Sebastiano del Piombo et, surtout, le grand compositeur J. Sébastien Bach. Parmi les variantes: *Bastian, Bastiat, Bastien, Bastienne.*

CARACTÈRE ET DESTIN

Doté d'un tempérament calme, méthodique et très pondéré, Sébastien peut tirer avantage d'un âge qui paraît toujours plus avancé qu'il n'est! Intelligent, perspicace, un peu influençable, il préfère la vie familiale. Il apparaît compassé en amour.

CHANCE

Le 4, d'influence solaire, est le chiffre qui peut améliorer le destin de Sébastien. Jour favorable: le dimanche. Couleurs: le jaune et l'or. Talismans: il sera avantagé par l'or, l'ambre; le tournesol et la jonquille parmi les plantes; l'image d'un lion ou d'un bélier.

SERAPHIN

ETYMOLOGIE ET HISTOIRE

De l'hébreu *saraf* = brûler (mais signifie aussi en hébreu biblique "serpent"), ce nom incarne le septième chœur des anges, décrits par Isaïe comme des créatures ailées, soufflant du feu par leur bouche. Sa fête est célébrée le 25 juillet, le 3 et le 29 septembre, le 12 octobre.

CARACTÈRE ET DESTIN

Tempérament renfermé, concentré, vaniteux, Séraphin a l'esprit lent mais assimile très bien les connaissances acquises, il est flegmatique et réaliste. Il prend un étonnant plaisir à faire parler de lui, que ce soit en bien ou en mal. Il aime le sport, le risque, l'aventure (il lui arrive même d'exagérer). Il a tendance à tourmenter ses amis et ses connaissances par une ironie cinglante et systématique sur tout.

CHANCE

Chiffre magique: le 9, martien. Jour favorable: le mardi. Couleurs: le rouge et le rose chair. Talismans: l'image d'un petit serpent, un frag-

ment d'hématite, un fuchsia, le tabac et l'ail.

SERGE

ETYMOLOGIE ET HISTOIRE

Serge, nom utilisé par la noblesse romaine, d'origine étrusque, et délaissé au Moyen-Age, n'est revenu à la mode qu'au siècle dernier avec la littérature russe. La "gens Sergia" était à Rome une famille patricienne d'origine campagnarde, d'où on peut hasarder que "Serge" aurait signifié "gardien de troupeaux". Serge est fêté le 24 février, le 9 et le 25 septembre. Parmi les célébrités, un romain et deux soviétiques: Lucius Sergius Catilina, qui s'insurgea contre l'aristocratie romaine, Serge Diaghilev, créateur des célèbres Ballets Russes et Serge Prokofiev, grand musicien. Une variante: *Sergej*.

CARACTÈRE ET DESTIN

De caractère influençable, renfermé mais sympathique, intelligent et logique, Serge est un individu qui s'adapte, agréable, aimant le sport et la vie en liberté. Il est souvent l'objet de la jalousie des autres. Passionné mais brusque et jaloux en amour, il ne réussit jamais à exprimer la tendresse qu'il éprouve. Pour cette raison, il est victime de nombreuses déceptions avant de parvenir au mariage, à l'âge mûr.

CHANCE

Chiffre de chance: le 9, d'influence martienne. Jour préféré: le mardi. Couleurs: le rouge et le violet. Talismans: une branche d'absinthe, de rue, l'hématite ou le jaspe rouge, l'image d'un cheval ou d'un pic, une vieille pièce d'or.

SEVERE-SEVERIN-SEVERINE

Etymologie et histoire

Du latin *Severus* = sévère, inflexible, Sévère et Séverin sont parvenus jusqu'à nos jours grâce au culte de nombreux saints, parmi lesquels St Sévère, patron des tanneurs, des chapeliers et des fabricants de tissus. On le célèbre le 8 janvier, les 11 et 21 février, le 30 avril, le 6 et le 8 juin, le 7 juillet, le 23 octobre et le 27 novembre. Sévère, Séverine, Sévérian... vous n'avez donc que l'embarras du choix! Parmi les célébrités, l'empereur romain Septime Sévère et Cassius Sévère, orateur satirique. Quelques variantes: *Seurin, Seve, Surin*.

Caractère et destin

Sévère et **Séverin** se présentent comme des individus susceptibles, tendres, très émotifs. Ils croient dans le destin, rêvent d'amour universel et d'harmonie parfaite entre toutes les créatures. Ils ont toutefois tendance à se réfugier dans l'imaginaire, affrontant la réalité avec grâce, sans se prendre d'aucun intérêt pour le monde. Plus sérieuse, introvertie et studieuse, **Séverine** préfère résister au rêve qui, pourtant, l'attire, pour intervenir dans le monde de manière active et concrète. Elle s'engage toute entière dans les fonctions sociales et dans les professions qui nécessitent des qualités particulières d'humanité. Peu de bonheur en amour.

Chance

Chiffre favorable: le 2 pour **Sévère** et **Séverin**, le 7 pour **Séverine**; ces chiffres de chance sont influencés par la lune, donc changeants, instables. Jour le plus propice: le lundi. Couleurs: le blanc laiteux et le gris. Talismans: ils pourront prendre un fragment de quartz, un objet en cristal, une poignée de graines de courge, un bibelot en argent.

SIBYLLE

Etymologie et histoire

Très fréquent en France et en Suisse, Sibylle est un beau prénom qu'il faut prendre en considération. Du dialecte dorien *Sios* = Jupiter et *ballo* = volonté, il signifie proprement "celle qui fait connaître la volonté de Dieu". Et, en effet, tout le monde aura entendu parler de la Sibylle de Cumes, cette belle fille munie d'une demi-lune qui prédisait l'avenir dans une caverne de cette même ville. Une autre Sibylle célèbre, moins prophétique: l'écrivain contemporaine Sibylle Aleramo. Sa fête est le 19 mars. Variantes: *Cybil, Sibylla*.

Caractère et destin

Sibylle se présente comme une femme sympathique, originale, créative et dotée en même temps d'une sérénité et d'une douceur enviables. Capable de saisir toujours le côté positif des choses et des personnes, elle est aussi appréciée en société et par ses amis que populaire à l'école ou au travail. Parmi ses défauts, un certain opportunisme bien masqué.

Chiffre favorable: le 3, jovien. Jour préféré: le jeudi. Couleur: le pourpre. Talismans: elle pourra utiliser une carte de jeu, une améthyste, un fil d'étain, une feuille de chêne, ou encore la proverbiale demi-lune; un chien sympathique se révélera la mascotte la plus adaptée pour elle.

SIEGFRIED

ETYMOLOGIE ET HISTOIRE

Du germanique *sigu* = victoire et *frithu* = paix, il signifie "celui qui assure la paix par la victoire". Siegfried est le héros de la *Chanson des Nibelungen*, fils de Siegmund et descendant d'Odin, que Brunhilde fit tuer, et de l'*Or du Rhin* écrit par Wagner, où il figure en tant que symbole de la vie libre et de l'amour. Il est fêté le 15 février et le 22 août. Parmi les variantes: *Sigfrid* et *Sigefroy*.

CARACTÈRE ET DESTIN

Doté d'une personnalité exceptionnelle, ambitieux, tyrannique, mais irrésistible, Siegfried réussit à faire faire aux autres ce qu'il veut. Il se distingue par une volonté hors du commun et une capacité à mener la lutte en défiant les lois et les conventions sociales, particulièrement lorsque l'argent ou le pouvoir en sont l'enjeu. Siegfried n'admet pas facilement ses fautes. Excellent succès professionnel, surtout dans le domaine des sciences et de l'art. Des hauts et des bas financiers.

Soutenu par le chiffre 1, d'influence solaire, Siegfried rencontrera le sommet de sa chance le dimanche. Couleurs: le jaune et l'orange clair. Porte-bonheur: la fleur d'arnica et de chélidoine, un bâtonnet de cannelle, une pièce d'or. La violette, en outre, ne pourra que l'avantager, en le rendant un peu plus modeste.

SIGMUND

ETYMOLOGIE ET HISTOIRE

Du germanique *sigu* = victoire et *munda* = protection, c'est-à-dire celui qui protège par la victoire, dans l'épopée des *Nibelungen* c'est le père du héros Siegfried. Sa fête est célébrée le 1er mai. Une célébrité à rappeler: S. Freud, père de la psychanalyse. A ne pas oublier: la variante *Sigurd*.

CARACTÈRE ET DESTIN

Très heureux en amitié et dans la vie familiale, Sigmund se présente comme une personne douce, altruiste et pleine de bon sens. Sensible, gentil jusqu'à la naïveté, il peut cependant entretenir des passions souterraines et refouler des colères anciennes, qui explosent par la suite furieusement. Sigmund aime s'entourer de personnes car il craint la solitude; il apprécie l'art, la beauté, la musique et ne dédaigne pas le chic et le confort. Son désir le plus ardent est de trouver l'amour.

CHANCE

La vibration du chiffre 6 est celle qui s'accorde le mieux à la personnalité de Sigmund. Jour magique: le vendredi. Couleur: le vert émeraude. A recommander l'emploi d'un talisman tel qu'un bracelet de cuivre, une feuille de myrte, une plume de moineau ou de colombe.

SYLVIE-SYLVAIN-SYLVAINE-SILVERE- SYLVESTER-SYLVESTRE

ETYMOLOGIE ET HISTOIRE

Sylvie et les autres prénoms semblables dérivent tous de *silva* = bois, forêt et du grec *xilon* bois. D'après la légende, ce nom fut attribué pour la première fois à un fils d'Enée, qui naquit dans un petit bois (à remarquer que Sylvie est le nom botanique de l'anémone des bois). Toujours associé aux bois et aux troupeaux, Sylvain est la divinité champêtre équivalant au grec *Pan*. On le trouvera encore sous forme de lutin, dans certaines fêtes régionales. On commémore Sylvie le 21 avril, le 31 août et le 3 novembre, Sylvain et Sylvaine le 10 février, le 4 mai, le 10 juillet et le 22 septembre. Le 31 décembre on célèbre Sylvestre, le pape-magicien qui dit-on introduisit en Occident les chiffres arabes. St Sylvestre est le patron des maçons et des cuisiniers. Les variantes et les diminutifs sont innombrables: *Selva, Selvina, Silva, Silve, Silvester, Silvestre, Silvaine, Silvi, Silvio, Silvy, Sylvette, Sylvana, Sylviana, Sylviane.*

CARACTÈRE ET DESTIN

Phases sombres et éclaircies caractérisent la personnalité de **Sylvie**, changeante et instable, qui craint constamment de se tromper, de blesser, de gâcher la sérénité harmonieuse qu'elle souhaite. C'est une femme réservée, calme, au fond peut-être un peu masochiste mais sans doute facile à aimer. Employée modèle, elle refuse toutefois d'être mise en vedette ou d'assumer le rôle de leader. L'inquiétude qui la caractérise semble manquer totalement chez **Sylvain** et **Sylvaine**. Lui, positif, optimiste est toujours souriant; tandis qu'elle est décidée, volontaire et animée d'un esprit de "chef". **Silvère** se présente comme un individu fier, réservé, idéaliste, caractérisé par la combativité, qui n'hésite pas de temps en temps à dépasser les limites du raisonnable pour se transformer en un être totalement agressif. L'argent ne lui importe pas mais il n'en sera jamais dépourvu parce qu'il a la "baraka"!... Très chanceux aussi sont **Sylvester** et **Sylvestre**, promis au succès, qui montrent une véritable attitude à commander. Orgueil, volonté, fermeté semble s'alterner chez ces personnes extrêmement soucieuses d'elles-mêmes.

CHANCE

Chiffre favorable: dans l'ordre, le 2 pour **Sylvie**; le 3 pour **Sylvain**; le 8 pour **Sylvaine**; le 9 pour **Sylvère**; le 1 pour **Sylvester** et **Sylvestre**. Jours propices: respectivement, le lundi, le jeudi, le samedi, le mardi et le dimanche. Couleurs: le blanc, le bleu, le noir, le rouge, le jaune et les couleurs des bois. Talismans: ce sont tous des végétaux: la fleur du trèfle, la mauve et la fougère pour **Sylvie**; un fragment du cortex d'un bouleau, un gland ou une primevère pour **Sylvain**; le pin, le cyprès, le musc ou le sureau pour **Sylvaine**; la renoncule, le robinier et l'absinthe pour **Sylvester** et **Sylvestre**.

SIMEON-SIMON-SIMONE

ÉTYMOLOGIE ET HISTOIRE

Deux étymons et deux noms n'en font qu'un: l'hébreu Simeon, de *shamah* = exhaussement et le grec Simon de *simos* = camus, au nez écrasé. Dans l'Ancien Testament, Siméon est le deuxième fils de Jacob, dans le Nouveau Testament, c'est le cousin et le disciple de Jésus (18 février). On commémore également un Simon l'Egyptien, pendant 25 ans ermite dans le désert et un Simon Stylite (5 janvier et 28 octobre). A rappeler, même s'il n'a jamais été saint, le populaire Simon le Magicien qui, en essayant d'associer les affaires à la religion, tâcha d'acheter aux Apôtres le pouvoir d'accomplir les miracles, d'où dérive le mot "simonie" pour désigner le trafic de choses saintes. D'autres Simon, peut-être moins célèbres mais certainement plus honnêtes: le sculpteur grec Simon d'Egine, Siméon bar Yohai, auteur du *Zohar*, Simon Laplace, Simón Bolívar qui libéra le Venezuela de l'emprise espagnole et l'écrivain Simone de Beauvoir. Parmi les variantes: *Simo, Simona, Simonetta*.

CARACTÈRE ET DESTIN

Siméon présente une personnalité riche en imagination, sensible et changeante; capricieux, charmant, sensuel. Habile, astucieux, il aime les intrigues. Beaucoup d'exigences, sentiment d'indépendance précoce. Il a de la "classe". **Simon** est un individu pacifique, réfléchi, serein, très sérieux; mais, bien qu'il paraisse cultivé et studieux, il n'aime pas tellement les livres. En amour, il se montre détaché, imperturbable. Charmant mais de sentiments fragiles. Ce prénom semble voué à la longévité. Chez **Simone** on trouve un tempérament positif, optimiste, doté d'un potentiel philanthropique immense. Sage, généreuse jusqu'à l'exagération elle craint toujours de ne pas avoir assez donné. Une grande émotivité conditionne sa vie affective et sociale en l'exposant à l'indécision et à l'instabilité. Avec l'âge elle réussira à créer un rapport solide et très positif d'où elle tirera des satisfactions infinies. Grande chance dans le domaine financier, adaptabilité, originalité, douceur.

CHANCE

Chiffre magique: le 3 pour **Siméon** et **Simone**; le 7, lunaire, pour **Simon**. Jours favorables: respectivement, le jeudi et le lundi. Couleurs: le bleu électrique et le blanc. Talismans: les premiers choisiront un gland, un saphir et une statuette figurant un cygne ou un dauphin; le dernier s'orientera vers le cristal, le sable, la fougère et la fleur du trèfle.

SOLANGE

ÉTYMOLOGIE ET HISTOIRE

D'origine celtique, dans le sens de "unique, élue" ou latine: *solemnia* = solennelle, accomplie selon le rite, c'est aujourd'hui un prénom répandu surtout dans les pays francophones. Ste Solange martyre de Bourges, invoquée pour obtenir la pluie, est commémorée le 10 mai. Une variante: *Soulange.*

CARACTÈRE ET DESTIN

Personnalité ouverte, sympathique, souriante. Penchant pour l'art; magnétisme, succès professionnel et sentimental. N'essayez jamais de lui imposer votre point de vue: Solange n'accepte d'ordres de personne, même pas de son amant.

CHANCE

Chiffre de chance: le 1. Jour favorable: le dimanche. Couleurs: le jaune d'or et l'orange. Talismans: une topaze, une émeraude, une branche de mimosa ou de gênet.

SOPHIE-SONIA

ETYMOLOGIE ET HISTOIRE

Sophie, terme grec qui peut signifier "connaissance", a été fréquemment utilisé chez les chrétiens ce que ses autres sens ("sagesse divine", "incarnation du Verbe") expliquent. Il s'est ensuite répandu en raison du culte à la martyre Sophie et à ses filles Foi, Espoir, Charité. On la fête le 30 avril, 4 juin, 1er août, 10 septembre. La forme russe Sonia est devenue populaire à travers *Crime et Châtiment* de Dostoïevski et *Oncle Vania* de Tchekhov. Sophie est présente dans *les Souffrances du jeune Werther* de Goethe et *"Emile"* de Rousseau. Une variante: *Sophia.*

CARACTÈRE ET DESTIN

Vibrante, passionnée, **Sophie** tend à dissimuler un esprit extrêmement féminin derrière une écorce rude, presque masculine, d'une fierté qui décourage. Elle est intelligente, forte, tenace et, comme le suggèrent les origines de son nom, sage et intuitive. Assez positive, elle se laisse peu aller aux rêves mais les réalise toujours. Mère possessive, dominée par son compagnon aussi bien comme fiancée que comme épouse. **Sonia**, au contraire, n'essaie même pas de masquer ses passions effrénées, ses soudains élans sentimentaux, ses jalousies, ses rancunes qui se chevauchent et tourbillonnent en elle. Indécise, influençable, douce en amour, elle ressent constamment le besoin de s'occuper car elle ne supporte pas de rester à ne rien faire. D'excellentes possibilités de succès. Des hauts et des bas financiers.

CHANCE

Chiffre porte-bonheur: le 9 pour **Sophie**: le 4 pour **Sonia**. Jours favorables: respectivement, le mardi et le dimanche. Couleurs: le rouge et le jaune. Talismans: le plus adapté à **Sophie** est une bague ornée d'un rubis, un fuchsia, l'image d'un poulain; pour **Sonia** ce sera un tournesol, un bracelet d'or ou une statuette évoquant un lion.

STANISLAS

ETYMOLOGIE ET HISTOIRE

Il s'agit d'un nom polonais dérivant de *stani* = debout ou bien *stan* = état et *slawa* = gloire. Il n'est arrivé jusqu'à nous que vers la fin du Moyen-Age sous sa forme littéraire Stanislaus grâce au culte de St Stanislas, évêque de Cracovie, que le roi Boleslas II avait fait tuer car le saint lui avait interdit l'accès à l'église, sous prétexte qu'il en était indigne (7 mai) et de St Stanislas Kistka, jésuite polonais (15 août et 13 novembre). St Stanislas est le patron des jeunes, des novices religieux, des mourants et, naturellement, de la Pologne. On l'invoque contre la tachycardie et les troubles oculaires. Une variante: *Stan*.

CARACTÈRE ET DESTIN

L'intelligence, l'originalité, la capacité de mener plusieurs affaires en même temps caractérisent Stanislas et en font une personnalité hors du commun. Caractère plein de charme et de surprises. Il est doux, curieux, audacieux et romantique; il rêve d'aventures et d'intringues amoureuses et les transforme en réalité. Il a peu de chance de devenir riche mais, en revanche, bien plus d'atteindre le succès. Amour pour la musique et l'art. Ses manières, son habillement sont raffinés.

CHANCE

Chiffre favorable: le 6. Jour positif: le vendredi. Couleurs: le vert gazon et le turquoise. Porte-bonheur: un bracelet de cuivre, un petit objet en jade, un narcisse et une feuille de figuier; favorables, aussi, un chat roux ou un lapin de même couleur.

STELLA

ETYMOLOGIE ET HISTOIRE

Stella (étoile) est une appellation affectueuse promettant la nouvelle-née à la luminosité stellaire. C'est aussi une persistance du culte de la Sainte Vierge de l'Etoile, appelée "Stella Maris", interprétation erronée de Maryam au sens d'"étoile de mer" et non de "goutte d'eau de mer". Elle est fêtée le 11 mai. Parmi les variantes: *Estella, Estelle, Estrella, Maristella*.

CARACTÈRE ET DESTIN

De nature extrêmement romantique, rêveuse, Stella fait de l'amour le but de sa vie et, malgré quelques déceptions, quelques crises, elle en tire aussi beaucoup de bonheur. Sa situation économique n'apparaît pas aussi brillante, car Stella, qui est généralement plaisante, élégante, tend à dilapider son bien en fleurs, bijoux, parfums, bibelots précieux et tableaux. Elle est, en somme, une femme qui aime s'entourer de belles choses, raffinées et toujours de bon goût. Succès dans les professions artistiques.

CHANCE

Chiffre favorable: le 6, influencé par Vénus. Jour positif: le vendredi. Couleurs: le rose et le vert menthe. Talismans: un saphir étoilé, un bibelot de jade, la fleur appelée aster. Parfum de rose, de muguet et de myrrhe.

STEPHANE-STEPHANIE

ETYMOLOGIE ET HISTOIRE

Stéphane, le saint célébré le jour après Noël, a une histoire triste qui éclaire l'origine de son nom. Elu diacre des Apôtres mais accusé de blasphème par les juges, Kelilan (ainsi s'appelait-il) reprocha à ses accusateurs d'avoir crucifié Jésus et fut lapidé à Jérusalem sept mois après la Résurrection. Kelilan (en araméen *couronne*, traduit en grec par *Stephanos*) devint ainsi le premier martyr chrétien et la couronne, le symbole du martyre. Mis à part le jour qui suit Noël, la St Stéphane se fête le 8 février, le 2 août, le 7 et le 18 septembre et le 20 novembre. St Stéphane est considéré comme le patron des tailleurs de pierres. Quelques célébrités: Montgolfier, Stephenson, Zweig et le poète Mallarmé. Parmi les innombrables variantes: *Esteban, Etienne, Etiennette, Fanny, Stefan, Steff, Stefen, Tiffany, Tiphaine.*

CARACTÈRE ET DESTIN

Stéphane et **Stéphanie** se présentent en général comme des individus introvertis, renfermés, vindicatifs. Irritables, très dépendants et parfois menteurs, ils ont tendance dans leur jeunesse à donner quelques soucis à leur famille. Même si plus tard ils parviennent à trouver leur vie. Exclusifs et jaloux en amour, ils entretiennent peu de relations sentimentales et tentent de préserver leur intégrité, même au prix d'insatisfactions. Faible propension au mariage, mais amour des enfants.

CHANCE

Influencés par la lune, **Stéphane** et **Stéphanie** seront favorisés par les chiffres 2 et 7. Ils verront leurs meilleures chances le lundi. Couleurs: le blanc et le gris clair. Parmi les talismans: le béryl, la perle, une broche en argent en forme de couronne; parfum de myrte; l'améthyste, marquée par Jupiter, s'avérera utile en les rendant un peu plus sereins et sociables.

SUZANNE

ETYMOLOGIE ET HISTOIRE

Comme l'impose son nom (de l'hébreu *sushan* = lys ou de l'égyptien *soshan* = fleur de lotus), Suzanne finit toujours par jouer le rôle de la jeune fille chaste. Ainsi en allait-il pour la Suzanne de la Bible, accusée d'adultère par les deux vieillards dont elle avait refusé les assiduités, mais jugée par la suite innocente par le prophète Daniel. Beaucoup moins chanceuse, Ste Suzanne avait été demandée en mariage par le fils de Dioclétien puis, à la suite de son refus, elle fut décapitée. Elle est fêtée le 18 janvier et le 11 août. Variantes: *Susa, Susy, Suzette, Suzie, Suzan, Suzy.*

CARACTÈRE ET DESTIN

A la beauté extérieure qui ne lui fait jamais défaut, Suzanne a presque toujours la chance d'associer une grande douceur, un esprit éveillé et une simplicité irrésistible. Pratique, adaptable, gaie, toujours enthousiaste, elle semble vraiment être un condensé de vertus si ce n'est qu'elle est excessivement impulsive, insouciante et coquette.

CHANCE

Chiffre favorable: le 1. Jour le plus propice pour ses décisions importantes: le dimanche. Couleur: le jaune safran; le safran lui servira aussi de talisman, ainsi que la topaze, une paire de boucles d'oreilles en or figurant un lys, une noix muscade et une branche de romarin.

T

TANIA-TATIANA

Etymologie et histoire

Tania, forme hypocoristique et Tatiana, forme slave de Taziana, malgré leur résonance exotique, ont une
origine latine précise: de *Tatius*, roi
des Sabins. Tania et Tatiana sont
connus grâce à la littérature russe et
grâce à la renommée de l'actrice russe: Tatiana Pavlova. Fêtes les 5 et
12 mars.

Caractère et destin

Chez **Tania**, influencée par la planète Mars, on trouve les qualités martiennes typiques de courage et de
combativité. Idéalisme, fierté, sens
profond de l'amitié. Des incompréhensions probables dans le domaine
sentimental. **Tatiana**, par contre, se
présente comme une personne habile, douce et optimiste. L'émotivité
conditionne sa vie affective plutôt
mouvementée dans sa jeunesse, mais
calme au-delà de 30 ans. Enthousiasme et grande capacité d'adaptation.

Chance

Chiffre favorable: le 9 pour **Tania**; le
3 pour **Tatiana**. Jours les plus heureux: le mardi et le jeudi. Couleurs:
respectivement, le rouge et le bleu
électrique. Talismans: un rubis, une
gentiane, la rue et l'absinthe pour la
première; un fragment du cortex
d'un bouleau, un saphir brun et
l'image d'un paon ou d'un pélican
pour la seconde.

THEODORE

Etymologie et histoire

Dérivant du grec *Théos-Doron*, soit
"don de Dieu", ce prénom a plusieurs variantes parmi lesquelles (à
remarquer car c'est son anagramme)
Dorothée, ayant le même sens et qui
aujourd'hui est employé seulement
au féminin, avec les diminutifs
Dora, Dolly et Dorrit. Théodore,
dont les fêtes ne font certainement
pas défaut, est célébré pratiquement
tous les mois: les 17 et 24 janvier,
les 7 et 11 février, les 26 et 29 mars,
les 22 et 28 avril, le 5 juin, les 11 et
19 septembre, les 9 et 12 novembre
et le 18 décembre. Théodore est
considéré comme le patron des re-

crues, Dorothée des jeunes mariés. Parmi les célébrités, le poète T. Korner, l'écrivain russe Fiodor M. Dostoïevski, Roosevelt et Géricault. Parmi les nombreuses variantes et les formes étrangères: *Doret, Dorin, Fjodor, Fedora, Ted, Teddy, Théo, Théa, Thierry, Todaro, Tudor.*

CARACTÈRE ET DESTIN

Doté d'une imagination très vive et d'excellentes capacités de résistance, Théodore montre une personnalité inquiète, originale, toujours prête à défier les conventions. Jaloux et méfiant en amour, il se lie difficilement car il est attiré par une vie indépendante, différente. Il gère ses rapports avec sincérité. Adapté à la profession de médecin, à la carrière militaire et à l'entraînement sportif. Possibilité d'investissements financiers risqués mais toujours couronnés de succès.

CHANCE

Chiffre favorable: le 9. Jour positif: le mardi. Couleur: le rouge vif. Talismans: l'image d'un coq ou d'un pic, un fil en acier, l'hématite et l'héliotrope.

THERESE

ETYMOLOGIE ET HISTOIRE

D'origine douteuse: peut-être du grec *Therasia*: chasseuse ou *Tharasia* = native de *Thera* (l'actuel Santorin) ou encore du germanique (decomposé en *thier* = cher et *sin* = fort). Le prénom Thérèse a connu une diffusion extraordinaire en 1500 par le culte rendu à Ste Thérèse d'Avila, la sainte espagnole qui eut des visions, célébrée le 15 octobre. Le 3 du même mois on commémore Ste Thérèse de Lisieux, la sainte des roses, protectrices des missions. Une autre sainte, du moins dans les faits, Mère Teresa de Calcutta, cette missionnaire infatigable qui œuvre en Inde. A remarquer le grand nombre de variantes et de formes étrangères nées de ce prénom: *Resi, Sita, Tassa, Tassie, Teresa, Teresiana, Teresita, Terry, Tess, Tessa, Teta, Thera, Theresia.* Il est fréquent en association avec *Marie*.

CARACTÈRE ET DESTIN

A la fois passionnée et gentille, délicate, Thérèse associe une volonté de fer et une capacité d'endurance remarquable à une vive intelligence; richesse imaginative. Ce prénom destine à un isolement probable, à des crises de mysticisme dues à une sensibilité excessive réprimée par un enthousiasme exagéré et naïf, ce dernier lui cause constamment des déceptions tout en renforçant sa personnalité. Franchise et dévotion dans ses affections, activité, amour de l'enfance.

CHANCE

Chiffre favorable: le 8. Jour positif: le samedi. Couleurs préférées: le marron et le gris fumé. Parmi les talismans: un jaspe brun, une feuille de lierre ou de sureau, une bague en forme de serpent, une paire de lunettes.

THIBAUD

Dérivant du germanique *theod, thiud* = peuple et *bald* = audace, autrement dit "audace dans son peuple", Thibaud est le nom d'un saint qui fut convié à la cour de Louis de France pour favoriser la descendance royale par des prières. St Thibaud, patron des charbonniers et des porteurs, est fêté le 21 mai et le 1er juillet. Variantes: *Thibault, Thiebaud, Thiébaut.*

CARACTÈRE ET DESTIN

Sensible, romantique, souvent "distrait", Thibaud manque d'un certain sens de la réalité. Une carence qu'on lui pardonne facilement à cause de son immense générosité, de son calme et de sa douceur. Réservé, introverti, il joue toujours le rôle de conciliateur car il évite les disputes, en partisan de l'harmonie familiale. Il sait économiser mais ne s'enrichit pas facilement.

CHANCE

Chiffre préféré: le 2, car Thibaud est marqué par la lune changeante. Jour préféré: le lundi. Couleur: le blanc laiteux. Talismans les plus adaptés: une boulette de camphre, un trèfle à quatre feuilles ou un bracelet d'argent. Sera utile aussi un habit rouge, qui stimulera la combativité presque nulle de Thibaud.

THIERRY

ETYMOLOGIE ET HISTOIRE

Variante de Théodoric, désormais démodé, il dérive de *theud* = peuple et *hari* = armée, guerrier qui se bat pour son peuple, ou bien de *theud rich* = puissant dans le peuple. Thierry l'ermite est fêté le 1er et le 27 janvier. Variantes: *Dietrich* et le basque *Txeru.*

CARACTÈRE ET DESTIN

D'esprit pratique et rationnel, toujours très organisé, Thierry médite et met au point tous les détails de sa vie. Il vise la sécurité économique et affective: il luttera donc pour conquérir sa place au soleil tout en maintenant ses propres idéaux de justice, auxquels il ne renonce jamais, même si ses intérêts en pâtissent. Peu sentimental mais stable en amour.

CHANCE

Chiffre favorable: le 4. Jour de chance: le dimanche. Couleurs: le jaune, l'orange, l'or. Comme talismans: une noix muscade, un objet en or, l'image d'un lion ou d'un zèbre.

THOMAS

ETYMOLOGIE ET HISTOIRE

Thomas, en ancien araméen *Toma*, signifie jumeau. Probablement introduit par le byzantin dans le grec *Tomàs*, ce prénom s'est développé grâce au culte rendu à de nombreux saints, parmi lesquels l'Apôtre Thomas, patron des charpentiers, des maçons, des géomètres et des architectes. Citons encore St Thomas d'Aquin, philosophe, protecteur des étudiants et des universités. Quant aux célébrités représentant ce prénom, elles sont vraiment innombrables: T. Malthus, économiste, Edison, l'inventeur du téléphone, l'écrivain T. Mann, les philosophes More, Campanella, Hobbes jusqu'à ce Thomas tristement célèbre Thomas Torquemada, de l'Inquisition espagnole et aussi les fameux Tommies, les soldats anglais, qu'on appelle ainsi de façon moqueuse. En littérature: le sympathique Tom Sawyer, le brave Oncle Tom dans sa case. Thomas est fêté plusieurs fois au cours de l'année: le 7 mars, le 3 et le 6 juillet, le 8 et le 22 septembre, les 21 et 29 décembre. Variantes et formes étrangères: *Thomé, Tom, Tomaso, Tommy.*

CARACTÈRE ET DESTIN

Traditionaliste, conservateur, très méfiant, Thomas tend, malgré sa vive intelligence, à rester à la remorque de personnes plus actives et courageuses. Il vaut mieux donc ne pas compter sur son initiative et sur son aide. Prudent et peu ouvert en amour, il risque de rencontrer de nombreuses déceptions. Il craint le vieillissement.

CHANCE

Chiffre favorable: le 4. Jour propice: le dimanche. Couleur: le jaune safran. Porte-bonheur: une feuille de citronnier, une branche de véronique, l'image d'un lynx ou d'un crocodile.

TIPHAINE

ETYMOLOGIE ET HISTOIRE

Forme populaire d'*Epiphanie*, il prend son origine dans le grec *theos* = dieu et *fainen* = apparaître. Il correspond aussi au nom de la femme que Poséidon aimait et que, d'après le mythe, il transforma en agneau. Le bélier à la toison d'or naquit de leurs amours. On célèbre Thiphaine le 6 janvier.

CARACTÈRE ET DESTIN

Active, ambitieuse, décidément peu patiente, Tiphaine vise la première place sans se soucier des autres. Elle vit une existence libre, indépendante, ne supportant ni lien ni restriction. Elle est possédée par un désir démesuré de succès et d'argent, qui la pousse toujours en avant, sans jamais admettre ses erreurs. Exceptionnelle sous de nombreux rapports, mais despotique, elle offre beaucoup en amour mais exige en retour un dévouement absolu.

CHANCE

Chiffre favorable: le 1, d'influence solaire. Jour de fortune: le dimanche. Couleur: le jaune. Porte-bonheur: le diamant, la topaze, l'ambre, l'encens, le parfum de fleur d'oranger ou de cannelle.

TRISTAN

ETYMOLOGIE ET HISTOIRE

Nom d'origine littéraire et théâtrale, tiré de la légende médiévale de Tristan et Iseult. L'histoire de leur amour malheureux est tirée des poèmes du cycle breton, et a été reprise par Wagner. Ce prénom semble avoir été pris de l'ancien écossais Drustan ou Drystan, signifiant probablement pacte ou consolation. Parmi les saints: St Tristan, ermite, commémoré le 15 juin et le 12 novembre; parmi les profanes: Tristão da Cunha, navigateur portugais et le poète T. Tzara.

ses sentiments, rêveur, contradictoire, il tend à prendre en charge les problèmes des autres, en plus des siens. Sujet à de fréquentes sautes d'humeur, il peut être toutefois considéré comme un partenaire presque parfait, toujours gentil, attentif, veillant à gommer les contrastes dans le but de préserver la solidité de l'union.

Caractère et destin

Mélancolique, pessimiste comme semblerait le suggérer son prénom, Tristan est un individu timide, réservé, presque féminin. Esclave de

Chance

Chiffre favorable: le 2. Jour propice: le lundi. Couleur: le gris pâle. Porte-bonheur: un coquillage, un bibelot en cristal, un caillou tiré d'un fleuve.

U

ULRICH

ETYMOLOGIE ET HISTOIRE

Du germanique *aud* = patrimoine, pouvoir et *rikija* = seigneur, maître, il signifie "puissant", "seigneur", ou bien "seigneur possédant des héritages". Ulrich est le nom de Zwingli, réformateur de l'Eglise allemande avec Luther et Calvin. Fêtes: le 14 janvier, le 20 février, le 2 mars et le 4 juillet. A remarquer les variantes: *Undarich, Ulla, Ulrick, Ulrike, Ulrique.*

CARACTÈRE ET DESTIN

Marqué par la vibration de Saturne, Ulrich a un tempérament obstiné; décidé mais peu diplomate. Impulsif, prêt à s'enthousiasmer, il a tendance à changer d'avis comme de chemise. Doté de créativité et d'esprit d'invention, il exerce un charme irrésistible sur toutes les femmes qu'il rencontre; cela ne l'empêche pas de se tenir toujours correctement, parfaitement maître de soi. Il vivra des rapports amoureux très intenses et durables, à condition d'être compris. Il gagne beaucoup d'argent mais en dépense autant qu'il en gagne. Toutefois, il sait risquer et investir avec profit.

CHANCE

Chiffre propice: le 8. Jour préféré: le samedi. Couleurs: le marron et le noir s'adaptent le plus à sa personnalité. Porte-bonheur: il pourra utiliser une vieille pièce de monnaie, un caillou pris dans une zone désertique, du houx et du cyprès.

URIEL-URIELLE

ETYMOLOGIE ET HISTOIRE

De l'hébreu *maître du ciel*, c'est le nom de l'un des archanges. Au féminin, il rappelle la sœur du roi breton Judicael. On le fête le 1er octobre. Une variante: *Uriah.*

CARACTÈRE ET DESTIN

Uriel est sensible, altruiste, il craint la solitude. Derrière une façade de self-control apparent, il est animé par une grande émotivité. Tempérament contradictoire à la fois généreux et avare, il est rêveur, dispersé. Plus déterminée, rivée à ses projets,

Urielle poursuit son but sans s'accorder de distractions. Exclusive et jalouse en amour, indépendante vis-à-vis de sa famille. De bonnes possibilités de succès dans le domaine professionnel, surtout les sciences ou le monde de l'art.

CHANCE

Chiffre favorable: le 2, d'influence lunaire, pour **Uriel**; le 1 pour **Urielle**. Jours les plus propices: respectivement, le lundi et le dimanche. Couleurs: le blanc laiteux pour lui, le jaune vif pour elle. Talismans: un télescope en argent, une perle, une feuille de lunaire pour lui; une broche en or qui rappelle une étoile, une feuille de palmier, le parfum de l'encens pour elle.

URSULE

ETYMOLOGIE ET HISTOIRE

Dérivé d'*Ours*, surnom très courant à l'époque romaine impériale, il s'est diffusé grâce au culte de nombreux saints, dont Ste Ursule, la martyre légendaire qui fut tuée avec les onze vierges. Considérée comme la patronne de l'Université de Paris et des orphelins, des fabricants de tissus, elle est fêtée le 7 avril et le 21 octobre. Rare au masculin: *Orso, Orson, Ursus*, ce prénom propose au féminin de nombreuses variantes: *Orsella, Orsina, Orsola, Orsolina, Ourse, Ulla, Ursula, Ursuline*.

CARACTÈRE ET DESTIN

Ombrageuse, méfiante, sauvage comme une véritable petite ourse, Ursule ne parle pas beaucoup, et préfère de loin la solitude à la compagnie. Toutefois, généreuse et altruiste, elle se soucie du bien-être des autres en veillant à maintenir dans les rapports sociaux une gentillesse non exempte de détachement. Mysticisme, religiosité, intérêt pour l'archéologie et les mathématiques.

CHANCE

Chiffre favorable: le 2. Jour le plus heureux: le lundi. Couleur la plus adaptée: le blanc de neige. Talismans: en plus de l'inévitable ourson en peluche, seront propices une chaîne en argent, un trèfle à quatre feuilles, un bibelot en cristal. Un saphir sombre et une feuille de figuier, d'influence jovienne, contribueront à la rendre plus sociable.

VALENTIN-VALENTINE

ETYMOLOGIE ET HISTOIRE

Probablement, ce prénom est basé sur un nom étrusque *vala* ou *valius*, dont les sens sont inconnus. On l'associe le plus souvent au verbe latin *valere*, dans l'acception suivante: "celui qui va bien, qui est en bonne santé". Aujourd'hui, St Valentin est associé à toutes les fleurs et petits cœurs qui envahissent les vitrines et les publicités, le 14 février. Il existe aussi maints autres anniversaires, outre celui déjà cité: le 3 juin, le 18 et 26 juillet, le 23 octobre, le 3 novembre, le 16 décembre. St Valentin nous rappelle immédiatement le "beau ténébreux" qui brisa le cœur des femmes: Rudolph Valentino.

CARACTÈRE ET DESTIN

Sérieux, laborieux, mais peu disposé à l'effort, **Valentin** est un sentimental, un passionné. Il suffit d'un rien pour l'exalter ou le plonger dans la déception, d'autant qu'il attache une importance démesurée à l'amour. Il réussira dans les professions qui demandent de l'imagination et du bon goût. Plus pratique, positive, mais tout aussi charmante, **Valentine** est sensible aux louanges et à l'encouragement. Une grande émotivité conditionne sa vie affective et sociale, surtout dans sa jeunesse. Douce, sachant s'adapter, elle trouvera son bonheur grâce à l'optimisme qui la caractérise. Elle gagne bien sa vie, surtout parce qu'elle sait risquer et investir avec profit.

CHANCE

Chiffre favorable: le 7 pour **Valentin**; le 3 pour **Valentine**. Jours de chance: respectivement, le lundi et le jeudi. Couleurs: le blanc et le bleu électrique. Talismans: un os de seiche, un trèfle à quatre feuilles et un fragment de quartz pour lui; un saphir, une turquoise, un gland et un géranium pour elle. Pour tous les deux, un petit cœur en argent ou en or.

VALERE-VALERIE

ETYMOLOGIE ET HISTOIRE

La même étymologie que Valentin (du latin *valere* = être bien) se retrouve chez Valère-Valérie ainsi que dans le nom Valérien-Valérienne.

St Valère invoqué contre les naufrages et les dangers de la mer, se fête en même temps que Valérien les 16 et 29 janvier, les 14 et 28 avril, le 14 juin, le 23 juillet, le 4 septembre, le 27 novembre et le 15 décembre. Diminutifs et formes étrangères: *Vauri, Valériane, Valérien, Valérienne, Valéri, Valéry, Valier, Vallier.*

Caractère et destin

Tempérament de feu, enthousiaste, impulsif et impatient. Sensibles, émotifs, **Valère** et **Valérie** tendent à se marier tôt parce qu'il craignent la solitude et l'avenir. Ils ne réussiront pas facilement à trouver le bonheur car leur idéalisme poussé à l'extrême leur cause de fréquentes illusions. Goût pour les sports compétitifs.

Chance

Marqués par le chiffre 9, martien, favorisés par le jour du mardi, **Valère** et **Valérie** augmenteront leur chance en portant des habits rouges. Comme talismans: le rubis, l'hématite, le jaspe rouge. Favorables aussi un fil de fer, l'absinthe, l'hortensia, la rue. Une plume de colombe, venusienne, leur sera utile en adoucissant leur tempérament fougueux.

VANESSA

Etymologie et histoire

Venu à la mode vers les années soixante-dix, c'est un nom inventé par J. Swift pour son petit poème autobiographique *Cadenus and Vanessa.* Vanessa est également le nom d'un beau papillon bleu.

Caractère et destin

Tempérament exhubérant, passionné, Vanessa est idéaliste, perfectionniste, à la merci de la moindre dysharmonie. Elle sait comprendre en profondeur les problèmes des autres et se révèle une psychologue ou une assistante sociale excellente. L'argent et le carriérisme l'intéressent peu. On ne peut pas en dire autant de l'amour: Vanessa attache une grande importance au rapport de couple, ce qui la pousse à se lier assez tard et seulement lorsqu'elle est sûre d'avoir enfin rencontré l'être rêvé.

Chance

Chiffre magique: le 9, d'influence martienne. Jour favorable: le mardi. Couleur: le rouge vif. Portebonheur: en plus du papillon homonyme, une gentiane, un rubis ou une pièce de monnaie en fer.

VERA

Etymologie et histoire

Prenant son origine du nom latin *verus-vera* au sens de "qui est vrai, qui dit la vérité", aujourd'hui ce prénom est considéré comme un nom d'origine slave. En effet, Vera (la foi) pour l'église orthodoxe est l'une des trois filles de Sophie (la sagesse) qui, avec Liuba (charité) et Nadjia (espérance) représente les trois vertus théologiques. Les fêtes sont nombreuses: 24 janvier, 8 mars, 17 et 30 septembre, 23 octobre.

De nature douce, affable, Véra est le genre même de la femme solide, pratique et réservée, sur qui on peut toujours compter. Attirée par l'art et par la mode, elle s'habille avec chic et son port a beaucoup d'élégance, ce qui ne manque pas d'attirer l'attention des hommes. Libre et anticonformiste, elle a tendance à se lier à des hommes plus jeunes et plus faibles qu'elle.

CHANCE

Chiffre propice: le 1. Jour favorable: le dimanche. Couleur: le jaune orangé. Parmi les talismans: une alliance en or, une émeraude, une broche qui rappelle la fleur de lotus, un sachet de camomille.

VERONIQUE

ETYMOLOGIE ET HISTOIRE

Les Evangiles, excepté les textes apocryphes les plus récents, ne citent pas Véronique, la première femme qui aurait lavé le visage ensanglanté de Jésus sur son chemin vers le Calvaire. Sur le drap se serait imprimé l'image qu'aujourd'hui on vénère, le Saint Suaire. Sur le plan étymologique, si cette hypothèse ne paraissait pas trop hasardeuse, on pourrait affirmer que Véronique dérive de cette légende, résultant de l'association entre "vrai" et "icone", soit "image vraie". Mais il est plus probable que ce nom dérive d'une contraction du grec *phere nike*, signifiant "porteuse de victoire". La légendaire Véronique, qui a secouru le Christ, patronne des blanchisseu-

ses et des photographes, est commémorée les 13 et 28 janvier, le 4 février et les 9 et 12 juillet. Parmi les variantes: *Bérénice, Venice.*

CARACTÈRE ET DESTIN

Dotée d'une intelligence vive, toujours prête à l'action, Véronique se revèle impulsive, sujette à de grands enthousiasmes et à des soudaines colères. Sportive, orgueilleuse, elle préfère la compétition dans le travail comme en amour. Mais, lorsqu'elle tombe dans les rets d'un beau prince charmant, elle se métamorphose en une femme douce et dévouée. Educatrice de premier ordre.

CHANCE

Chiffre porte-bonheur: le 3. Jour favorable: le mardi. Couleur: le rouge vif. Talismans: elle tirera profit du corail rouge, du rubis, du fuchsia et d'une broche en forme d'hyppocampe.

VICTOR-VICTOIRE

ETYMOLOGIE ET HISTOIRE

Issu du latin archaïque, puis repris pendant la période impériale, Victorius signifie "victorieux" et même dans le sens chrétien, "victoire sur le mal". Victoria était en fait la déesse romaine qui veillait sur les succès des guerriers. Les fêtes: 6 mars, 8 et 14 mai, 13 juin, 21 et 28 juillet, 26 août, 30 septembre, 17 novembre, 23 décembre. Parmi les Victor qui ont vraiment... gagné: V. Alfieri, Mirabeau, Hugo, Sardou et la reine Victoria d'Angleterre. Diminutifs et variantes: *Vettor, Victoria, Victorien, Victorine, Viki.*

Satisfait de lui-même, mais strict, bourru, distant, **Victor** communique ses émotions avec une certaine difficulté. C'est une personne qui se contrôle, peu sentimentale en apparence. En revanche, il aime tendrement sa compagne, à laquelle il consacre le succès qu'il obtient presque toujours, grâce à sa volonté indomptable. Incapable de montrer la tendresse qu'il ressent, il refoule au fond de lui des sentiments pourtant ardents. Vaniteux dans sa jeunesse. **Victoire** est, elle aussi, décidée, implacable, derrière une façade calme et souriante. Consciente de sa forte personnalité, distante, réservée, elle ne confie jamais à personne ses douleurs. Esprit analytique, imagination vive, besoin caché de manifestations d'affection.

CHANCE

Chiffre favorable: le 6 pour **Victor**; le 2 pour **Victoire**. Jours de chance: respectivement, le vendredi et le lundi. Couleurs: le turquoise et le gris perle. Comme porte-bonheur: pour elle une marguerite ou l'image d'une tourterelle; pour lui: un béryl, la fleur de mauve, un petit poisson en argent.

VINCENT

ETYMOLOGIE ET HISTOIRE

Dérivant du participe latin *Vincens*, c'est un nom augural, synonyme de Victor, dans le sens de "celui qui est destiné à gagner" (sous-entendu, pour les chrétiens, sur le péché, le diable). Vincent, représenté par une théorie de saints, est donc fêté à de nombreuses dates: le 22 janvier, le 4 avril, le 24 mai, le 4 et le 9 juin, le 19 juillet, fête de St Vincent de Paul, le saint le plus connu en raison de sa vie aventureuse (prisonnier des pirates et vendu comme esclave, il réussit à convertir son maître) et des ses œuvres pieuses. En effet, ce fut le créateur d'un hôpital et de nombreux lazarets. St Vincent est considéré comme le patron des prisonniers, des orphelins et des vignerons français. Tout aussi célèbres, peut-être par suggestion (le nom, d'après la tradition, prédestine au succès) l'écrivain V. Ibanez, le peintre V. Van Gogh, le poète V. Monti et le musicien V. Bellini. Variantes et diminutifs: *Venza, Vinca, Vincente, Vincentia.*

CARACTÈRE ET DESTIN

Vincent se présente comme un mélange parfait de douceur et d'énergie, de volonté et de bonté pure. Habile, laborieux, sincère, jugé sympathique par tous en raison de sa loyauté et de ses qualités humaines, Rusé et diplomate, il se révèle particulièrement habile dans les affaires commerciales. Artiste de haut niveau. Ardent et libéré en amour.

CHANCE

Chiffre favorable: le 6, marqué Mar Vénus, la planète de l'art et de l'amour. Jour propice: le vendredi. Couleur: le vert menthe. Portebonheur: le cuivre, le safran, une feuille de figuier ou de myrte, l'image d'une petite chèvre.

VIOLAINE-VIOLETTE

ETYMOLOGIE ET HISTOIRE

Violaine n'est que partiellement associée au culte d'une martyre légendaire, et résulte plutôt d'une association avec le provençal *Yolant*. C'est un nom augural qu'on donne aux fillettes pour leur communiquer les vertus de la fleur homonyme, symbole de la pudeur et de la modestie. Violette a obtenu la sympathie du public grâce à l'héroïne de *La Traviata* de Verdi. Fête le 4 août et le 5 octobre. Parmi les variantes: *Violetta*.

CARACTÈRE ET DESTIN

Modeste, réfléchie, d'une imagination sans frein, **Violaine** se révèle gentille, sympathique et altruiste. Elle est attirée par la vie champêtre, l'art, la mode et fait de l'amour le centre de son existence. **Violette**, elle, cache un esprit ardent, idéaliste et vindicatif sous une apparence pudique.

CHANCE

Chiffre favorable: le 6 pour **Violaine**; le 9 pour **Violette**. Jours favorables: le vendredi et le mardi. Couleurs: le rose, le rouge et, naturellement, le violet. Parmi les talismans: en plus de l'indispensable violette, **Violaine** choisira une rose, du jade, un béryl et un petit lapin en peluche; **Violette** pour sa part préférera un rubis, une anémone, une gentiane ou l'image d'un pic.

VIRGINIE

ETYMOLOGIE ET HISTOIRE

Bien que traditionnellement lié au latin *virga* = bâton ou *virgo* = fille honnête, terme qui désignait une fille à marier, destinée au mariage, ce prénom, semble-t-il, dérive de l'étrusque *Verena*, dont le sens n'est pas clair (probablement "feu"). Virginie, martyre à douze ans, est fêtée le 7 et le 31 janvier, le 6 avril et le 5 août qui popularisa ce prénom fut une jeune vierge tuée par son père (un centurion) qui voulait la soustraire à l'outrage du décemvir Appius Claudius. Virginie est aussi le nom d'un état des Etats-Unis, qui fut ainsi nommé en honneur d'Elisabeth d'Angleterre, la Reine Vierge. Une célébrité: l'écrivain Virginia Woolf. Un diminutif sympathique: *Ginnie*.

CARACTÈRE ET DESTIN

Virginie cache sous son imperturbabilité apparente une âme confuse, agitée. Bonne, généreuse, elle a toutefois tendance à perdre le sens des proportions en exagérant les événements. Amour-propre, susceptibilité, sensibilité extrême au jugement des autres complètent le tableau. Une santé qui n'est pas tout à fait parfaite est compensée par une grande chance dans le domaine financier.

CHANCE

Chiffre favorable: le 3, d'influence jovienne. Jour préféré: le jeudi. Couleurs: le bleu électrique et le pourpre. Talismans: Virginie adoptera avec profit une branche de poirier ou de hêtre, un fil d'étain, un

chien en tissu ou un vrai, et l'image
d'un dauphin.

VIRIDIANA

Viridiana dérive, comme Verdiana,
du latin *viridis*, dans l'acception
de frais, juvénile. Elle est fêtée le
1er février.

Caractère et destin

Fraîche, romantique, douce, Viridiana est une personne altruiste, sereine, et pleine de bon goût. Elle
aime la musique, la campagne, les
petites attentions dont les amis et
les familiers l'entourent. Elle tombe
amoureuse sans réserve et folle-
ment, en portant presque toujours
aux nues l'amour perdu. Peu ambitieuse, elle se contente d'atteindre le
bien-être pour elle et pour les personnes aimées. Partenaire à l'imagination riche, charmante et passionnée, elle craint par dessus tout de
perdre son compagnon, qu'elle
considère comme le centre de toute
son existence.

Chance

Chiffre magique: le 6, d'influence
vénusienne. Jour préféré: le vendredi. Couleur: le vert dans toutes ses
nuances, est la couleur qui s'adapte le
mieux à elle. Talismans: ceux à adopter seront une émeraude, le jade
ou le sureau. La fleur de houblon
pourra contrecarrer l'absence de
combativité qui la caractérise.

VIVIANE

Etymologie et histoire

Variante de Bibiana ou reprise du
nom latin *vivianus* (de "vivre"), Viviane est la magicienne du cycle breton qui causa en partie la ruine de la
légendaire Table ronde du roi Arthur. On célèbre sa fête le 10 mars.
Variantes et diminutifs: *Vivian, Vi-
vien, Vivienne, Vivy*.

Caractère et destin

Charmante, romantique, la vivante
Viviane collectionne toujours de
nouvelles aventures amoureuses
qu'elle vit avec un grand élan émo-
tionnel. Adaptée aux professions nécessitant de l'énergie, de l'habileté,
de la diplomatie, elle apprécie l'argent et le considère comme une
source possible de bonheur. Sa situation économique cependant est
plutôt instable.

Chance

Chiffre favorable: 1, marqué par le
soleil, influe sur la personnalité de
Viviane. Jour favorable: le dimanche. Couleur: le jaune d'or. Porte-
bonheur: les plus propices seront de
la chrysolithe ou un collier d'ambre,
une feuille de palmier, un canari.

VLADIMIR

Etymologie et histoire

Nom d'origine slave dérivé de
vlad = pouvoir et de *mer* = illustre,
autrement dit, "illustre pour sa puissance", repris au début du siècle
pour des raisons littéraires et idéolo-

giques (Vladimir est en effet le pré-nom de Lénine). Vladimir, chanté dans le poème des Byline est le prince russe qui évangélisa son pays, fondateur de l'Eglise orthodoxe. On le fête le 1er et le 31 juillet.

CARACTÈRE ET DESTIN

Prudent d'esprit, analytique, Vladimir surprend souvent par ses élans soudains. Timide, mais affectueux, patient et loyal avec les quelques amis qu'il affectionne spécialement. S'il ne rencontre pas l'âme-sœur dans sa jeunesse, il tend à rester célibataire, convaincu de ne pas être réellement compris. Et, de fait, sonder les méandres secrets de son caractère n'est pas du tout facile. Sérieux et consciencieux dans son travail, il est réputé pour son honnêteté et sa sagesse. Des voyages probables à caractère culturel; qualités paranormales évidentes.

CHANCE

Chiffre favorable: le 7, d'influence lunaire, se trouve en harmonie avec la personnalité de Vladimir. Jour de chance: le lundi. Couleurs: le blanc laiteux et le vert très pâle. Porte-bonheur: le quartz, la nacre, le trèfle et une poignée de riz.

WERNER

ETYMOLOGIE ET HISTOIRE

Il dérive de l'allemand *waren* = préserver, commander, et *harja* = armée. Le 15 avril on fête le petit Werner, martyr au XIIIe siècle, vénéré pour ses multiples miracles. Il est considéré comme le patron des vignerons de la Rhénanie et de l'Auvergne. Parmi les variantes et les formes étrangères: *Garnier, Guarnieri, Irnerio, Vernier, Verny*.

CARACTÈRE ET DESTIN

Werner, derrière sa façade flegmatique et assurée, est un individu passionné, sensible et désireux d'harmoniser ses relations avec son prochain. Réservé, réfléchi, facile à aimer, il souhaite une union solide et paisible, une profession à caractère social et des formes d'investissement qui ne sont peut-être pas très rémunératrices, mais sûres. Comme le suggère son nom, Werner, en somme, est le type classique du conservateur capable de garder longtemps son argent et ses amitiés. Douceur, condescendance et léger masochisme.

CHANCE

Chiffre: le 2, marqué par la lune, influence le sort de Werner. Jour favorable: le lundi. Couleurs: le blanc et l'argent. Parmi les talismans: un petit bouclier, toujours en argent, une boulette de camphre, une feuille de laurier ou de myrte. Très favorable aussi, un beau chat, de préférence blanc ou gris.

WILFRIED

ETYMOLOGIE ET HISTOIRE

Du germanique *wille* = volonté et *friede* = paix, protection, ce qui signifie "protecteur plein de volonté". St Wilfried, apôtre des Grisons, est commémoré le 24 avril et le 12 octobre.

CARACTÈRE ET DESTIN

Franc, honnête, éclectique, Wilfried est incontestablement doté d'un charme qui lui permet de nombreuses conquêtes amoureuses. Aimant la compétition et le risque, même en amour, il veille toujours à ce que ces rapports ne dépassent jamais la limite du jeu. En effet, il craint la routine, les liens qui brident sa liberté. Il réussit à donner le meilleur de lui-même seulement si sa liberté est respectée; dans ce cas, il se révèle un compagnon sympathique, tendre et sensuel.

CHANCE

Chiffre favorable: le 5. Jour positif: le mercredi. Couleurs: le bleu ciel et le jaune citron. Talismans: il pourra utiliser l'image d'une pie, la pierre œil-de-chat, un petit objet en platine, cinq baies de genièvre.

WOLFGANG

ETYMOLOGIE ET HISTOIRE

De l'ancien allemand *wulfa* loup et *gang* = marcher, avancer, il signifie "celui qui avance, qui va au combat comme un loup", l'animal terrible, fier, de la mythologie germanique, consacré à Odin. Certains l'analysent par contre comme un composé de *wulfa* et *fangan* c'est-à-dire "qui attrape le loup". St Wolfgang, patron des bûcherons, est fêté le 10 et le 31 octobre. Parmi les représentants fameux de ce nom: Mozart et Goethe.

CARACTÈRE ET DESTIN

Ordonné et rationnel, Wolfgang se révèle surtout adapté à la recherche scientifique ou à la gestion financière. Travailleur acharné, routinier et ennemi des coups de tête, il atteint précocement les sommets du succès. Discret, réservé en amour, il montre une certaine froideur. Têtu et conservateur, il nourrit un préjugé défavorable à l'égard de toutes les nouveautés. Pour cette raison, bien qu'on puisse le définir comme un bon père, il ne sait être au diapason des nouvelles générations.

CHANCE

Chiffre magique: le 4. Jour bénéfique: le dimanche. Couleur porte-bonheur: le jaune vif. Talismans: il pourra se servir profitablement d'une feuille de laurier, de chrysolithe, d'une fleur d'arnica et, naturellement, d'une statuette représentant un loup.

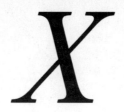

XAVIER

Etymologie et histoire

Popularisé par le culte de St François Xavier, fondateur avec St Ignace de Loyola de la Compagnie de Jésus, apôtre aux Indes, protecteur des missionnaires et des voyageurs en mer, il dérive du basque *este bersi* = chose nouvelle. On le célèbre le 31 janvier, les 3 et 19 décembre. Quelques célébrités: X. de Maistre et X. Leroux. Diminutifs et variantes: *Javier, Saverio, Xaviera, Xavière, Xever et Zaverio.*

Caractère et destin

Soupçonneux, méfiant, réservé, Xavier est un rêveur attiré par l'aventure et l'inconnu. Le monde du mystère le tente au point qu'il renonce même aux amitiés et à l'amour pour s'y lancer. Il ne réussira pas facilement à rencontrer une femme capable de comprendre les méandres compliqués de son caractère. Studieux, réfléchi, il sera excellent dans toutes les professions liées à l'eau ou, en tout cas, à la recherche dans tout domaine lié aux "profondeurs".

Chance

Chiffre de chance: le 7. Jour favorable: le lundi. Couleurs: le blanc laiteux et le gris perle. Talismans: les plus prometteurs sont du cristal, de l'argent, des algues, ou un petit voilier dans une bouteille.

Y

YOLANDE

Etymologie et histoire

Voilà un prénom gentil, floral, tiré du grec *ion* = violette et *laos* = pays, signifiant "la terre des violettes". C'est le nom de la fille du Corsaire Noir, de E. Salgari, qui a fait rêver des générations de jeunes gens il y a quelques décennies. Très répandu dans les Ardennes, il est fêté le 13 juin, le 17 et le 28 décembre. Les variantes et les formes étrangères sont belles et nombreuses: *Iolande, Iolente, Jolanda, Violante, Violantilla, Yolanda.*

Caractère et destin

Spontanée, sincère, la belle Yolande est toujours courtisée. Elle est capable de grands sentiments et de sacrifice en amour. Romantique, maternelle, mais très jalouse, elle déteste l'hypocrisie et les compromis. Elle se laisse emporter facilement par l'instinct mais, grâce à son intuition innée, associée à une rationalité sournoise, elle réussit toujours à choisir le meilleur chemin. Terriblement féminine, douce, femme fatale. Aptitude à l'économie et au commerce.

Chance

Chiffre favorable: le 4. Jour propice: le dimanche. Couleurs: le jaune et le violet. Parmi les talismans: un diamant, un bracelet en or, un collier d'ambre. Parfum de violette et de fleurs d'oranger.

YVAN-YVES-YVETTE-YVON-YVONNE

Etymologie et histoire

Yvan, Yves, Yvette, Yvon, Yvonne tirent tous leur origine dans le mystérieux monde celtique. Ils peuvent être rapportés à l'éthymon *Ivorix*, nom d'un arbre sacré (le *Taxus bacata*). On fait une différence en ce qui concerne Yvan, que certains associent à Ywain (héros du cycle breton mieux connu sous le nom d'Ivanhoé). D'autres le considèrent comme étant la forme russe de Jean. St Yves, patron breton du clergé et des avocats, est fêté le 19 mai, le 27 octobre et le 23 décembre. Pour Yvan, par contre, les dates à rappeler sont le 13 janvier, le 28 mai, le 10 juin et le 8 octobre. Parmi les innombrables variantes, on peut citer: *Eon, Erwan, Evan, Ivana, Ivanda, Iva, Ivaldo,*

Ivanhos, Iyanna, Ives, Ivetta, Ivia, Iviana, Ivin, Ivio, Ivy, Nivet, Owen, Yenn, Yvan, Yve, Yven, Ywain.

CARACTÈRE ET DESTIN

Ils ont tous une intelligence brillante, en dépit d'un air commun, ordinaire. Leur volonté, leur bons sens, leur ténacité, semblent toutefois modérés par une tendance à la routine et au manque d'initiative. Ces individus plutôt pantouflards et grognons sont prêts à offrir tout ce qu'ils possèdent en échange d'une existence paisible, sans embêtements. **Yvan** et **Yves** en particulier se caractérisent par une certaine intransigeance vis-à-vis d'eux-mêmes en premier lieu. On remarque **Yvette** pour son intériorité profonde, **Yvon** pour son aptitude très nette en gestion financière, **Yvonne** pour son air enfantin attendrissant, pour son esprit joueur et mobile.

CHANCE

Chiffre de chance: le 8 pour **Yvan** et **Yves**; le 7 pour **Yvette**; le 4 pour **Yvon**; le 5 pour **Yvonne**. Jours magiques: dans l'ordre, le samedi, le lundi, le dimanche et le mercredi. Couleurs: le marron, le blanc, le jaune et le bleu. Porte-bonheur: une pomme de pin et du jaspe brun vert pour **Yvan** et **Yves**; une opale et une broche évoquant un nymphéa pour **Yvette**; un tournesol et un bâtonnet de cannelle pour **Yvon**; un papillon et une pierre d'œil-de-chat pour **Yvonne**. Pour tous, enfin, une branche de Taxus bacata.

Z

ZACHARIE

ETYMOLOGIE ET HISTOIRE

En hébreu, *Zekharijah* signifie
"Dieu s'est souvenu" (sous-entendu
des parents, en leur concédant l'enfant si attendu). C'est le nom d'un
roi d'Israël, de l'un des 12 prophètes
et du père de St Jean Baptiste, devenu muet jusqu'à la naissance de son
fils pour ne pas avoir cru, vu son âge
avancé, à la prédiction de l'archange
Gabriel, qui lui avait annoncé un
enfant. On le fête les 15 et 22 mars,
le 28 juillet, le 6 septembre et le 5
novembre. Quelques variantes: *Za-
charias, Zachary, Zak.*

CARACTÈRE ET DESTIN

Ayant une haute opinion de lui-
même, justifiée en raison du charme
qui émane de lui, Zacharie est un intellectuel et chef de file spirituel.
Créatif et volontaire, doué d'esprit
d'invention, il résiste fort bien à la
fatigue et se déclare prêt à inaugurer
des chemins inconnus ou à embrasser des idéaux peu communs. Efficace, précis dans son travail, passionné mais autoritaire et égocentrique
dans ses sentiments.

CHANCE

Chiffre favorable: le 8, chiffre saturnien, qui influe sur la destinée de Zacharie. Jour positif: le samedi. Couleurs: le noir et le gris. Talismans:
son choix pourra porter sur un fragment de plomb ou d'os, sur une
feuille de peuplier ou une tortue.

ZOE

ETYMOLOGIE ET HISTOIRE

Signifiant en grec *la vie*, Zoé, parallèlement à Eva, était un prénom augural dans le sens païen de "longue
vie heureuse" et chrétien, de "vie
éternelle". Il a été repris à la Renaissance dans un roman historique *la
Bataille de Benevento*, où Zoé est la
fille du roi Manfredi. Ce nom, qui a
été celui de deux impératrices orien-
tales, est fêté le 2 mai et le 5 juillet.

CARACTÈRE ET DESTIN

Dotée d'un tempérament actif et,
comme le dit son nom, plein de vita-
lité, Zoé tend à mener une existence
intense, frénétique; elle ne gaspille
pas une seule seconde. C'est une personne qui a un grand esprit d'obser-

vation, taciturne, prétentieuse. Dans le rapport à deux, elle se révèle plus une amie qu'une maîtresse; mais c'est une amie fidèle, sincère, sur laquelle on peut compter sans hésitation.

CHANCE

Chiffre favorable: le 1, chiffre solaire, marque le sort de Zoé. Jour préféré: le dimanche. Couleur: le jaune. Talismans: elle pourra choisir un bâtonnet de cannelle, une branche de sauge. Une pierre précieuse influencée par la lune, tel le diamant, s'avérera propice en adoucissant le caractère de Zoé, la rendant plus paisible et réfléchie. L'or et la topaze seront ses bijoux; le lion et l'aigle ses animaux de prédilection.

Les prénoms de l'an 2000

Il existe une célèbre expression qui dit à peu près ceci: "dites du mal de moi, mais parlez de moi". Imaginons à présent un groupe d'amis, une classe, une rencontre. "Comment t'appelles-tu?" demande-t-on au garçon banal, à la jeune fille ordinaire. Philippe, Sylvie, Marc s'entendront répondre distraitement "enchanté" et rien de plus. Se heurtant souvent au problème de l'homonymie, peut-être affligés d'un nom de famille tout aussi banal, ils se verront qualifier de "Philippe au grand nez" ou d'"Anne bien en chair". Gênant. A quinze ans, cela peut même être désespérant. Mais remplaçons Philippe par Galaad, Marc par Adimar, Sylvie par Clizia, Cordélia ou Pervenche. "Galaad?" demanderont aussitôt les autres, "Clizia, Cordélia?". Oui, répondra l'intéressé qui évoquera peut-être le chevalier breton qui découvrit l'introuvable Graal ou la jalouse maîtresse d'Apollon qui fut transformée en tournesol. Et la glace est rompue.

Un prénom original distingue une personnalité. Il renferme un souffle d'intellectualité, un parfum subtil d'exotisme capable de transcender les frontières d'un nationalisme trop rigide, anachronique, sans toutefois tomber dans la banalité des feuilletons télévisés ou dans les déformations anglophones typiques des récits à l'eau de rose.

En d'autres termes, les prénoms de l'an 2000 jettent aux oubliettes les Philippe et les Paul, les Jenny et les Kate des romans photos.

Ils sont plus volontiers tirés du théâtre de Goldoni, des pièces de Shakespeare ou de l'œuvre de Boccace. Ils dérivent du cycle breton, des chansons de geste, de la Bible, des légendes classiques et des sagas nordiques. Ils arrivent parfois de très loin, enfourchant un tapis volant magique sorti des contes des *Mille et Une Nuits* ou de poèmes indiens, du Japon, de la Polynésie ou encore des tribus peaux-rouges. Dans d'autres cas, mais c'est plus rare, ils ont une origine beaucoup plus proche de nous, Londres ou Rome par exemple, et apparaissent comme des formes intraduisibles ou comme des traductions affinées de prénoms qui font figure de reliques monstrueuses dans notre... douce langue.

Les prénoms de l'an 2000, précisément parce qu'ils sont de l'an 2000, donc inhabituels, nouveaux, doivent être lus et médités progressivement, en tenant compte de leur signification et de leur origine. Prenons, par exemple, Paralda. Pas terrible, n'est-ce-pas? Mais si l'on sait que Paralda est la reine des Elfes, les génies de l'air, ce prénom nous apparaît déjà sous un jour nouveau. De même, nous n'aurons pas la même impression de Shirah (= chanson) ou d'Uriel (= seigneur du ciel) si on les considère tout d'abord comme un simple assemblage de syllabes et si on les rattache ensuite à leurs racines évocatrices, à leur contexte. Il vous faudra prendre le temps de vous habituer à des sons qui, de prime abord, vous paraîtront disgracieux parce que vous ne les entendez jamais, qu'ils ne sont pas coutumiers à votre forme d'esprit.

Après les avoir lus, laissez-les décanter quelque temps dans votre tête. Votre seconde impression sera différente: ils vous plairont davantage, peut-être même vous enthousiasmeront-ils, au point que vous baptiserez votre "héritier" de l'an 2000 d'un prénom de son époque[1].

[1]Les prénoms du futur sont accolés d'un M ou d'un F selon qu'ils sont masculins ou féminins.

A

ABIGAILLE (F): de l'hébreu "joie du père".
Chiffre personnel: 4; dimanche; ambre; une branche de mimosa.

ABNER (M): de l'hébreu "père de la lumière".
Chiffre personnel: 4; dimanche: or, safran, diamant.

ACANTHA (F): "épineuse", d'étymologie incertaine.
Chiffre personnel: 3; jeudi; un saphir sombre, une noisette, une branche de robinier.

ADAMMA (F): du nigérien "fille de la beauté".
Chiffre personnel: 6; vendredi; un bracelet en cuivre, un parfum au jasmin.

ADARA (F): de l'arabe "vierge".
Chiffre personnel: 7; lundi; une perle, une boule de camphre.

ADIMAR (M): de l'allemand *athala* = noblesse et *mar* = célèbre, c'est-à-dire "qui excelle par ses origines nobles".
Chiffre personnel: 1; dimanche; un aigle en or, une feuille de laurier.

ADINA (F): de l'arabe "voluptueuse".
Chiffre personnel: 2; lundi; une opale, un chat gris. Fête: 8 novembre.

ADORNO (M): de l'italien "paré".
Prénom affectueux médiéval: il souhaite au nouveau-né d'être "paré" de toutes les vertus.
Chiffre personnel: 4; dimanche: une feuille de palmier, romarin, encens.

ADRIEL (M): de l'hébreu "troupeau de dieu".
Chiffre personnel: 4; dimanche, l'image d'un bélier, une feuille de citronnier.

AGAR (F): de l'hébreu *hagar* = fugitive, ce fut une esclave d'Abraham, dont elle eut un fils, Ismaël.
Chiffre personnel: 9; mardi; un rubis, une pivoine, un parfum au santal.

213

AGAVE (F): prénom mythologique grec de la fille de Cadmos et d'Harmonia, mère de Penthée.
Chiffre personnel: 9; mardi; un objet en fer, une plante grasse.

AGOLANT (M): prénom d'origine médiévale, courant dans la littérature chevaleresque comme le nom d'un roi sarrasin (*La chanson d'Agolant*).
Chiffre personnel: 1; dimanche; un aigle en or, une feuille de laurier.

AHMED (M): de l'arabe "très méritant".
Chiffre personnel: 4; dimanche: un topaze, un bâtonnet de cannelle.

AJATAA (F): fée sylvestre finnoise qui tyrannise les voyageurs.
Chiffre personnel: 7; lundi; argent, une belle-de-nuit.

AJAX (M): prénom mythologique d'un héros grec de la guerre de Troie.
Chiffre personnel: 9; mardi; un aimant, un sachet de tabac.

ALAN (M): nom d'un peuple qui envahit la Gaule en 406 ap. J.-C. Signifie, en gaélique, beau, avenant.
Fête: 8 septembre, 25 novembre.
Chiffre personnel: 1; dimanche; encens, une feuille de grenadier.

ALCINA (F): du grec *alkinoos* = intellect puissant. Nom de la magicienne qui, dans *Roland Furieux*, attire dans ses griffes Roger et le détourne du combat.

Chiffre personnel: 4; dimanche; une émeraude, une fleur d'arica.

ALCMENE (F): du grec *alkmos* = fort, courageux. Dans la mythologie grecque, c'est l'épouse d'Amphitryon: elle fut séduite par Zeus sous les traits de son époux et devint mère d'Héraclès.
Chiffre personnel: 4; dimanche; un topaze, une branche de romarin.

ALDOBRANDO (M): prénom aristocratique médiéval dérivé de l'allemand *hildja* = bataille et *branda* = incendie, dans le sens d'"épée qui a l'éclat du feu". Variante *Bindo*.
Chiffre personnel: 5; mercredi, lavande, une petite épée d'argent.

ALEA (F): assimilée à Athéna, déesse du blé et protectrice des moulins.
Chiffre personnel: 1; dimanche: un épi, un diamant.

ALERAMO (M): de l'allemand ancien *alda* = savant et *hraban* = corbeau, c'est-à-dire "corbeau savant". Dans la mythologie germanique, le corbeau est un animal doté de pouvoirs magiques, consacré au dieu Odin.
Chiffre personnel: 2; lundi; l'image d'un corbeau, une chaînette en or.

ALFRICH (M): roi des Elfes. Il devint Albéric, le nain boiteux, dans l'*Or du Rhin*. Fête: 26 janvier, 29 août.
Chiffre personnel: 3; jeudi; une améthyste, une plume de paon, un géranium.

ALHENA (F): nom d'une étoile de la constellation des Gémeaux.
Chiffre personnel: 5; mercredi: une broche figurant le signe astrologique des Gémeaux, un petit perroquet, une marguerite.

ALI (M): de l'arabe "le plus grand, éminent".
Chiffre personnel: 4; dimanche; un petit lion en or, un tournesol.

ALIA (F): dans la mythologie grecque, nom d'une des Néréides.
Chiffre personnel: 5; mercredi; une primevère, une émeraude.

ALIDA-ALIDE (F): de l'allemand ancien *hildja* = bataille. Fête: 26 avril.
Chiffre personnel: 9; mardi; un rameau d'absinthe, un canif en acier.

ALINA (F): du latin *alena* = aiguille.
Chiffre personnel: 1; dimanche; une aiguille en or, du mimosa, un parfum à la fleur d'oranger.

ALLEGRA (F): de l'italien *allegro* = gai, joyeux. Ce fut le prénom d'une fille du poète anglais Byron.
Chiffre personnel: 2; lundi; une perle, un pendentif en argent.

ALMEDA (F): du celte "danseuse".
Fête: 1er août.
Chiffre personnel: 9; mardi; un grenat, un dahlia, une broche représentant une danseuse.

ALNAIR (M): nom d'une étoile de la constellation de la Grue.
Chiffre personnel: 1; dimanche; une branche de mimosa, un clou de girofle.

ALRIK (M): de l'allemand *alarik* = très puissant. Nom du roi des Wisighoths qui envahit l'italie en 410.
Chiffre personnel: 6; vendredi; une émeraude, une fleur d'arnica.

ALRISHA (F): nom d'une étoile de la constellation des Poissons.
Chiffre personnel: 5; mercredi; une noix muscade, une broche en platine représentant des poissons.

ALRUNA (F): nom d'une sybille nordique, "celle qui dit tout en murmurant".
Chiffre personnel 4; dimanche; un collier d'ambre, une feuille de laurier.

ALTAIR (M): nom d'une étoile de la constellation de l'Aigle.
Chiffre personnel: 7; lundi; une opale, l'image d'un aigle, une chaînette en argent.

ALTEA (F): dans la mythologie grecque, nom qui signifie "celle qui soigne".
Chiffre personnel: 3; jeudi; une turquoise, une feuille de tilleul, un chien.

ALVINA (F): du danois "amie des Elfes". fête: 16 décembre.
Chiffre personnel: 5; mercredi; cinq baies de genièvre, une émeraude.

AMALTHEE (F): dans la mythologie grecque, nom de la nymphe qui nourrit Zeus dans une caverne de Crète.
Chiffre personnel: 8; samedi; un jaspe brun, l'image d'une chèvre, un parfum au pin.

AMARANTE (F): du grec *amarantos* = qui ne se fane pas. Fête: 7 novembre.
Chiffre personnel: 6; vendredi; la fleur du même nom, un bracelet en cuivre, un vêtement vert.

AMARYLLIS (F): du grec *amaryssein* = resplendir. C'est le nom de la célèbre bergère de Virgile, ainsi que d'une très belle fleur de couleur rouge vif.
Chiffre personnel: 3; jeudi; un vêtement de couleur pourpre, une améthyste.

AMIDA (F): divinité japonaise du bonheur.
Chiffre personnel: 1; dimanche; une topaze, un collier en or.

AMIEL (M): de l'hébreu "seigneur de mon peuple".
Chiffre personnel: 4; dimanche; or, encens, safran.

AMINA (F): de l'arabe *aminah* = très fidèle. C'est le prénom de la mère de Mahommet.
Chiffre personnel: 2; lundi; un objet en nacre, une feuille de lunaire.

AMOS (M): de l'hébreu "Dieu t'a porté". Nom d'un prophète d'Israël. Fête: 31 mars.
Chiffre personnel: 2; lundi; une fleur de belle-de-nuit, l'image d'une grenouille.

ANCILLA (F): du latin "esclave, servante", dérivé de la formule religieuse *ancilla domini* (la servante du seigneur).
Chiffre favorable: 7; lundi; un petit objet en verre, un chat blanc.

ANDROMEDE (F): du grec "celle qui domine les hommes"; c'est la jeune fille de la mythologie qui fut sauvée par Persée, puis devint une constellation.
Chiffre personnel: 3; jeudi; un géranium, une améthyste, une feuille de tilleul.

ANTHEA (F): du grec "fleur".
Chiffre personnel: 4; dimanche, genêt, mimosa, une bague en or.

ANTUSA (F): originaire de l'Asie mineure, synonyme de "vraie femme". Fête: 27 juillet.
Chiffre personnel: 4; dimanche; une fleur de camomille ou d'arnica, une émeraude.

APRIL (F): de l'étrusque *apru*. C'est le prénom que l'on donnait autrefois aux petites filles nées au mois d'avril.
Chiffre personnel: 2; lundi; une opale; une poignée de riz.

ARABELLE (F): la brune. Prénom

216

de lady Stuart, la rivale d'Elisabeth I d'Angleterre, qui fut enfermée dans la Tour de Londres.
Chiffre personnel: 7; lundi; une perle; un coquillage.

ARAMIS (M): prénom d'un des trois mousquetaires d'Alexandre Dumas, probablement inventé par l'auteur.
Chiffre personnel: 7; lundi; une étoile de mer, une pierre polie par l'eau.

ARDITH (F): "champ fleuri".
Chiffre personnel: 6; vendredi; une rose, un saphir clair, un bracelet en cuivre.

ARGELIE (F): du grec *arghéla* = éblouissant.
Chiffre personnel: 8; samedi; un morceau de plomb, un petite branche de cyprès, un diamant.

ARGENTINE (F): prénom augural du Moyen-Age qui apparut pour évoquer la beauté et la valeur de l'argent.
Chiffre personnel: 8; samedi; un jaspe brun, une fougère, une bague en forme de serpent.

ARLENE (F): du masculin allemand *harland* (*harja* = armée et *landa* = terre, c'est-à-dire "Terre du peuple armé". Variante: *Arletta, Arlette*.
Chiffre personnel: 6; vendredi; lapis-lazuli, jade, un objet en cuivre.

ARPALICE (F): héroïne légendaire éduquée aux armes et à la guerre, du grec *harpazein* = capturer et *likos* =

loup, dans le sens de "celle qui capture les loups", animaux considérés comme magiques et dangereux.
Chiffre personnel: 2; lundi; la pierre appelée sélénite, une feuille de mauve.

ASPASIE (F): prénom de la maîtresse de Périclès.
Chiffre personnel: 4; dimanche; un collier en or, une fleur de camomille.

ASTERIA (F): du grec *aster*. C'est le prénom de la jeune fille aimée par Jupiter et métamorphosée par celui-ci en caille pour avoir osé lui résister.
Chiffre personnel: 1; le dimanche; un diamant, une abeille en or, un canari.

ASTREE (F): du grec *aster*. C'est la fille de Zeus et de Thémis, la déesse des étoiles et de la justice qui, dégoûtée par le monde, alla se réfugier dans la constellation de la Vierge.
Fête: 10 août. Variante: *Aster*.
Chiffre personnel: 1; dimanche; une broche en or qui représente une étoile, encens, safran.

ATALANTE (F): prénom de la célèbre chasseresse qui épousa Méléagre.
Chiffre personnel: 7; lundi; graines de citrouille, un collier en argent.

ATHOS (M): nom d'un des trois mousquetaires de Dumas et du célèbre mont grec habité, dès le VIIe siècle, par des ermites.
Chiffre personnel: 9; mardi; un grenat, l'image d'un cheval ou d'un pic.

AURA (F): du latin "brise, vent léger".
Chiffre personnel: 5; mercredi; un
papillon, une émeraude.

AUREA (F): du latin *aureus* = doré.
Fête 24 août.
Chiffre personnel: 1; dimanche; un
collier en or, une broche figurant
un lotus.

AYLMER (M): de l'allemand ancien "noble force".
Chiffre personnel: 2; lundi; un coquillage, un feuille de myrte.

AZALEE (F): nom d'un belle fleur
rose.
Chiffre personnel: 1; dimanche; un
topaze, une feuille de sauge et, bien
sûr, la fleur homonyme.

AZIZA (F): de l'arabe "mignonne".
Chiffre personnel: 9 mardi; l'image
d'un coq ou d'un cheval, un dahlia
ou une gentiane.

AZURE (F): prénom lié à la couleur azur (bleu ciel) pour sa beauté
et sa luminosité.
Chiffre personnel: 3; jeudi; un saphir, un vêtement bleu ciel.

B

BALDUR (M): nom du dieu germanique de l'éloquence et du bon sens.
Chiffre personnel: 4; dimanche; une feuille de palmier, de l'or, de l'encens.

BARDE (M): du celte "chantre des entreprises chevaleresques". Fête: 2 février.
Chiffre personnel: 4; dimanche; un bâtonnet de cannelle, du safran.

BARUCH (M): de l'hébreu "béni", nom d'un prophète d'Israël et du célèbre philosophe Spinoza. Fêtes: 15 novembre, 22 mars.
Chiffre personnel: 8; samedi: une tortue, une feuille de sureau, un morceau de plomb.

BELINDA (F): "doucement lumineuse".
Chiffre personnel: 2; lundi; un colifichet en verre, une poignée de riz.

BEN (M): de l'hébreu "fils".
Chiffre personnel: 3; jeudi; une améthyste, un vêtement bleu.

BERYL (F): nom de la pierre précieuse.
Chiffre personnel: 8; samedi; un morceau de plomb, une bague en forme de serpent et la pierre précieuse homonyme.

BIBIANA (F): évolution du gentilice latin *vibius* qui vient de l'étrusque *vipi*, de signification inconnue.
Chiffre personnel: 2; lundi; un morceau de quartz, une feuille de lunaire.

BJORN (M): du suédois "ours".
Chiffre personnel: 5; mercredi; une cornaline, cinq graines d'anis, un ours en peluche.

BLAIR (M): du gaélique "fils des champs".
Chiffre personnel: 6; vendredi; une feuille de figuier, une statuette représentant un lapin ou un chat.

BRAN (M): dieu celtique des oracles.
Chiffre personnel: 8; samedi; un aimant, l'image d'un âne.

BRENT (M): de l'ancien saxon "colline, promontoire".
Chiffre personnel: 5; mercredi; l'image d'un ibis, un vêtement de couleur bleu ciel.

BRIAN (M): du celte "fort".
Chiffre personnel: 8; samedi; une feuille de rue ou de sureau, corail noir, lignite.

BUD-BUDDY (M): de l'ancien anglais "messager, héraut".
Chiffre personnel: 9; mardi; un vêtement rouge, du fer, une feuille de lupin.

BYRON (M): de l'ancien anglais "ours". Nom de famille d'un très célèbre poète.
Chiffre personnel: 2; lundi; un objet en nacre, un trèfle à quatre feuilles.

CALVOSO (F): fille d'Océanos et de Théthis, elle est, dans la mythologie grecque, la nymphe qui habitait l'île d'Ogygie et qui accueillit Ulysse, naufragé, et l'y retint pendant dix ans.
Chiffre personnel: 1; dimanche; un bâtonnet de cannelle, l'image d'un bélier.

CAMELIA (F): du grec *gamelios* = né d'un bon mariage, c'est la patronne des mères de familles. On l'invoque pour combattre les troubles de la grossesse. Fête: 9 mars. C'est aussi le nom d'une belle fleur blanche ou rose.
Chiffre personnel: 8; samedi; une petite branche de pin ou de gui, une calcédoine.

CASSANDRE (F): du grec *kassandras* = sœur des forts. C'est la fille de Priam et d'Hécube. Elle fut douée, par Apollon, du don de prophétie, mais elle se refusa à lui, et le dieu se vengea en décidant qu'on ne la croirait jamais.
Chiffre personnel: 8; samedi; une tortue, une branche de houx.

CASTALIA (F): nom d'une nymphe latine métamorphosée en source.
Chiffre personnel: 3; jeudi; un saphir clair, un morceau d'écorce de bouleau.

CHANDRA (F): mot sanscrit qui désigne la lune.
Chiffre personnel: 4; dimanche; une broche en or qui évoque la lune.

CINO (M): hypocoristique médiéval de *Guittoncino*, *Dragoncino*; c'est le prénom d'un poète de Pistoia de l'époque de Dante.
Chiffre personnel: 5; mercredi; cinq baies de genièvre, une agate, une calcédoine.

CLIO (F): du grec *kleiein* = faire résonner. C'est le nom de la muse de la Poésie épique et de l'Histoire.
Chiffre personnel: 3; jeudi; une améthyste, un jasmin, un fil d'étain.

CLIZIA (F): dérivé du grec *klitia* (de *klitos* = très célèbre). C'est le nom de l'infortunée Océane qui, abandonnée par Apollon, voulut se

laisser mourir de faim. Le dieu la transforma alors en tournesol.
Chiffre personnel: 6; vendredi; un collier de corail, une rose et, naturellement, un tournesol.

CLORINDE (F): guerrière sarrasine, héroïne de *la Jérusalem délivrée*, du Tasse. Aimée de Tancrède qui la tue dans un combat singulier, ne l'ayant pas reconnue. Du grec *kloris* = vert pâle.
Chiffre personnel: 4; dimanche; une émeraude; une noix de muscade, une fleur d'arnica.

CONTESSA (F): appellation médiévale. Variante: *Tessa*.
Chiffre personnel: 4; vendredi; un

vêtement rose, un objet en jade ou en corail.

CORALIE-CORAL (F): popularisé par le théâtre de Goldoni, ce prénom signifie "corail, corallien".
Chiffre personnel: 6; vendredi; un vêtement rose, un collier en corail.

CORDELIA (F): du latin *cordula* = petit cœur, ou du nom de famille Cordus = né tard. C'est le nom shakeasperien d'une des trois filles du roi Lear, celle qui se sacrifie pour lui en partageant son sort tragique. Une variante: *Kennera*. Fêtes: 14 février, 29 octobre.
Chiffre personnel; 4; dimanche; boucles d'oreille en or en forme de cœur, fleur de camomille.

D

DAGMAR (F): "joie" en danois ou "célèbre comme le jour radieux".
Chiffre personnel: 8; samedi; un plomb de chasse, une feuille de lierre, un vêtement beige.

DAGON (M): dieu palestinien de la tempête.
Chiffre personnel: 5; mercredi; un vêtement bleu clair, une primevère, un clou de girofle.

DAISY (F): équivalent anglais de Marguerite, popularisé à la fin du siècle dernier par le roman *Daisy Miller* de H. James.
Chiffre personnel: 4; dimanche; une bague ornée d'une topaze, un parfum à la fleur d'oranger, une marguerite.

DALIA (DAHLIA) (F): nom de fleur que l'on donne à la petite fille qui vient de naître pour lui souhaiter de grandir en beauté.
Chiffre personnel: 9; mardi; un jaspe rouge, un dahlia.

DALILA (F): de l'hébreu *Dalilah* =

pauvre, misérable. C'est le prénom de la courtisane qui séduisit Samson. Après lui avoir coupé sa longue chevelure dans laquelle résidait le secret de sa force, elle le livra sans force aux Philistins.
Chiffre personnel: 3; jeudi; un chien en peluche ou, si possible, un vrai chien, un saphir sombre.

DAMARIS (F): de l'hébreu "gentille enfant".
Chiffre personnel: 2; lundi; une perle, une poignée de riz.

DANAE (F): dans la mythologie grecque, nom de la mère de Persée qu'elle eut de Zeus. Celui-ci s'était introduit sous la forme d'une pluie d'or dans une tour où son père la retenait captive.
Chiffre personnel: 7; lundi; un morceau de quartz, un poignée de riz.

DEAN (M): de l'ancien anglais "de la vallée".
Chiffre personnel: 6; vendredi; une plume de colombe, une statuette de jade, un chat.

DEANNA (F): composé de *Dea* (déesse) et *Anna* ou bien variante de *Taddea*.
Chiffre personnel: 3; jeudi; un vêtement pourpre, une feuille de tilleul ou de sorbier.

DEJANIRE (F): du grec *deios* = ennemi et *aner* = homme, mari, c'est-à-dire "ennemie de son mari", telle fut la femme d'Hercule dans la mythologie. Craignant qu'il fût infidèle, elle lui fit cadeau d'une tunique qui le consuma.
Chiffre personnel: 7; lundi; un colifichet en argent, une feuille de laurier.

DELA (F): de l'espagnol "espoir".
Chiffre personnel: 4; dimanche; une topaze, une émeraude, un parfum d'encens.

DELICE (F): nom affectueux donné à la petite fille qui sera la joie, le délice de ses parents.
Chiffre personnel: 3; jeudi; une plume de faisan, un géranium.

DEMOS (M): du grec "terreur". C'est le nom d'un des deux chevaux de Mars.
Chiffre personnel: 2; lundi; un petit cheval en verre, un parfum à la fougère.

DENEBOLA (F): nom d'une étoile appartenant à la constellation de la Vierge.
Chiffre personnel: 2; dimanche, or, encens, safran.

DESDEMONE (F): prénom inventé par Shakespeare à partir d'un modèle grec inexistant: *dys daimon* = qui a un destin infortuné.
Chiffre personnel: 8; samedi; un jaspe brun, un asphodèle, un scarabée.

DEYA (F): du sanscrit "divinité".
Chiffre personnel: 5; mercredi; un vêtement de couleur orange, quelques feuilles de menthe ou de mélisse.

DIETRICH (M): variante, ainsi que *Dieter*, de *Théodoric* = roi du peuple. Fête: 2 février.
Chiffre personnel: 4; dimanche; or, l'image d'un aigle ou d'un lion.

DILETTA (F): nom affectueux qui signifie "chère, aimée". Variante anglo-saxonne: *Bonnie*.
Chiffre personnel: 8; samedi; une fougère ou une branche de cyprès.

DIVIANA-DIVA (F): "divine".
Chiffre personnel: 6; vendredi; un bracelet en cuivre ou en jade, un chaton en peluche.

DOLCINA (F): du latin *dulcis*, prénom médiéval de congratulation à consonance affectueuse. Variantes: *Dulcinée*, la paysanne idéale de Don Quichotte.
Chiffre personnel: 4; dimanche; une abeille en or, une topaze, une branche de mimosa.

DOMITILLE (F): féminin de *Domizio*, du latin *domitus* = doux, gentil.

Chiffre personnel: 5; mercredi; un perroquet aux couleurs vives, une émeraude, une primevère.

DONAR (M): dieu scandinave du tonnerre, fils d'Odin et de Frigga, qui voyage sur un char tiré par une chèvre et lançant des marteaux semblables à des boomerangs.
Chiffre personnel: 7; lundi; un marteau en argent, un coquillage.

DONNA (F): du latin *domina* = dame. Fête: 28 décembre.
Chiffre personnel: 3; jeudi; un saphir, un fil d'étain.

DOUGLAS (M): du celte "de chevelure brune".
Chiffre personnel: 7; lundi; un vêtement gris et noir, un petit poisson en argent, une poignée de graines de citrouille.

DRAGO (M): nom slovène dérivé de *drag* = cher, aimé.

Chiffre personnel: 9; mardi; une clef en fer, une branche d'absinthe.

DRUSIANA (F): repris au Moyen-Age dans un poème chevaleresque populaire. Dérive du vieux français *Dru*. Variante: *Drusille*. Fête: 24 décembre.
Chiffre personnel: 6; vendredi une rose, un cyclamen, un vêtement vert.

DUCCIO (M): hypocoristique médiéval de plusieurs prénoms se terminant par *duccio*. On retiendra Duccio di Buoninsegna, célèbre peintre florentin du XIIIᵉ siècle.
Chiffre personnel: 1; dimanche; or, encens, safran.

DUNCAN (M): prénom du roi d'Ecosse dans *Macbeth* de Shakespeare.
Chiffre personnel: 3; jeudi; un géranium, une feuille de cèdre ou d'olivier.

DYLAN (M): du gallois "mer".
Chiffre personnel: 2; lundi; un coquillage, un hippocampe.

E

EA (F): divinité aquatique du printemps.
Chiffre personnel: 6; vendredi; une violette, un brin de muguet, une émeraude.

ECHO (F): nymphe des sources et des forêts, personnification de l'écho. Elle serait morte de douleur, d'un amour malheureux pour Narcisse.
Chiffre personnel: 5; mercredi; un perroquet, un vêtement orange.

EDELWEISS (F): de l'allemand *adal* = noble et *weiss* = blanc.
Chiffre personnel: 2; lundi; un vêtement blanc, un edelweiss, un diamant.

EDEN (M): de l'hébreu "campagne, jardin". C'est le paradis perdu de la Bible.
Chiffre personnel: 1; dimanche; un clou de girofle, une topaze, une fleur de camomille.

EDERA (F): de l'italien "lierre", plante synonyme de profond attachement affectif et de fidélité à ses idéaux.

Chiffre personnel: 6; vendredi; un bracelet en cuivre, une rose, une feuille de lierre.

EDWIN (M): de l'anglais ancien *ead* = propriété et *wine* = ami, c'est-à-dire "ami de la richesse, du bonheur". Nom des rois d'Ecosse qui fondèrent Edimbourg. Fête: 4 octobre.
Chiffre personnel: 1; dimanche, une fleur d'arnica, une pièce d'or.

EFRAIM-EFREM (M): prénom biblique d'un des fils de Joseph, de l'hébreu *farah* = croître, fructifier. Fêtes: 7 mars, 18 juin, 8 octobre.
Chiffre personnel: 7 et 2; lundi; une poignée de graines de citrouille, un objet en nacre.

EGERIE (F): du latin *egerere* = porter, c'est le nom d'une nymphe métamorphosée en source par Diane et protectrice des femmes en couches.
Chiffre personnel: 9; mardi; un rubis, une gentiane.

EGLANTINE (F): nom d'une espè-

226

ce de rose sauvage et héroïne de chansons de geste.
Chiffre personnel: 2; lundi; un morceau de quartz, une baie d'églantier.

EINAR (M): du suédois "chef".
Chiffre personnel: 2; lundi; un coquillage, un objet en argent.

ELDORA (F): de l'espagnol "doré".
Chiffre personnel: 1; dimanche; une bague en or, un tournesol.

ELETTA (F): prénom affectueux d'origine médiévale, du latin *electus* = élu, destiné à exceller. C'est le prénom de la mère de Pétrarque.
Chiffre personnel: 9; mardi; un grenat, quelques grains de poivre.

ELIORA (F): de l'hébreu "le seigneur est ma lumière".
Chiffre personnel: 6; vendredi; une émeraude, un parfum à la violette ou au jasmin.

ELISSA (F): autre nom de la reine Didon, fondatrice de Carthage, qui se tua par amour d'Enée. Fête: 26 juin.
Chiffre personnel: 2; lundi; graines de citrouille, un colifichet en argent, une opale.

ELPHE (M): de l'anglais *elf*, c'est le génie des forêts et de la végétation.
Chiffre personnel: 2; lundi; une pince de crabe, un galet poli par l'eau.

ELPIS (F): prénom mythologique synonyme d'espoir.
Chiffre personnel: 7; lundi; un objet en verre, une perle, une feuille de lunaire.

EMBLA (F): c'est la première femme de la mythologie germanique créée par Odin.
Chiffre personnel: 6; vendredi; un collier de corail, une marguerite.

EMERENZIANA (F): du latin *emerere* = qui a bien mérité. Dans la tradition hagiographique, c'est la sœur de lait de sainte Agnès et elle fut lapidée sur la tombe de celle-ci sous le règne de Dioclétien.
Chiffre personnel: 3; jeudi; un chien en peluche, un saphir sombre, un fil d'étain.

ENKI (M): divinité sumérienne des forces actives.
Chiffre personnel: 3; jeudi; une turquoise, un morceau d'écorce de bouleau.

ENOCH (M): nom israélite porté par plusieurs personnages de l'Ancien Testament: un interprète des mystères, un fils de Caïn et un fils de Ruben. De l'hébreu *hanakh* = il instruisit, il éduqua, c'est-à-dire "initié aux cultes, érudit".
Chiffre favorable: 9; mardi; un fil de fer, un jaspe rouge, un bouton d'or.

ENOS (M): de l'hébreu *Enosh*, nom d'un petit fils d'Adam.
Chiffre personnel: 8; samedi; un

jaspe brun, un parfum au pin ou à la fougère.

EOLE (M): du grec *aiolos* = rapide, changeant. C'est le nom du Dieu des vents.
Chiffre personnel: 1; dimanche; or, une chrysolite, une jonquille.

ERCINA (F): dans la mythologie grecque, prénom d'une des compagnes de Proserpine.
Chiffre personnel: 5; mercredi; la pierre œil-de-chat, des graines d'anis, un vêtement orange.

ERIS (F): déesse de la Discorde dans la mythologie grecque.
Chiffre personnel: 6; vendredi; une émeraude, un cyclamen, une touffe de poils de chèvre.

EROS (M): du grec *erasthai* = aimer. C'est le nom de la divinité héllénique de l'Amour, amant ou fils d'Aphrodite. Fête: 20 février.
Chiffre personnel: 3; jeudi; une noisette, un petit cœur en étain ou en or.

ESMERALDA (F): du grec *smaragdos* ou du latin *smaragdus*. Ce prénom évoque la belle pierre précieuse verte soumise à l'influence de Vénus. Fêtes: 22 janvier, 10 août.
Chiffre personnel: 6; vendredi; une émeraude, une rose.

ESPERIA (F): du grec *hesperoshespera* = étoile du soir. C'est le nom attribué par les Anciens à tous les pays situés à l'Occident.
Chiffre personnel: 1; dimanche; une broche qui représente une étoile, un collier d'ambre.

ETHEL (F): de l'allemand *adal* = noble.
Chiffre personnel: 5; mercredi; une bague en argent ou en platine ornée d'une agate.

ETILLA (F): dans la mythologie, c'est la sœur de Priam, roi de Troie.
Chiffre personnel: 5; mercredi; quelques feuilles de menthe, une touffe de poils de renard.

EUDORA (F): du grec "beau don". C'est une des sept nymphes d'Atlas.
Chiffre personnel: 1; dimanche; or, encens, un diamant.

EURO (M): nom grec qui indique le vent de l'est.
Chiffre personnel: 5; mercredi; un papillon, cinq baies de genièvre.

EUROPE (F): du grec *ereb* = Occident. C'est la fille d'Agénor. Elle fut enlevée par Zeus métamorphosé en taureau et transportée en Crète où elle mit au monde Minos.
Chiffre personnel: 4; dimanche; un collier d'ambre, une branche de genêt ou de mimosa.

EURIDYCE (F): du grec *eurys dike* = très juste. C'est l'épouse d'Orphée, morte le jour de ses noces et

perdue à jamais par Orphée qui alla
la chercher aux Enfers et oublia qu'il
ne devait pas se retourner.
Chiffre personnel: 2, lundi; un coquillage, l'image d'une cithare, un
vêtement blanc.

F

FALCO (M): prénom du Moyen Age dérivé du latin *falco-falconis* = faucon.
Chiffre personnel: 1; dimanche; une fleur d'arnica, l'image d'un faucon.

FARA (F): de l'hébreu *farah* = fertile. Fête: 4 décembre.
Chiffre personnel: 8; samedi; une feuille de sureau, un vêtement marron.

FAY (F): "charmante".
Chiffre personnel: 5; mercredi; un vêtement bleu ciel, une primevère, l'image d'un ibis.

FENELLA (F): du celte "qui a de blanches épaules".
Chiffre personnel: 1; dimanche; un tournesol, une topaze, un collier en or.

FERGAL (M): du celte "verdoyant". Fête: 27 novembre.
Chiffre personnel: 4; dimanche; safran, un bâtonnet de cannelle.

FERGUS (M): du gaélique "homme fort".
Chiffre personnel: 4; dimanche; une feuille de laurier, l'image d'un lion.

FIONA (F): du celte "blanche".
Chiffre personnel: 9; mardi; un vêtement blanc orné de broderies rouges, une fleur de chardon.

FORTUNE-FORTUNIA (F): divinité romaine du Hasard, identifiée à la Tyché grecque.
Chiffre personnel: 5; mercredi; une pièce de monnaie, une baie de genièvre, de l'anis.

FREYJA (F): épouse d'Odin dans la mythologie germanique.
Chiffre personnel: 1; dimanche; une branche de romarin, un collier d'ambre.

FRIDA (F): de l'allemand *friede* = paix. Variante masculine: *Fridolino*.
Chiffre personnel: 2; lundi; un coquillage, un béryl, un trèfle à quatre feuilles.

FRINE (F): superbe hétaïre grecque représentée par le sculpteur Praxitèle et acquittée par les juges qui l'avaient condamnée, grâce à sa beauté exceptionnelle.
Chiffre personnel: 7; lundi; un béryl, une perle, une bague en argent.

FULLA (F): dans la mythologie germanique, servante qui coiffe Freyja.
Chiffre personnel: 7; lundi; un peigne en argent, une belle-de-nuit.

G

GAIL (F): "heureuse, gaie".
Chiffre personnel: 2; lundi; un coquillage, un morceau de quartz.

GALAAD (M): héros de la *Quête du
Graal*. Fils de Lancelot, il est le seul
qui soit digne par sa vertu de découvrir le *Graal*.
Chiffre personnel: 8; samedi; une
branche de pin, un jaspe brun.

GALATEE (F): divinité marine (de
gala = lait). Aimée du cyclope Poly-
phème, elle lui préféra le berger Acis.
Chiffre personnel: 2; lundi; un vêtement blanc, une perle, une broche
en argent.

GHINO (M): hypocoristique médiéval. On se souviendra de Ghino
di Tacco, le bandit toscan mention-
né par Dante et Boccace.
Chiffre personnel: 8; samedi; une
feuille de lierre, l'image d'un chameau.

GIANIRA (M): nom mythologique
d'une des nymphes de la mer.

Chiffre personnel: 5; mercredi; cinq
baies de genièvre, un papillon.

GINESTRA (F): de l'italien "genêt".
Chiffre personnel: 3; jeudi; un rameau d'olivier, un chien, une branche de genêt.

GIOTTO (M): diminutif médiéval
italien de *Ambrogiotto* et *Agnelotto*,
utilisé surtout en Toscane en raison
du prestige du très célèbre peintre
du même nom (1267-1336).
Chiffre personnel: 5; mercredi; un petit singe en peluche, des graines d'anis.

GLAFIRA (F): du grec "élégant".
Fête: 13 janvier.
Chiffre personnel: 9; mardi; un vêtement rouge, un rubis, un parfum à
la fougère.

GLEN (M): du celte "vallée". Féminin: *Glenna, Glenda*.
Chiffre personnel: 2; lundi; une chaînette en or, une feuille de lunaire.

GLYCERA (F): courtisane athénienne qui fut la maîtresse d'Harpalos, puis de Ménandre. Fête: 13 mai. Chiffre personnel: 1; dimanche; une abeille en or, une topaze.

GODIVA (F): "don de dieu". Héroïne d'une légende anglaise, femme de Leofric. Elle obtint de celui-ci une diminution des impôts qui accablaient la ville de Coventry, à condition de traverser la ville toute nue. Les habitants reçurent l'ordre de rester enfermés, et seul la vit un indiscret qui fut aveuglé par sa beauté. Chiffre personnel: 4; dimanche; une pivoine, une chrysolite, une noix muscade.

GOLIARD (M): nom donné, au Moyen Age, aux clercs indisciplinés qui vivaient en marge des lois de l'Eglise. Goliard est un croisement de *gula* = gourmandise et *golia* = diable, rebelle. Chiffre personnel: 3; jeudi; un jasmin, un saphir sombre.

GORDON (M): du celte "de la colline". Chiffre personnel: 1; dimanche; l'image d'un taureu ou d'un bélier, une feuille de sauge.

GOTHARD (M): prénom emprunté au Moyen Age, qui évoque le culte de l'évêque bavarois d'Hildesheim. De l'allemand *Gudha* = Dieu et *hardu* = fort, courageux, c'est-à-dire "fort avec l'aide de Dieu".

Chiffre personnel: 1; dimanche; une émeraude, de l'encens.

GRAHAM (M): "guerrier". Chiffre personnel: 3; jeudi; un morceau d'écorce de bouleau, un gland.

GRANIA (F): du celte "amour". C'est une héroïne du folklore gallois. Chiffre personnel: 5; mercredi; un papillon, une agate, une feuille de cèdre.

GRIMILDE (F): de l'allemand "combattant avec un casque". C'est le prénom d'une Walkirie. Chiffre personnel: 5; mercredi; la pierre œil-de-chat, quelques feuilles de menthe.

GRISELDA (F): de l'allemand *greis* = gris, vieux et *held* = héros, héroïne. C'est la protagoniste d'une légende racontée par Boccace: Griselda est une petite paysanne que le marquis de Saluces épouse après lui avoir fait promettre une obéissance aveugle. Elle subit toutes sortes d'épreuves avant de pouvoir retrouver au foyer sa place et ses enfants. Chiffre personnel: 3; jeudi; une améthyste, un habit violet.

GUDELIA (F): "la bonne". Fête: 29 septembre. Sainte Gudélia est invoquée pour lutter contre les maladies des voies respiratoires. Chiffre personnel: 5; mercredi; un colifichet en platine, une agate, une calcédoine.

233

GUDRUN (F): de l'allemand "celle qui apporte la sagesse dans la bataille". Prénom d'une Walkirie.
Chiffre personnel: 4; dimanche; l'image d'un zèbre, une branche de romarin, une pivoine.

GUICCIARD (M): nom médiéval dérivé de l'allemand *wig* = combat, bataille ou de *wiska* = astucieux et *hardhu* = fort, qui signifie donc "courageux au combat " ou bien "fort et astucieux". Fête: 25 juin.
Variante: *Viscard, Guiscard*.

Chiffre personnel: 9; mardi; un bouton d'or, quelques grains de poivre, l'image d'un léopard.

GUNNAR-GUNTHER (M): personnage du poème des *Nibelungen*. Synonyme de corbeau.
Chiffre personnel: 3; jeudi; un saphir sombre, un morceau d'écorce de bouleau, l'image d'un corbeau.

GURTHIE (M): du celte "serpent".
Chiffre personnel: 7; lundi; un coquillage, un serpenteau d'argent.

H

HAIDAR (M): nom indien qui signifie "lion".
Chiffre personnel: 5; mercredi; un pendentif en platine qui représente un lion, une primevère.

HALIA (F): épouse de Neptune dans la mythologie.
Chiffre personnel: 4; dimanche; un collier d'ambre.

HASSAN (M): de l'arabe "plein de charme".
Chiffre personnel: 8; samedi; une feuille de lierre, un plomb de chasse.

HAYDEE (F): nom de la fille du corsaire qui aime et soigne Don Juan dans l'œuvre de Byron.
Chiffre personnel: 3; jeudi; une feuille d'olivier, un géranium, un vêtement violet.

HECATE (F): divinité lunaire et marine à triple forme (souvent à trois têtes).

Chiffre personnel: 7; lundi; un croissant de lune en argent, une perle.

HELA (F): reine germanique des Enfers.
Chiffre personnel: 8; samedi; un jaspe brun, un asphodèle, un parfum au pin.

HELLE (F): dans la mythologie grecque, prénom de la fille d'Athamas et sœur de Phrixos, qui mourut noyée tandis qu'elle essayait de traverser la mer avec son frère.
Chiffre personnel: 3; jeudi; un géranium, une plume de paon.

HERA (F): divinité du Mariage, symbole de la grandeur et de la souveraineté maternelle, épouse de Zeus et mère de nombreux dieux.
Chiffre personnel: 6; vendredi; une statuette en jade, une aigue-marine, un objet en cuivre ou en bronze.

HERMIONE (F): dans la mythologie grecque, c'est la fille de Mé-

235

nélas et d'Hélène et la seconde femme d'Oreste.
Chiffre personnel: 7; lundi; un béryl, un pendentif d'argent en forme de petit poisson.

HERTA (F): divinité nordique de la Fertilité et de la Paix.
Chiffre personnel: 7; lundi; une perle, une feuille de lunaire, quelques grains de riz.

HIDALGO (M): de l'espagnol *hijo* = enfant et *algo* = quelque chose, dans le sens de "fils de quelque chose". C'est le nom d'un patriote mexicain, Miguel Hidalgo y Costilla, qui fut le chef de l'indépendance mexicaine.
Chiffre personnel: 7; lundi; une pièce d'argent, une feuille de myrte.

HIMERA (F): du grec *himeros* = désir ardent. Au masculin: *Himier*.
Chiffre personnel: 1; dimanche; des boucles d'oreille en or, une feuille de laurier.

HINA (F): divinité maori de la lune.
Chiffre personnel: 5; mercredi; un croissant de lune en platine, un brin de lavande.

HOLGER (M): héros nordique qui, selon la légende, dort sous la tour du château d'Helseneur, mais qui reviendra au combat dès que le Danemark sera en danger. De *holm* et *gerk* = lance de l'île, c'est-à-dire protecteur. Variante: *Ogier*.
Chiffre personnel: 2; lundi; un béryl, une petite épée en argent.

HOSHI (F): nom japonais d'une étoile.
Chiffre personnel: 5; mercredi; un petit perroquet, un brin de menthe, une chaîne de platine.

HYGIE (F): du grec *higeia* = saine. Déesse de la Santé.
Chiffre personnel: 9; mardi; une pivoine, l'image d'un loup.

I

IANIRA (F): nom d'une océanide, nymphe de la mer ou des eaux.
Chiffre personnel: 7; mercredi; un petit poisson en argent, un galet poli par la mer; un vêtement blanc.

IDALIA (F): autre nom d'Aphrodite lié au grand temple consacré à la déesse près de la ville d'Idalion.
Chiffre personnel: 9; mardi; une clef en fer, un jaspe rouge.

ILIA (M): du russe "sauvage". Fête: 18 novembre.
Chiffre personnel: 4; dimanche; une émeraude, un bâtonnet d'encens.

ILIZIA (F): fille de Zeus et déesse des femmes enceintes dans la mythologie grecque.
Chiffre personnel: 3; jeudi; un saphir sombre, l'image d'un dauphin, une violette.

ILVA-ILVIA-ILVANA (F): variante du nom de l'île d'Elbe.
Chiffre personnel: 8; samedi; un plomb de chasse, une branche de cy-près et une marionnette représentant un hibou.

INDRO (M): du malgache *indri* = homme des bois ou du sanscrit *indra* = flamboyant, vainqueur (divinité de l'époque védique).
Chiffre personnel: 6; vendredi; un vêtement vert, une feuille de figuier, une touffe de poils de lapin.

INGA (F): de l'allemand *ingeborg* = protégé par le dieu Ing.
Chiffre personnel: 4; dimanche; un collier d'ambre, une chrysolite.

INGMAR (M): "célèbre Ing".
Chiffre personnel: 8; samedi; un jaspe brun, un rameau de rue ou de cyprès.

IORIO (M): forme médiévale de *Giorio*, Georges, signifiant agriculteur.
Chiffre personnel: 3; jeudi; un saphir sombre, un petit morceau d'étain, un feuille d'olivier.

IRINA (F): variante orientale d'*Irène*.

237

Chiffre personnel: 6; vendredi; une plume de colombe, une émeraude, un parfum au muguet.

IRVIN (M): de l'écossais "ami de la mer". Variante: *Marvin*.
Chiffre personnel: 9; mardi; un morceau de racine de gentiane, un fil de fer.

ISAURIE (F): nom d'une ancienne région d'Asie Mineure, romanisée en 75 av. J.-C. Fête: 17 juin.
Chiffre personnel: 6; vendredi; un collier de corail, une rose, un parfum à la violette.

ISMAEL (M): fils d'Abraham et d'Agar, de l'hébreu *Yshamael* = Dieu entend. Variante arabe: *Ismail*. Fête: 17 juin.
Chiffre personnel: 5; mercredi; une feuille de cèdre, la pierre œil-de- chat.

IVILLA (F): nom tiré d'un dialecte africain, qui signifie "renaissance".
Chiffre personnel: 2; lundi; une perle, un objet en argent, une algue séchée.

IZUSA (F): "neige blanche".
Chiffre personnel: 4; dimanche; or, encens, une feuille de sauge.

J

JADER (M): nom, d'origine punique, d'un évêque et martyr de Numidie. Fête: 10 septembre.
Chiffre personnel: 2; lundi; une aigue-marine, un objet en argent, quelques grains de riz.

JAEL (M): de l'hébreu "divine montagne".
Chiffre personnel: 1; dimanche; une pierre renfermant du mica, une noix muscade.

JAMIL (M): de l'arabe "charmant".
Chiffre personnel: 9; mardi; un rubis, une fleur de chardon, un petit coq en fer ou en acier.

JARON (M): de l'hébreu "chanter".
Chiffre personnel: 4; dimanche; une feuille de palmier, un canari.

JAROSLOV (M): du tchèque "gloire de printemps".
Chiffre personnel: 8; samedi; une tortue, un vêtement marron.

JASON (M): du grec *jaesthai* = guérie. C'est le héros de la mythologie hellénique qui conduisit les Argonautes à la conquête de la Toison d'or.
Chiffre personnel: 5; mercredi; un papillon, une calcédoine, un vêtement gris.

JESSE (M): de l'hébreu "grâce divine". C'est le nom du père du roi David.
Chiffre personnel: 4; dimanche; or, encens, noix muscade.

JIN (M): prénom qui signifie "or" en chinois.
Chiffre personnel: 6; vendredi; or, émeraude, l'image d'un cygne.

JONAS (M): cinquième des petits prophètes d'Israël.
Chiffre personnel: 1; dimanche; fleur de camomille, l'image d'une colombe.

JOSAPHAT (M): de l'hébreu *Yeoshafat* = Dieu a jugé. Nom de l'ange qui, selon les écritures, présidera le Jugement dernier.

Chiffre personnel: 7; lundi, un coquillage, un hippocampe.

JUBAS (M): personnage de la tradition juive, inventeur de la lyre.
Chiffre personnel: 8; samedi; un jaspe brun, un rameau de cyprès.

JUNIA (F): dérivé du gentilice latin *Iunius* qui vient lui-même de

Iuno = Junon, signifiant "sacré,
consacré à la déesse". Ce prénom
peut aussi évoquer le mois de la
naissance (juin). Fête: 13 août.
Chiffre personnel: 7; lundi; une aigue-marine, une feuille de myrte.

JYOTIS (F): du sanscrit "lumière
du soleil".
Chiffre personnel: 8; samedi; une
tortue, un diamant.

K

KADAR (M): de l'arabe "puissant".
Chiffre personnel: 8; samedi; une petite boîte en onyx, un parfum d'encens.

KALILA (F): de l'arabe "fiancée".
Chiffre personnel: 1; dimanche; une bague en or, une topaze, une fleur d'arnica.

KALINDA (F): de l'hindi "lumière du soleil".
Chiffre personnel: 7; lundi; un fétiche en verre, un béryl, une feuille de laurier.

KAMARIA (F): du swahili "semblable à la lune".
Chiffre personnel: 9; mardi; l'image d'un croissant de lune, un rubis, un fil de fer.

KANANI (F): du polynésien "beauté".
Chiffre personnel: 5; mercredi; un papillon, un petit singe en peluche, des graines d'anis.

KEITH (M): prénom venant de l'écossais "champ de bataille".
Chiffre personnel: 8; samedi; une feuille de lierre, l'image d'un serpent.

KENDRA (F): de l'ancien saxon "la femme savante".
Chiffre personnel: 8; samedi; une marionnette qui représente un hibou, un jaspe brun, un vêtement noir.

KEN-KENNETH (M): du celte "charme".
Chiffre personnel pour *Ken*: 3; jeudi, un saphir, un chien, un feuille de chêne. Pour *Kenneth:* 5, mercredi; cinq baies de genièvre, une agate, un objet en platine.

KILIAN (M): de l'irlandais "ecclésiastique".
Chiffre personnel: 2; lundi; un crucifix en argent, une étoile de mer.

KIM (M): de l'ancien anglais "chef".
Chiffre personnel: 6; vendredi; une plume de colombe, une feuille de myrte; une statuette de jade.

KIRA (F): du perse "soleil". Chiffre personnel: 3; jeudi; un saphir, une noisette, l'image d'une girafe.

KIRK (M): de l'ancien saxon "église". Chiffre personnel: 4; dimanche; une noix de muscade, un vêtement jaune.

KOLMAN (M): équivalent irlandais de *Colomban*. Fête: 13 octobre. Chiffre personnel: 3; jeudi; une améthyste, un vêtement bleu, une feuille de tilleul.

KUMAR (M): de l'hindi "prince". Chiffre personnel: 1; dimanche; l'image d'un lion ou d'un aigle, une chaînette en or, un parfum d'encens.

L

LADA (F): divinité slave de l'amour.
Chiffre personnel: 9; mardi; un vêtement rouge, un grenat, un œillet rouge.

LALAGE (F): femme célébrée par le poète Horace, du grec *lalaghein* = beaucoup parler.
Chiffre personnel: 2; lundi; un trèfle à quatre feuilles, une marionnette en forme de grenouille.

LANA-LANI (F): du polynésien "ciel".
Chiffre personnel: 1; dimanche; un collier d'ambre, une feuille de palmier.

LANCELOT (M): nom médiéval dérivé du latin *lancearius* = armé de lance, porté par le célèbre héros des Chevaliers de la Table Ronde. Lancelot est l'amant de la reine Guenièvre, l'épouse du roi Arthur. Variante: *Lanzo, Lance*. Fête: 27 juin.
Chiffre personnel: 1; dimanche; une feuille de laurier, un colifichet en or, un parfum d'encens.

LEVI (M): de l'hébreu *lavah* = accrocher, unir; troisième fils de Jacob et Lia.
Chiffre personnel: 3; jeudi; un morceau de corde, un gland, un chien.

LEVIA (F): nom classique issu du gentilice latin *laevius* = gauche, gaucher, ce qui signifie, selon les etrusques, faste, favorable.
Chiffre personnel: 4; dimanche; une émeraude, une bague en or.

LIALA (F): pseudonyme de l'écrivain Liana Negretti, inventé par d'Annunzio.
Chiffre personnel: 8; samedi; un ourson en peluche, un asphodèle, un parfum à la fougère.

LIANA (F): nom d'un arbuste exotique ou diminutif de *Eliana*.
Chiffre personnel: 1; dimanche; des boucles d'oreilles en or, une broche en or en forme d'abeille, une fleur de camomille.

LILITH (F): emprunté à l'astrologie, c'est le nom de la lune noire.

Chiffre personnel: 7; lundi; un croissant de lune en argent, une feuille de laurier.

LILKA (F): héroïne guerrière polonaise.
Chiffre personnel: 9; mardi; un fil de fer, une fleur de lupin, un rubis.

LINDORO (M): personnage du théâtre de Goldoni qui interprète le rôle de l'amoureux.
Chiffre personnel: 6; vendredi; un objet en jade; un bracelet en cuivre, une feuille de myrte.

LINNEA (F): du finnois "gui".
Chiffre personnel: 1; dimanche; une branche de gui, ambre, safran.

LISSILMA (F): nom peau-rouge signifiant "papillon".
Chiffre personnel: 4; dimanche; un papillon en or, une émeraude, une feuille de sauge.

LIU (F): prénom emprunté à une vieille légende perse: Liu est la belle jeune fille qui aime le prince Khalaf et qui est prête à se sacrifier pour le sauver.
Chiffre personnel: 6; une rose, une aigue-marine, un chat blanc.

LIUBA (F): du slave "amour".
Chiffre personnel: 9; mardi; un petit cœur rouge, un rubis, une pivoine.

LOHENGRIN (M): protagoniste de l'opéra homonyme de Wagner; dérive de *leuh* = flamme et *grima* = casque, et signifie "casque flamboyant".
Chiffre personnel: 3; jeudi; un fil d'étain, l'image d'un dauphin, une feuille d'olivier.

LOIS (F): du saxon "héroïne".
Chiffre personnel: 1; dimanche; des boucles d'oreilles en or, un collier d'ambre, une fleur de calcédoine.

LOLA (F): hypocoristique espagnol de Lorenza et Dolores. Variante: *Lolita*.
Chiffre personnel: 4; dimanche; un bracelet en or, un tournesol, un bâtonnet de cannelle.

LONELLA (F): nom d'une fée anglaise.
Chiffre personnel: 8; samedi; un scarabée, une bague en forme de serpent, un parfum à la fougère.

LORELEI (F): emprunté à l'opéra lyrique de Catalani, c'est le prénom de la légendaire ondine blonde qui, du haut d'une falaise sur le Rhin, charmait les bateliers et les attirait en cet endroit vers les écueils (de l'allemand *lüren* = être à l'affût et *lei* = roche d'ardoise).
Chiffre personnel: 2; lundi; une pierre blanche, un vêtement gris, un petit poisson en argent.

LOTHAIRE (M): diminutif de Clothaire, dérivé de *hloda* = gloire et *harja* = peuple armé, qui signifie

"glorieux dans l'armée". Variante: *Rothari*. Fête: 15 juin.
Chiffre personnel: 2; lundi; des graines de citrouille, un trèfle à quatre feuilles.

LOUP (M): prénom courant au Moyen Age, plus répandu aujourd'hui sous la forme allemande *Wolf*. Fête: 9 juin.
Chiffre personnel: 1; dimanche; l'image d'un loup, une chaînette en or.

LUCE (F): variante de *Lucie* qui signifie "lumière" en italien. C'est le prénom de la fille du futuriste Marinetti.
Chiffre personnel: 5; mercredi; un objet en platine, une cornaline, du parfum à la verveine.

LUDMILLA (F): prénom dérivé du slave *ljod*: peuple et *mir*: aimé, qui signifiait à l'origine "chère au peuple". Fête: 16 octobre.

Chiffre personnel: 3; jeudi; un jaspe vert, une noisette, l'image d'un dauphin.

LUMINOSA (F): "lumineuse". Sainte Luminosa est la patronne des étalages de livres d'occasion. Fête: 9 mai.
Chiffre personnel: 5; mercredi; une touffe de poils de renard, une agate, une marguerite.

LUNE (F): prénom affectueux qui évoque la beauté et la luminosité de la lune.
Chiffre personnel: 3; jeudi; une broche en forme de croissant de lune, un saphir, l'image d'un cygne.

LYNN (F): du saxon "cascade".
Chiffre personnel: 2; lundi; un caillou pris dans une rivière, une belle-de-nuit, un objet en argent.

M

MABEL (F): princesse d'une légende anglaise qui est invoquée pour combattre la foudre et éloigner les serpents. Fête: 11 juillet.
Chiffre personnel: 6; vendredi; un collier de corail, un brin de muguet, un parfum à la rose et à la myrte.

MACHA (F): synonyme d'amour dans le langage peau-rouge.
Chiffre personnel: 8; samedi; un petit cœur en onyx, une bague en forme de serpent.

MADONNA (F): courant au Moyen Age dans le sens de Mia Donna = ma femme, ce prénom est aujourd'hui porté par une célèbre chanteuse rock.
Chiffre personnel: 8; samedi; une pomme de pin, un scarabée, un vêtement gris foncé.

MADRUINA (F): du flamand *madruyna* = aquatique. Fête: 5 septembre.
Chiffre personnel: 9; mardi; un jaspe rouge, un fil de fer, un fuchsia ou un oléandre.

MAGNOLIA (F): prénom affectueux qui évoque la beauté de la fleur homonyme.
Chiffre personnel: 9; mardi; un rubis, un pétale de magnolia.

MAHINA (F): du polynésien "lune".
Chiffre personnel: 1; dimanche; une broche en or qui représente un croissant de lune, une topaze, un parfum à la fleur d'oranger.

MAIA (F): fille d'Atlas, mère d'Hermès et l'une des Pléiades. Du grec *maia* = nourrice. Dans la mythologie nordique, c'est la fée des fleurs et du printemps.
Chiffre personnel: 6; vendredi; une turquoise, un petit bouquet de fleurs des champs, une rose.

MAINARD (M): de l'allemand *magan* = force et *hardhu* = dur, dans le sens de "courageux et fort".
Fête: 9 mai.
Chiffre personnel: 6; vendredi; une statuette de jade, un bracelet en cuivre.

246

MALCOM (M): du celte "colombe", ce prénom fut porté par plusieurs rois d'Ecosse.
Chiffre personnel: 6; vendredi; une plume de colombe, une feuille de figuier et de myrthe.

MALKA (F): de l'hébreu "reine".
Chiffre personnel: 2; lundi; des boucles d'oreilles en argent, une perle, un lis.

MAMBRIN (M): personnage légendaire, roi maure dont le casque rend invulnérable celui qui s'en coiffe. Il doit sa célébrité au *Don Quichotte* de Cervantès.
Chiffre personnel: 4; dimanche; un bâtonnet de cannelle, une feuille de laurier.

MANDISA (F): synonyme de "douce" dans un dialecte sud-africain.
Chiffre personnel: 7; lundi; un coquillage, une dragée blanche, une bague en argent.

MARANA (F): du celte "aquatique". Fête: 3 août.
Chiffre personnel: 3; jeudi; l'image d'un dauphin, une turquoise, un vêtement bleu foncé.

MARFISA (F): prénom à consonance littéraire, emprunté au *Roland Furieux*. Marfisa est la jeune fille forte et courageuse que redoute tout l'Orient.
Chiffre personnel: 4; dimanche; une bague en or, un diamant, une broche qui représente un lotus.

MARILYN (F): variante de *Maria* devenue populaire grâce à la célèbre actrice disparue dans les années soixante, M. Monroe.
Chiffre personnel: 2; lundi; une perle; de la dentelle blanche.

MARLON (M): du celte "faucon".
Chiffre personnel: 2; lundi; un objet en nacre, l'image d'un faucon, un trèfle à quatre feuilles.

MARLOW (M): signifie en anglais ancien "celui qui habite la colline près du lac".
Chiffre personnel; 1; dimanche; cannelle; safran; laurier.

MARPESSA (F): du grec *marpto* = je prends, j'enlève; c'est la fille d'Ida, aimée d'Apollon.
Chiffre personnel: 2; lundi; un béryl, des graines de citrouille, une algue.

MARVIN (M): du celte "ami de la mer".
Chiffre personnel: 5; mercredi; une marguerite, l'image d'une pie, une plume de mouette.

MEDEE (F): du grec *medeia* = habile, rusée, c'est une magicienne légendaire du cycle des Argonautes. Abandonnée par Jason, elle égorgea ses enfants.
Chiffre personnel: 1; dimanche; un collier d'ambre, une noix muscade, du safran.

MEDUSE (F): du grec *medein* =

puissant. Dans la mythologie, c'est une des trois Gorgones, la seule qui fut mortelle. Persée lui trancha la tête. Chiffre personnel: 9; mardi; un jaspe rouge, une fleur de lupin, un fil de fer.

MELANTHA (F): du grec "fleur sombre".
Chiffre personnel: 2; lundi; une fleur de trèfle, une perle, des boucles d'oreilles en argent.

MELBA (F): du grec "doux, lisse".
Chiffre personnel: 6; vendredi; un collier de corail, une aigue-marine, un jasmin.

MELIA (F): dans la mythologie grecque, fille d'Océanos.
Chiffre personnel: 4; dimanche; une émeraude, un tournesol.

MELINDA (F): du grec "gentil".
Chiffre personnel: 4; dimanche; une abeille en or, l'image d'un crocodile, un topaze.

MELISENDA (F): nom littéraire emprunté à la légendaire comtesse de Tripoli dont se serait épris, sans la connaître, le troubadour provençal Jaufré Rudel (XIIᵉ siècle). D'origine germanique incertaine, ce prénom porte bonheur aux combattants.
Chiffre personnel: 1; dimanche, un diamant, une branche de romarin, un parfum à la fleur d'oranger.

MELODY (F): chanson d'origine anglaise.
Chiffre personnel: 2; lundi; une opale, un coquillage, l'image d'une grenouille.

MELUSINE (F): personnage fabuleux, fille d'une fée, qui pouvait métamorphoser ses membres inférieurs en queue de serpent. Fête: 17 janvier.
Chiffre personnel: 4; dimanche; une bague en or en forme de serpent, une fleur d'arnica, une branche de forsythia.

MELVIN (M): du celte "chef".
Chiffre personnel: 3; jeudi; un fil d'étain, une améthyste, un morceau d'écorce de chêne.

MEREDITH (F): du gallois "gardienne de la mer".
Chiffre personnel: 1; dimanche; une véronique, une calcédoine, une émeraude.

MILDRED (F): de l'anglais ancien *mildthryth* = sage et forte.
Chiffre personnel: 2; lundi; la pierre appelée sélénite, un vêtement gris et blanc.

MILTON (M): nom de famille du poète anglais du XVIIᵉ siècle qui écrivit *le Paradis perdu*.
Chiffre personnel: 2; lundi; un petit poisson en argent, un coquillage, une boule de camphre.

MILVA-MILVIA (F): prénom forgé

à partir du nom du pont Milvius où se déroula la bataille décisive entre Constantin et Maxence (312 apr. J.-C.) qui fut à l'origine de la reconnaissance officielle du christianisme romain.
Chiffre personnel: 3; jeudi; une feuille de tilleul, un saphir sombre, l'image d'une girafe.

MIMOSA (F): nom de la fleur jaune que l'on offre à toutes les femmes le jour de leur fête (8 mars), d'où son importance symbolique.
Chiffre personnel: 7; lundi; un fétiche en verre, une branche de mimosa.

MINTHA (F): prénom anglais, très répandu dans les pays anglo-saxons, qui évoque la menthe.
Chiffre personnel: 2; lundi; une bague en argent, une petite plante de menthe.

MIRINA (F): nom germanique de la reine des Amazones.
Chiffre personnel: 1; dimanche; un collier d'ambre, un diamant, une feuille de grenadier.

MIRINNA (F): divinité lunaire de l'Asie Mineure.
Chiffre personnel: 6; vendredi; une broche en forme de croissant de lune, un bague ornée d'une turquoise, un parfum au lis.

MIRNA (F): du gaélique "aimée".
Chiffre personnel: 1; dimanche; une bague en or, un brillant, une feuille de palmier.

MIZAR (F): nom d'une étoile de la constellation de la Grande Ourse.
Chiffre personnel: 4; dimanche; une broche ou des boucles d'oreille en or en forme d'étoile, du parfum à la cannelle.

MOANNA (F): du polynésien "océan".
Chiffre personnel: 4; dimanche; une topaze, du parfum à l'encens.

MOIRA (F): équivalent grec de "Parque". Au nombre de trois, ces déesses filaient, dévidaient et coupaient le fil de la vie des hommes.
Chiffre personnel: 2; lundi; un petit fuseau en argent, un fil blanc, une perle.

MOMO (M): dieu grec du riz, fils du sommeil, frère de la folie.
Chiffre personnel: 2; lundi; une feuille de laurier ou de myrte, une chaînette en argent.

MORANA (F): divinité slave.
Chiffre personnel: 8; samedi; un jaspe brun, un asphodèle, un vêtement marron.

MORGANE (F): du gallois "bord de mer". C'est le nom d'une fée bienfaisante du cycle breton. Masculin: *Morgan.*
Chiffre personnel: 6; vendredi; une aigue-marine, un bijou en lapis-lazuli, un lapin en peluche.

MUGUETTE (D): nom affectueux

qui évoque la beauté et le parfum de la jolie fleur de la famille des liliacées.
Chiffre personnel: 5; mercredi; un papillon, l'image d'un ibis, un brin de muguet.

MUSE (F): chacune des neuf déesses qui présidaient aux arts libéraux.
Fête: 2 avril.
Chiffre personnel: 9; mardi; une fleur de lupin, une cornaline.

MYOSOTIS (F): signifiant littéralement "oreille de souris" (en raison de la forme des feuilles). C'est le nom d'une très jolie petite fleur bleue.
Chiffre personnel: 9; mardi; un fil

de fer, une broche qui représente un petit cheval, un myosotis.

MYRRHE (F): nymphe qui eut des rapports incestueux, à son insu, avec son père et fut métamorphosée en la plante dont on extrait la résine aromatique homonyme.
Chiffre personnel: 5; mercredi; un papillon, la résine homonyme.

MYRTE (F): nom de la belle plante parfumée consacrée à Aphrodite, symbole de l'amour et de la poésie sentimentale.
Chiffre personnel: 7; lundi; un coquillage, une grenouille en argent, une feuille de myrte.

N

NABOR (M): signifie "mon ami est Nebo" (divinité babylonienne) en hébreu. Fête: 12 juin.
Chiffre personnel: 5; mercredi; objet en platine, une noisette, l'image d'un lézard.

NADIR (M): personnage iranien, protagoniste de l'opéra de Bizet, *Les Pêcheurs de perles*.
Chiffre personnel: 1; dimanche; or, encens, safran, l'image d'un aigle.

NAIADE (F): du grec *nan* = s'écouler, couler. C'est une divinité féminine de la mythologie grecque qui veille sur une source ou un ruisseau.
Chiffre personnel: 7; lundi; un caillou prélévé d'une rivière, une plante aquatique, un coquillage.

NAMIR (M): de l'hébreu "léopard".
Chiffre personnel; 1; dimanche; une noix muscade, l'image d'un léopard.

NARA (F): synonyme de "chêne" en langage peau-rouge.
Chiffre personnel: 7; lundi; une chaînette en argent, des fleurs de mauve, un gland.

NARILLA (F): "sombre".
Chiffre personnel: 4; dimanche; une topaze, l'image d'un crocodile, un vêtement jaune et noir.

NASHIRA (F): nom d'une étoile: 7; lundi; des boucles d'oreilles en forme d'étoile, une feuille de myrte.

NASYA (F): de l'hébreu "miracle divin".
Chiffre personnel: 6; vendredi; lapis-lazuli, rose et narcisse.

NATHANIEL (M): de l'hébreu "don de Dieu". Prophète qui vécut à l'époque de David.
Chiffre personnel: 3; jeudi; une noisette, un géranium, une feuille de cèdre.

NEDA (F): du grec *nédé* = bouillonnant. Nom d'une nymphe océanique, nourrice de Zeus.

Chiffre personnel: 6; vendredi; une émeraude, une feuille de figuier ou de rose.

NELIA (F): fille de Nélios, personnage de l'*Iliade* et de l'*Odyssée*. Variante *Nélide*.
Chiffre personnel: 5; mercredi; des graines d'anis et de fenouil, l'image d'une belette.

NELSON (M): du saxon "fils de Nels". Popularisé par le célèbre amiral britannique qui vainquit Napoléon à Trafalgar.
Chiffre personnel: 7; lundi; un petit poisson en argent, une feuille de myrte.

NEM (M): du gaélique "juste". Fête: 3 mai.
Chiffre personnel: 5; mercredi; un petit objet en platine, une marguerite, un perroquet.

NEONILLE (F): du latine "nouvelle, venu du néant". Fête: 20 octobre.
Chiffre personnel: 1; dimanche; une topaze, une chaînette en or, une branche de mimosa ou de forsythia.

NISSA (F): fée ensorcelante de la mythologie scandinave.
Chiffre personnel: 8, samedi; une fougère, une petite boîte en onyx, un parfum au pin.

NOLAN (M): du gaélique "célèbre" ou "noble".

Chiffre personnel: 2; lundi; un trèfle à quatre feuilles, une pince de crabe.

NORMAN (M): dérivé du français "normand", dans le sens d'homme du Nord.
Chiffre personnel: 3; jeudi; un vêtement bleu, l'image d'une girafe, un jaspe vert.

NORZIA (F): déesse étrusque de la chance.
Chiffre personnel: 2; lundi; une perle, une pièce d'argent, un morceau de quartz.

NOVELLA (F): du latin *novus* = récent, jeune. Il peut aussi s'agir d'un prénom religieux relié au culte de sainte Maria Novella ou aux saintes écritures (la bonne nouvelle).
Chiffre personnel: 9; mardi; un rubis, un dahlia, une broche en forme de petit cheval.

NULLO (M): prénom idéologique tiré du nom de famille du patriote italien F. Nullo, qui combattit aux côtés de Garibaldi.
Chiffre personnel: 2; lundi; une feuille de laurier, un objet en nacre, l'image d'une grenouille.

NURIEL (M): de l'hébreu "feu".
Chiffre personnel: 7; lundi; une poignée de grains de riz, une fleur de mauve, un hippocampe.

NYMPHE (F): du grec *nymphé* = épouse. Ce nom désigne généralement les divinités féminines personnifiant la nature sauvage. Fête: 10 novembre. Chiffre personnel: 8; samedi; une bague en forme de serpent, un diamant, un parfum à la fougère.

OBERON (M): roi des Elfes dans la mythologie nordique. C'est sans doute le nain Alberich des *Nibelungen*. Variantes: *Auberon, Alberon*.
Chiffre personnel: 6; vendredi; une statuette de jade, un bracelet en cuivre, une marguerite.

ODELL (M): du norvégien "petit et riche".
Chiffre personnel: 3; jeudi; une noisette, une feuille de cèdre ou d'olivier.

ODESSA (F): nome d'une ville russe située sur la mer Noire.
Chiffre personnel: 9; mardi; un vêtement rouge, une pivoine, un bouton d'or, un jaspe rouge ou un morceau d'hématite.

OGDEN (M): de l'anglais ancien "natif de la vallée des chênes".
Chiffre personnel: 9; mardi; une ortie, un rameau d'absinthe, l'image d'un faucon ou d'un épervier.

OLAF (M): du scandinave *anu* = ancêtre et *laiban* = propriété, dans le sens de "fils, héritage des ancêtres". Le 29 juillet, on fête le roi Olaf II de Norvège, qui introduisit le christianisme dans son pays et en devint le patron.
Chiffre personnel: 7; lundi; une pièce d'argent; une feuille de laurier.

OLIANE (F): en polynésien "oléandre".
Chiffre personnel: 7; lundi; une chaînette en argent, une fleur d'oléandre.

ONDINE (F): créature fabuleuse, mi-femme, mi-poisson, habitant les torrents et les lacs.
Chiffre personnel: 3; jeudi; une turquoise, un morceau d'écorce de bouleau.

ONELLA (F): de l'allemand *aun* = santé.
Chiffre personnel: 5; mercredi; une calcédoine, lavande, cinq baies de genièvre.

OPALE (F): du sanscrit "pierre précieuse".
Chiffre personnel: 8; samedi; la pier-

re précieuse portant ce nom, une feuille de lierre ou de peuplier.

ORCHIDEE (F): du grec *orchis* = testicules, en raison de la forme des racines de cette très belle fleur.
Chiffre personnel: 9; mardi; la fleur homonyme, un rubis, l'image d'un pic.

ORION (M): nom de la constellation astrale située au sud des Gémeaux. Dans la mythologie, c'est le chasseur géant qu'Artémis fit piquer par un scorpion et transforma ainsi en constellation. Cela signifie "fils du feu".
Chiffre personnel: 8; samedi; un diamant, un plomb de chasse, un vêtement marron.

ORLENA (F): "beauté dorée".
Chiffre personnel: 2; lundi; une perle, une opale, un parfum à la myrte.

OSSIAN (M): du gaélique *ans* = dieu, c'est le barde légendaire écossais, fils de Fingal et père d'Oscar, popularisé par James Macpherson.
Chiffre personnel: 5; mercredi; la pierre œil-de-chat, une primevère.

OTMAR (M): "don du seigneur".
Fête: 10 novembre.
Chiffre personnel: 4; dimanche; un petit objet en or, du safran, un parfum à l'encens.

OULIANA (F): prénom idéologique forgé à partir du nom de famille du fondateur du socialisme soviétique Vladimir Ilitch Oulianov, dit Lénine.
Chiffre personnel: 4; dimanche; une noix muscale, véronique, genêt.

OWEN (F): du celte "agneau".
Chiffre personnel: 3; jeudi; un fil d'étain, l'image d'un agneau.

P

PALOMA (F): de l'espagnol "colombe".
Chiffre personnel: 4; dimanche; une bague ornée d'un brillant, une plume de colombe.

PANDIA (F): dans la mythologie grecque, c'est une des filles de Zeus, qui correspond à la pleine lune.
Chiffre personnel: 9; mardi; une broche qui représente la lune, une fleur de chardon.

PANDORE (F): la première femme, créée par Héphaïstos et pourvue de tous les dons. Elle fut envoyée aux hommes munie d'un vase ou d'une "boîte" qui contenait, selon les traditions légendaires, tous les biens ou tous les fléaux destinés à l'humanité et qui se répandirent, tandis que seule l'Espérance restait au fond.
Chiffre personnel: 6; vendredi; une turquoise, un collier de lapis-lazuli, une marguerite.

PARALDA (F): reine légendaire des Sylphides, les fées de l'air.

Chiffre personnel: 8; samedi; un diamant, un parfum au pin ou à la fougère.

PERCEVAL-PARSIFAL (M): personnage des poèmes chevaleresques du cycle breton, chevalier à la recherche du *Graal* popularisé par l'auteur Chrétien de Troyes (de *pierceval* = qui s'ouvre un passage).
Chiffre personnel: 7; lundi; un morceau de quartz, une belle-de-nuit.

PERLE (F): nom affectueux courant au Moyen Age. Ce prénom fut porté par le célèbre auteur Pearl S. Buck.
Chiffre personnel: 7; lundi; un trèfle à quatre feuilles, une perle, un petit poisson en argent.

PERSEE (M): du grec *prethein* = dévaster. Héros grec qui tua la Méduse et délivra la belle Andromède, menacée par un monstre.
Chiffre personnel: 6; vendredi; un bracelet en cuivre, une feuille de myrte.

PERVENCHE (F): nom d'une fleur bleu violacé.
Chiffre personnel: 7; lundi; une poignée de riz, une perle, une pervenche.

PETUNIA (F): nom d'une fleur rouge ou violette.
Chiffre personnel: 5; mercredi; une émeraude, un pétunia, un petit singe en peluche.

PHEBUS (M): du grec *phoibus* = soleil. C'est un surnom d'Apollon.
Chiffre personnel: 1; dimanche; une topaze, du safran, une feuille de laurier.

PHEDRE (F): du grec *phaidros* = resplendissant. C'est la fille de Minos et de Pasiphaé, épouse de Thésée. Amoureuse de son beau-fils Hippolyte, elle le calomnia auprès de Thésée, qui demanda à Poséidon son châtiment. A sa mort, Phèdre se pendit. Fête: 29 novembre.
Chiffre personnel: 7; lundi; une opale, un colifichet en verre, un trèfle à quatre feuilles.

PHILINA (F): du grec *phileo* = aimer.
Chiffre personnel: 6; vendredi; une plume de moineau, un brin de muguet, un parfum à la myrte.

PHILLIDE (F): du grec *phyllon* = feuille, pétale. C'est le nom d'une princesse thrace mythique qui fut métamorphosée en amandier.
Chiffre personnel: 3; jeudi; une feuille de tilleul ou de bouleau, un fil d'étain, une amande.

PIC (M): dieu prophétique romain métamorphosé en pic par la magicienne Circé.
Chiffre personnel: 7; lundi; un objet en argent, l'image d'un pic.

PICARDE (F): originaire de Picardie. Picarde, sœur de Corso et Forese Donati, est évoquée par Dante dans *La Divine Comédie*.
Chiffre personnel: 1; dimanche; une topaze, une noix muscade, de l'encens.

PILAR (F): de l'espagnol "Nuestra Senora del Pilar" (pilier), la célèbre église de Saragosse, où la Vierge serait apparue à saint Jacques.
Chiffre personnel: 2; lundi; un béryl, un trèfle à quatre feuilles, un vêtement blanc.

PISANA (F): nom noble utilisé en Vénétie selon une tradition qui veut que les petites filles soient baptisées du nom de famille de leur parrain, dans ce cas Pisani (originaire de Pise).
Chiffre personnel: 6; vendredi; une émeraude, une marionnette représentant un lapin ou une touffe de poils de cet animal.

POLYMNIE (F): une des neuf Muses, patronne de la poésie lyrique (de *poli* = beaucoup et *hymnos* = chants).
Chiffre personnel: 9; mardi; un fil de fer, une cornaline, un jaspe rouge.

POLYXENE (F): du grec *polixene* = très hospitalier. C'est la fille de Priam et d'Hécube dans la mythologie grecque. Elle fut sacrifiée sur le tombeau d'Achille (qui en était tombé amoureux) pour

procurer une heureuse traversée aux navires achéens. Fête: 23 septembre.
Chiffre personnel: 2; lundi; un objet en nacre, des graines de citrouille.

PORTHOS (M): un des Trois Mousquetaires d'Alexandre Dumas.
Chiffre personnel: 2; lundi; un vêtement gris, camphre, argent.

PORZIA (F): du gentilice latin *porcius* = éleveur de porcs.
Chiffre personnel: 4; dimanche; une tirelire en forme de petit cochon, une topaze, des boucles d'oreilles en or.

PRASSILLA (F): du grec "action".
Chiffre personnel: 7; lundi; un bracelet en argent, la pierre appelée sélénite.

PRIMAVERA (F): "printemps" en italien.
Chiffre personnel: 4; dimanche; une branche de forsythia ou de mimosa, une émeraude.

PRIMEVERE (F): nom utilisé pour souhaiter à la petite fille qui vient de naître beauté et fraîcheur. Variante: l'écossais *Primrose*. Primevère vient du latin *primus*, car c'est la première fleur qui apparaît au printemps.
Chiffre personnel: 9; mardi; un rubis, une primevère, l'image d'un pic.

PUBLIO (M): adaptation probable de l'étrusque *publi*, signifiant peut-être "homme du peuple".
Chiffre personnel: 3; jeudi; une améthyste, un fil d'étain, un morceau d'écorce de bouleau.

PYRRHUS (M): du grec *pyr* = feu, ardeur ou de chevelure rousse, c'est le nom donné par la mythologie au fils d'Achille. C'est aussi le célèbre roi d'Epire qui remporta une victoire de courte durée sur les Romains (d'où l'expression victoire "à la Pyrrhus") en 280 av. J.-C.
Chiffre personnel: 4; dimanche; un vêtement jaune ou orange, un rubis, de la cannelle.

QUERIDA (F): de l'espagnol "aimée".
Chiffre personnel: 3; jeudi; une plume
de paon, un chien en peluche.

QUINLAN (M): du gaélique "fort phy-
siquement".
Chiffre personnel: 7; lundi; un objet
en verre, une boule de camphre, une
feuille de myrte.

RADHA (F): dans la mythologie indienne, c'est la maîtresse de Krishna, divinité suprême.
Chiffre personnel: 5; mercredi; une émeraude, un petit perroquet multicolore, du parfum à la lavande.

RADMAN (M): du slave "joie". Féminin: *Radmilla*.
Chiffre personnel: 6; vendredi; un bracelet en cuivre, une plume de tourterelle ou de moineau.

RAMIRE (M): personnage espagnol d'origine wisigothique, popularisé par la *Cenerentola* de Rossini. Composé de *ragin* = conseil ou *ran* = disposition de l'armée, cela peut signifier soit "glorieux conseiller", soit "illustre dans l'organisation de la milice".
Chiffre personnel: 2; lundi; l'image d'une grenouille, un morceau de pétale de nénuphar.

REAGAN (M): du gaélique "petit roi".
Chiffre personnel: 1; dimanche, une fleur d'arnica, safran, encens.

REED (M): de l'anglais ancien "aux cheveux roux".
Chiffre personnel: 5; mercredi; un vêtement rouge ou orange, une noisette, l'image d'un ibis.

RESEDA (F): nom d'une herbe odorante aux fleurs jaunes en grappes.
Chiffre personnel: 7; lundi; un réséda, un vêtement blanc ou vert pâle.

REX (M): "roi" en latin.
Chiffre personnel: 2; lundi; myrrhe, une fougère, un papillon nocturne.

RHEA (F): titanide, épouse de Cronos, qui dévorait ses enfants. Elle sauva Zeus à sa naissance, en donnant à sa place une pierre à son époux.
Chiffre personnel: 5; mercredi; marcassite, anis, une touffe de poils de renard, l'image d'une belette.

RHODA (F): du grec "rose".
Chiffre personnel: 1; dimanche, une broche en or en forme de rose, un vêtement rose ou jaune, un parfum à la rose.

RHYS (M): du celte "héros".
Chiffre personnel: 7; lundi; la pierre
sélénite, une feuille de lunaire, myrrhe.

RIHANA (F): de l'arabe "basilic".
Chiffre personnel: 6; vendredi; une
feuille de basilic, une émeraude, un
vêtement vert.

RINDA (F): nom de la terre universelle dans la mythologie germanique.
Chiffre personnel: 1; dimanche; un
diamant, un tournesol, une branche
de romarin.

ROBIN (M): du saxe "rouge-gorge".
Féminin: *Robinia*.
Chiffre personnel: 4; dimanche: une
branche de robinier, un objet en or,
l'image d'un rouge-gorge.

ROHANA (F): du sanscrit "bois de santal".
Chiffre personnel: 3; jeudi; l'image d'un
pélican ou d'un cerf, du bois de santal,
un parfum au santal ou au cèdre.

ROK (M): oiseau fabuleux de la mythologie perse.
Chiffre personnel: 8; samedi; onyx, encens, un scarabée.

ROLF (M): loup célèbre. Variantes:
Rollo, Rollin.
Chiffre personnel: 6; vendredi; cuivre,
jaspe vert, l'image d'un loup.

ROSAURA (F): du latin "rose

d'or"; personnage de Goldoni, fille
de Pantalone.
Chiffre personnel: 3; jeudi; une broche
en or en forme de rose, un morceau de
corne de cerf ou l'image de cet animal,
une feuille de poirier.

ROSS (M): de l'ancien français "roux".
Chiffre personnel: 8; samedi; un vêtement marron roussâtre, un jaspe brun,
une fougère.

ROSWITA (F): de l'allemand ancien
hroth = renommée et *swintha* = fort, ce
qui signifie "célèbre et fort".
Chiffre personnel: 6; vendredi; lapis-
lazuli, une rose, un jasmin.

ROWENA (F): héroïne du populaire
roman historique de W. Scott, *Ivanhoé*. Ce prénom dérive de l'allemand
hroth = renommée et *wini* = ami, et signifie donc "amie de la gloire". Fête:
23 juillet.
Chiffre personnel: 4; dimanche; une
bague en or, une feuille de laurier ou
de sauge.

RUBEN (M): prénom biblique de
l'aîné des douze fils de Jacob, de l'hébreu *ruben* = fils de la providence.
Fête: 19 août.
Chiffre personnel: 6; vendredi; un petit objet en cuivre, un vêtement vert
ou turquoise.

RUBINA (F): du latin *rubinus*, qui
vient de *ruber* = rouge. Ce nom évoque la pierre précieuse rouge ou violette appelée rubis.
Chiffre personnel: 2; lundi; un rubis

monté sur une bague en argent, une belle-de-nuit.

RUTH (F): de l'hébreu "ami". C'est le prénom de l'arrière-grand-mère du roi d'Israël, David, à qui est attribué un livre de la Bible: *le Livre de Ruth*. Fête: 16 août.
Chiffre personnel: 4; dimanche; une broche en or, un tournesol, mimosa, cannelle.

RUTILIO (M): gentilice romain dérivé du surnom *rutilius* = roux, blond vénitien. Fête: 2 août.
Chiffre personnel: 5; mercredi; une touffe de poils de renard, un papillon, une marguerite.

RYAN (M): du gaélique "petit roi".
Chiffre personnel: 4; dimanche; l'image d'un lion, une pivoine, une pièce d'or.

S

SABRA (F): de l'hébreu "cactus épineux".
Chiffre personnel: 5; mercredi; l'image d'une belette, une plante grasse, un objet en platine.

SADA (F): du japonais "bord de mer".
Chiffre personnel: 7; lundi; un coquillage, un hippocampe, une algue séchée.

SADIR (M): nom d'une étoile de la constellation du Cygne.
Chiffre personnel: 6; vendredi; une statuette représentant un cygne, une feuille de figuier ou de myrte.

SAKURA (F): du japonais "fleur de cerisier".
Chiffre personnel: 8; samedi; une fleur de cerisier, un parfum au pin.

SAMARITAINE (F): habitante de la Samarie. Fête: 20 mars.
Chiffre personnel: 7; lundi; une perle, un bracelet en argent, une feuille de myrte.

SARAD (M): de l'hindi "né en automne".
Chiffre personnel: 7; lundi; un petit poisson en argent, un trèfle à quatre feuilles.

SATINKA (F): "danseuse magique".
Chiffre personnel: 3; jeudi; un saphir sombre, une feuille de chêne ou de tilleul.

SAUL (M): de l'hébreu "désiré".
C'est le nom du premier roi des Israélites de la tribu de Benjamin, qui fut battu par les Philistins à Gelboé. C'est aussi le nom que portait saint Paul avant sa conversion.
Chiffre personnel: 8; samedi; un plomb de chasse, un objet en onyx, un rameau de cyprès ou de rue.

SCOTT (M): "écossais".
Chiffre personnel: 5; mercredi; un petit perroquet, un genêt, une feuille de menthe.

SCYLLA (F): nom d'une nymphe mythique, amoureuse du pêcheur

Glauco qui fut métamorphosé en rocher par la jalouse Circé.
Chiffre personnel. 2; lundi; un petit poisson argenté, un morceau de roche, un objet en argent.

SELENE (F): personnification de la Lune, sœur d'Hélios. Ce nom vient probablement du grec *selas* = lumière, splendeur. Variantes: *Séléna, Sélina, Sélinda*. Fête: 2 avril.
Chiffre personnel: 6; vendredi; une broche en forme de croissant de lune, une aigue-marine, un cyclamen.

SELMA (F): du celte "riche, heureuse, charmante".
Chiffre personnel: 5; mercredi; un pendentif en platine, une agate, un vêtement bleu clair.

SELVAGGIA (F): nom de la femme célébrée par Cino da Pistoia au XIIIᵉ siècle, qui signifie "habitante des bois".
Chiffre personnel: 2; lundi; une fougère, la pierre appelée sélénite.

SEM (M): de l'hébreu *shem* = célébrité, réputation. C'est le nom du fils de Noé.
Chiffre personnel: 1; dimanche; or, safran, véronique.

SENNEN (M): le trésor d'ivoire. Fête: 30 juillet.
Chiffre personnel: 8; samedi; un fétiche en ivoire, un asphodèle, une feuille de sureau.

SENTA (F): nom d'origine slave qui signifie "originaire de la ville de Zenta" ou "compagne de voyage". Fête: 26 juillet.
Chiffre personnel: 5; mercredi; un papillon, une émeraude, un vêtement jaune citron.

SHADA (F): "pélican" en langage peaurouge.
Chiffre personnel: 6; vendredi: l'image d'un pélican, une jacinthe, un parfum à la verveine.

SHAINA (F): de l'hébreu "belle". Variantes. *Shane, Shani*.
Chiffre personnel: 7; lundi; une perle montée sur une bague en argent, un béryl, une feuille de lunaire.

SHALD (F): nom de la Loi du futur dans la mythologie germanique.
Chiffre personnel: 8; samedi; une branche de houx, un diamant, l'image d'un chameau.

SHANTI (F): du sanscrit "paix".
Chiffre personnel: 8; samedi; un aimant, une feuille de lierre ou de sureau.

SHARAR (M): de l'arabe "lune".
Chiffre personnel: 2; lundi; un croissant de lune en argent, une perle, une feuille de lunaire.

SHARON (F): de l'hébreu "plaine".
Chiffre personnel: 3; jeudi; un fil d'étain, une turquoise, l'image d'un cerf ou d'une girafe.

SHAULA (F): nom d'une étoile de la constellation du Scorpion.
Chiffre personnel: 8; samedi; onyx, obsidienne, une broche qui représente un scorpion.

SHEENA (F): du japonais "bonne".
Chiffre personnel: 7; lundi; une perle, un trèfle à quatre feuilles, une fougère.

SHEILA (F): du celte "musical". Variante: *Shela*.
Chiffre personnel: 9; mardi; une clef en fer, un grenat, un vêtement rouge.

SHIRAH (F): de l'hébreu "chanson".
Chiffre personnel: 9; mardi; une cornaline, une renoncule, une broche représentant un coquelet.

SHIRLEY (F): tiré d'un roman d'E. Brontë (1849). Cela signifie "blanche prairie" en anglais ancien. Variante: *Shelley*.
Chiffre personnel: 6; vendredi; une marguerite, un brin de muguet, un petit lapin blanc en peluche.

SINA (F): nom d'une très belle jeune fille polynésienne.
Chiffre personnel: 7; lundi; une perle; un coquillage, une feuille de lunaire.

SIRENE (F): créature mythique au visage et au buste de femme et à la queue de poisson, héroïne de la célèbre fable de H.C. Andersen et symbole de la ville de Copenhague.
Chiffre personnel: 3; jeudi; l'image de la petite sirène, un saphir, un vêtement bleu clair.

SITA (F): héroïne du *Râmâyana*, épouse de Râma. Enlevée par un terrible géant de la tradition hindouiste, elle est reprise par son époux après un gigantesque combat.
Chiffre personnel: 4; dimanche; une broche représentant un lotus, un diamant.

SKIP (M): du norvégien "marin".
Chiffre personnel: 1; dimanche; une petite ancre, une feuille de sauge ou de laurier.

SOLANA (F): de l'espagnol "lumière du soleil".
Chiffre personnel: 8; samedi; un diamant, un parfum à la fougère.

SOLEDAD (F): de l'espagnol "solitaire".
Chiffre personnel: 6; vendredi; une turquoise, un chat roux, un pétale de rose.

STELIO (M): adaptation du slovène *Stel*, *Stelin*. C'est le nom du héros dans *le Feu* de d'Annunzio.
Chiffre personnel: 8; samedi; une branche de pin ou de sureau, un petit objet en onyx, l'image d'un ours ou d'un loup.

SUADA (F): déesse grecque qui préside aux noces avec Hyménaeos.
Chiffre personnel: 1; dimanche; une bague en or, un canari, une feuille de grenadier.

SULAYMAN (M): prénom arabe dérivé de *salam* = paix, santé. Variante: *Soliman.*
Chiffre personnel: 7; lundi; une chaînette en argent, un coquillage, une étoile de mer.

SUNNA (F): divinité solaire féminine de la tradition germanique.
Chiffre personnel: 6; vendredi; un saphir, un vêtement vert et jaune.

SVEN (M): synonyme de suédois. Variantes: *Swen, Swend.* C'est le nom de plusieurs rois du Danemark, qui apparaît aussi dans *La Jérusalem Délivrée.*

Chiffre personnel: 6; vendredi; une touffe de poils de chèvre, une jacinthe, une feuille de figuier.

SVETLA-SVETLANA (F): du russe "blanche, lumineuse".
Chiffre personnel: 7; lundi; un vêtement blanc, une boulette de camphre.

SYDNEY (M): traduction anglaise de Sidon, ville de Phénicie. Prénom répandu pendant la Première Guerre mondiale. La ville australienne homonyme a accueilli de nombreux émigrants. Fête: 23 août.
Chiffre personnel: 4 dimanche; safran, cannelle, fleur de camomille.

T

TABITA (F): de l'hébreu "gazelle". C'est la femme ressuscitée par saint Pierre et la patronne des couturières. Fête: 25 octobre.
Chiffre personnel: 8; samedi; l'image d'une gazelle, un parfum au pin.

TAFFY (F): du gallois "aimée".
Chiffre personnel: 4; dimanche; une bague en or, un diamant, l'image d'un taureau.

TAKARA (F): du japonais "bijou".
Chiffre personnel: 7; lundi; un béryl ou une perle montée sur une bague en argent.

TALITHA (F): nom d'une étoile de la constellation de la Grande Ourse.
Chiffre personnel: 8; samedi; un ourson en peluche, un diamant, un parfum à l'encens.

TARA (F): du celte "tour" ou "rocher".
Chiffre personnel: 4; dimanche; des boucles d'oreilles   une topaze, véronique, camomille.

TARAS (M): dans la mythologie grecque, fils de Poséidon, représenté comme un enfant chevauchant un dauphin.
Chiffre personnel: 5; mercredi; genévrier, menthe, l'image d'un dauphin.

TELOA (F): de l'arabe "née à la tombée de la neige".
Chiffre personnel: 9; mardi; un fil de fer, un rameau d'absinthe, l'image d'un loup.

TESSE (F): abréviation de "Comtesse", utilisée par Boccace.
Chiffre personnel: 1; dimanche; un diamant ou une topaze, une branche de genêt ou de mimosa, l'image d'un zèbre.

THALASSA (F): du grec "mer".
Chiffre personnel: 9; mardi; un hippocampe, une petite ancre.

THALIE (F): du grec *thalos* = florissant. C'est la Muse de la Comédie. On la représente un masque à la main et une couronne de lierre sur la tête.
Chiffre personnel: 7; lundi; une feuille de lierre, une broche en argent, un béryl.

THEA (F): dans la mythologie grecque, fille d'Océanos et de Thétis, et mère de la lune, du soleil et de l'aube.
Chiffre personnel: 8; samedi; un plomb de chasse, un aimant, une branche de houx.

THELMA (F): du grec "nourrisson".
Chiffre personnel: 5; mercredi; un papillon, un singe en peluche, une primevère.

THERA (F): du grec "sauvage chasseresse".
Chiffre personnel: 7; lundi; une flèche en argent, une feuille de myrte ou de mauve.

THESEE (M): dans la mythologie grecque, fils d'Egée qui tua le Minautore et put s'échapper du Labyrinthe grâce à la complicité d'Ariane, fille de Minos.
Chiffre personnel: 1; dimanche, un morceau de ficelle, l'image de la fleur de lotus, l'encens.

TIA (F): de l'égyptien "princesse". Prénom de la sœur du pharaon Ramsès.
Chiffre personnel: 3; jeudi; un saphir sombre, un vêtement de couleur pourpre, l'image d'un cygne ou d'une girafe.

TIFFANY (F): prénom anglais dérivé du grec signifiant "apparition".

Chiffre personnel: 9; mardi; un rubis, un dahlia, un lupin.

TIMOTHEE (M): du grec *timotheos* = celui qui honore Dieu. Fêtes: 24 janvier, 19 et 22 août. Saint Timothée est invoqué pour lutter contre les gastrites. Variante: *Tim*.
Chiffre personnel: 2; lundi; un coquillage, une petite boule de camphre, des graines de citrouille.

TIRREL (M): "appartenant au dieu Thor".
Chiffre personnel: 1; dimanche; un vêtement jaune, une feuille de palmier ou de citronnier.

TITANIA (F): prénom donné par Shakespeare à sa reine des fées, la femme d'Obéron, dans le *Songe d'une nuit d'été*.
Chiffre personnel: 2; lundi; une belle-de-nuit, un objet de nacre, une broche en argent en forme de croissant de lune.

TYLER (M): de l'anglais ancien "fabricant de tuiles".
Chiffre personnel: 8; samedi; un jaspe brun, l'image d'un scorpion, un rameau de rue ou de cyprès.

TYRONE (M): souverain.
Chiffre personnel: 2; lundi; un trèfle à quatre feuilles, un os de seiche, un objet en verre.

U

ULLA (F): du celte "bijou de mer", ou hypocoristique suédois d'Ursula.
Chiffre personnel: 1; dimanche; une broche en or en forme de coquillage, une topaze, une fleur de camomille.

URANIE (F): une des neuf Muses. Elle présidait à l'astrologie et fut aimée d'Apollon. Dérivé d'Uranus (dieu du ciel, de la pluie et de la fécondité).

Chiffre personnel: 1; dimanche; une broche en or en forme d'étoile, un tournesol, de l'encens.

URIEL (M): de l'hébreu: "seigneur du ciel". Variante: *Uria*.
Chiffre personnel: 2: lundi; une longue-vue miniature, un objet en argent, un pétale de nénuphar.

VALDEMAR (M): nom de quatre rois du Danemark, composé de *walda*: puissant et *maru*: illustre, c'est-à-dire "célèbre pour son pouvoir". Fête: 15 juillet. C'est le patron des forgerons.
Chiffre personnel: 4; dimanche: l'image d'un lion ou d'un aigle, or, encens.

VALDRADA (F): de l'allemand "reine des bois".
Chiffre personnel: 9; mardi; un bouton d'or, une gentiane, l'image d'un loup ou d'un sanglier.

VALKYRIE (F): de *valkyrja* = "celle qui choisit ceux qui tombent au combat". Divinité scandinave du destin des guerriers, messagère d'Odin.
Chiffre personnel: 2; lundi; un coupe-papier en argent en forme d'épée, une fleur de mauve.

VALONIA (F): du celte "originaire de la vallée".
Chiffre personnel: 2; lundi; une perle, la pierre appelée sélénite, une feuille de lunaire.

VEDIA (F): esprit sacré de la forêt dans la mythologie germanique.
Chiffre personnel: 5; mercredi; un rameau de noisetier ou de genévrier, une touffe de poils de renard.

VEGA (F): nom d'une étoile de nature bénéfique appartenant à la constellation de la Lyre.
Chiffre personnel: 8; samedi; onyx, plomb, cyprès.

VELANIA (F): épouse du dieu Janus dans la tradition mythologique latine.
Chiffre personnel: 1; dimanche; une chrysolite ou une émeraude, un parfum à la fleur d'oranger.

VELLEDA (F): prophétesse germaine, au temps de Vespasien.
Chiffre personnel: 7; lundi; une feuille de laurier, camphre, myrte.

VERENA (F): nom d'une vierge de Constance fêtée le 1er septembre, dérivant probablement du latin *vereor* = craintif, pudique.
Chiffre personnel: 2; lundi; une ortie,

des boucles d'oreilles en argent, un petit poisson de verre.

VERILLA (F): "la gardienne". Fête: 1er octobre.
Chiffre personnel: 7; lundi; une opale, des graines de citrouille, un vêtement blanc.

VERVEINE (F): nom d'une plante ornementale et officinale.
Chiffre personnel: 4; dimanche; une chaînette en or, une émeraude, une petite plante de verveine.

VESTA (F): divinité romaine du Foyer Domestique, identifiée à Hestia.
Chiffre personnel: 4; dimanche; une chrysolite, un vêtement jaune, une bague en or ou une broche représentant une flamme.

VEZIA (F): du nom latin *Vectius* (*vehere* = transporter).
Chiffre personnel: 9; mardi; une roulette en fer, une cornaline, une fleur de chardon.

VIDA (F): de l'espagnol "vie" ou de la racine sanscrite *vid* = connaissance.
Chiffre personnel: 9; mardi; l'image d'un tigre, une anémone, un rubis.

VIDEMAR (M): de l'allemand "rapide dans les bois". Ce fut un roi des Wisigoths.
Chiffre pesonnel: 9; mardi; une fougère, un jaspe rouge, l'image d'un loup.

VISSIA (F): "celle qui a eu une vision". Fête: 12 avril.
Chiffre personnel: 7; lundi; une feuille de myrte, un petit objet en verre, un pendentif en argent.

W

WAKANDA (F): signifie "pouvoir magique interne" en langage peau-rouge.
Chiffre personnel: 1; dimanche; un diamant, une feuille de laurier ou de sauge.

WALA (F): du celte "santé". C'est le prénom d'une fée de la mythologie germanique. Fête: 31 août.
Chiffre personnel: 1; dimanche; une branche de romarin, un tournesol, une émeraude.

WERTHER (M): de l'allemand ancien *wertheri*, composé de *Warda* = protéger et *harja* = armée, dans le sens de "celui qui protège le peuple ayant pris les armes". Il incarne le héros romantique par excellence dans le roman de Goethe, *Les souffrances du jeune Werther*, se suicidant à cause d'un amour impossible.
Chiffre personnel: 7; lundi; argent, riz, myrrhe.

WIDUR (M): dieu nordique du silence.
Chiffre personnel: 3; jeudi; un saphir; l'image d'un cygne ou d'un dauphin.

WILSON (M): synonyme de "fils de William" en anglais. Populaire à l'époque de la Première Guerre mondiale en raison de l'intervention américaine (1917) effectuée par Th. W. Wilson.
Chiffre personnel: 3; jeudi; un morceau de corne de cerf, une noisette, un fil d'étain.

WOLFRAM (M): emprunté au *Tannhäuser* de Wagner, ce prénom se compose de *wolf* = loup et *hraban* = corbeau, deux animaux consacrés à Odin. Fête: 20 mai.
Chiffre personnel: 7; lundi; la pierre appelée sélénite, un coquillage, l'image d'un corbeau ou d'un loup.

X

XANTA (F): du grec "blond". Fête: 23 septembre.
Chiffre personnel: 5; mercredi; cinq baies de genièvre, un papillon, une touffe de poils de renard.

XENIA (F): du grec *xenós* = hôte. Chiffre personnel: 8; samedi: un scarabée, une perle noire ou un diamant, un parfum au pin.

Y

YAKES (M): synonyme de "ciel" en langage peau-rouge.
Chiffre personnel: 5; mercredi; un vêtement bleu ciel, une primevère, l'image d'une pie.

YAMA (M): nom du Noé perse et divinité indienne de la mort.
Chiffre personnel: 4; dimanche; encens, véronique, camomille.

YARIO (M): "compréhension".
Chiffre personnel: 4; dimanche; un objet en or, l'image d'un aigle ou d'un condor, une feuille de palmier.

YMER (M): le premier être du monde, dans les mythologies scandinave et germanique. C'était un géant. Variante: *Ymir*.
Chiffre personnel: 7; lundi; un coquillage, une algue, une étoile de mer.

YORICK (M): bouffon du roi du Danemark, auquel il est fait allusion dans *Hamlet* de Shakespeare.
Chiffre personnel: 9; mardi; un fil de fer, un jaspe rouge, un paquet de tabac.

YUMA (M): synonyme de "fils du chef" en langage peau-rouge.
Chiffre personnel: 6; vendredi; une plume de moineau, un bracelet en cuivre, un brin de muguet.

Z

ZADA (F): du syrien "chanceuse".
Chiffre personnel: 5; mercredi; une primevère, un papillon, une agate ou un objet en platine.

ZAHARA (F): prénom signifiant "fleur" en swahili.
Chiffre personnel: 1; dimanche; une broche représentant une fleur, un diamant, un tournesol.

ZAK (M): "solaire" en tchèque.
Chiffre personnel: 2; lundi; une poignée de riz, un trèfle à quatre feuilles.

ZARA (F): nom italien de Zadar, ville de Yougoslavie.
Chiffre personnel: 9; mardi; quelques grains de poivre, l'image d'un tigre, un grenat ou un rubis.

ZAREK (M): du polonais "Dieu protège le roi".
Chiffre personnel: 7; lundi; une fougère, myrrhe, un papillon nocturne, un chat gris.

ZEBULON (M): de l'hébreu "lieu de repos, habitation".
Chiffre personnel: 5; mercredi; anis, lavande, un vêtement bleu ciel.

ZEPHAN (M): de l'hébreu "caché par le seigneur".
Chiffre personnel: 7; lundi; un coquillage, une feuille de lunaire, un vêtement blanc.

ZILLA (F): de l'hébreu "ombre, né le soir". C'est une des femmes de Lamech. Chiffre personnel: 6; vendredi; une turquoise, du jasmin, une plume de colombe.

ZIVON (M): "vigoureux" en tchèque.
Chiffre personnel: 5; mercredi; un perroquet, une plume d'hirondelle, une primevère.

ZORYA (F): de l'ukrainien "étoile".
Chiffre personnel: 4; dimanche; une broche en or en forme d'étoile, cannelle, safran, une feuille de laurier.

ZOSIME (M): du grec *zosimos* = vital. D'après la légende, c'est le fondateur gnostique de la science alchimique. Fête: 3 janvier.
Chiffre personnel: 7; lundi; un objet en argent, l'image d'un alambic, une feuille de laurier.

ZULEIKA (F): en arabe "la belle".
Chiffre personnel: 4; dimanche; un brillant, un bracelet en or, une pivoine, une branche de romarin.

Le prénom inventé

Nous allons à présent effectuer l'opération contraire. En parcourant le chemin inverse, nous allons inventer un prénom à partir d'indications mystérieuses, d'un chiffre porte-bonheur, pour conférer une image bénéfique à ce prénom, donc à l'individu qui le portera: l'enfant à venir, l'artiste qui va connaître la célébrité, le chiot ou le chaton que l'on adopte ou même la maison, le magasin ou le bateau que l'on vient d'acquérir.

Au cours de cette opération, nous ne nous contenterons pas de déchiffrer le destin, de le lire, mais nous allons le créer ou du moins l'infléchir, ce qui constitue une grande responsabilité, d'où la nécessité de le faire avec beaucoup de sérieux. Nous procéderons donc avec calme et concentration. Il ne s'agit pas d'un jeu: notre influence, si faible soit-elle, va agir sur le cours des événements.

Les systèmes proposés reposent sur des principes légèrement différents. Les deux premiers paraissent s'en remettre au hasard, mais le hasard, on l'a vu, recouvre déjà un projet vaste et mystérieux. Le troisième est lié aux capacités radiesthétiques et intuitives de celui qui cherche. Le quatrième dépend d'entités extérieures, guidées par les compétences paranormales de plusieurs individus réunis. Le cinquième et dernier est le système le plus magique, le plus efficace: il se propose, en partant d'une qualité ou d'un élément de la création (par exemple, le feu, l'amour, la force, etc.) qui doit caractériser le porteur du nom, de créer pour celui-ci un prénom sur mesure à travers les runes, caractères de l'écriture nordique ancienne.

1. Découpez 130 petits billets et écrivez l'alphabet cinq fois de suite, en indiquant une lettre par billet et en accolant chacune de ces lettres au chiffre qui lui correspond (voir introduction). Placez tous les billets dans deux sacs blancs, en séparant les consonnes et les voyelles, et attendez une nuit de pleine lune. Ce jour-là, faites un repas léger, ne buvez pas d'alcool, parfumez les sacs avec de la fumée d'encens, concentrez-vous sur votre "nouvel être" et tirez 4, 5, 6, 7, ou disons un nombre raisonnable de billets. Essayez alors de combiner les lettres extraites jusqu'à ce que vous trouviez une solution satisfaisante. Effectuez la somme numérologique pour découvrir le chiffre correspondant à votre... création, et si ce chiffre vous paraît approprié, le prénom est prêt. Vous pouvez répéter cette opération trois fois de suite.

2. Opération similaire, mais un peu plus compliquée. Procurez-vous deux dés à jouer numérotés de un à six, une feuille de papier, un crayon et surtout la liste des associations lettre-chiffre fournie dans l'introduction.

Souvenez-vous que lorsque la somme des points dépasse 9, elle doit être réduite, par une seconde addition, à un chiffre. Le 10 sera donc réduit à 1, car $1 + 0 = 1$. Le 11 deviendra 2 ($1 + 1 = 2$), le 12 vaudra 3 ($1 + 2 = 3$), etc.

Jetez maintenant les dés trois fois de suite, en notant à chaque fois le nombre de points obtenus. Vous totaliserez ainsi trois chiffres, par exemple 5, 3, 1 qui correspondent respectivement aux lettres E, N, W pour le premier, aux lettres C, L et U pour le deuxième et à A, G et S pour le troisième. Vous pourrez alors inventer votre prénom en utilisant la totalité ou une partie de ces lettres. Vous calculerez ici aussi le chiffre-somme du prénom et, s'il ne vous inspire pas, vous pourrez recommencer la procédure au maximum trois fois.

3. Dessinez un cercle sur une feuille blanche et divisez-le en 26 secteurs, un pour chaque lettre de l'alphabet. Procurez-vous un pendule de radiesthésiste ou, si vous n'avez pas l'intention d'en faire un usage régulier, fabriquez-en un avec un fil et un objet oscillant (une clef, une épingle). Tenez le fil entre le pouce et l'index et suspendez votre pendule au centre du cercle (ou cadran). Concentrez-vous un court instant sur votre "nouvel être", puis faites le vide dans votre esprit et essayez de ne plus penser à rien. Cela vous sera peut-être plus facile si vous imaginez que vous vous trouvez en face d'un grand espace bleu.

Au bout de peu de temps, le pendule va commencer à tourner, puis, par des mouvements oscillatoires, à indiquer telle ou telle lettre.

Il peut arriver que les lettres indiquées vous fournissent, dans l'ordre, le prénom que vous cherchez. Si ce n'est pas le cas, combinez les lettres en suivant la méthode adoptée précédemment.

4. Ce système est probablement connu de tous, mais vous ne vous en êtes certainement jamais servi pour créer un prénom. Il s'agit de la méthode du "verre" ou, en langage parapsychologique, *OUI JA* ou planchette, instrument des séances de spiritisme. Ces séances peuvent aboutir à tout: des mots insensés, des sottises, des communications, des conseils, jusqu'aux prévisions obtenues par téléphatie de l'au-delà, ou plus souvent créées par l'esprit collectif des participants (de deux à six en général).

Le matériel nécessaire est le suivant: une grande feuille blanche sur laquelle vous écrirez en cercle toutes les lettres de l'alphabet, plus un *OUI* et un *NON*; un petit verre à liqueur retourné (mais assurez-vous qu'il est bien stable) ou bien une soucoupe, le couvercle d'un pot de confiture, une pièce de monnaie. Appuyez légèrement l'index sur l'objet choisi, videz votre esprit et concentrez-vous sur la couleur bleu, en respirant lentement et profondément, les jambes et les bras détendus et non croisés. Vous ne devez pas porter de bijou, ni d'objet métallique autour du cou et des poignets pendant cette opération. Celle-ci se déroulera encore mieux si vous baissez les lumières et allumez un bâtonnet d'encens.

Il ne vous reste maintenant qu'à attendre. Lentement, votre planchette artisanale commencera à tourner en s'arrêtant sur telle ou telle lettre et, après quelques tentatives ratées, les premiers mots, les premières phrases apparaîtront. Discutez avec votre *entité*, demandez-lui de vous parler d'elle et racontez-lui votre démarche et l'objectif de cette séance insolite. Demandez-lui de vous aider, de participer. Ici aussi, le prénom que vous cherchez pourra apparaître directement ou bien sous forme de lettres à associer (voir système 1). Une fois que vous avez atteint votre but, n'oubliez pas de saluer l'*entité* en la remerciant de son intervention et de détacher lentement les doigts de la planchette.

5. La création du prénom à l'aide des runes = les runes constituent probablement la forme d'écriture la plus ancienne qui existe. Elles sont constituées de segments rectilignes, considérés par leurs concepteurs comme l'incarnation des pensées des dieux, donc capables de libérer des forces puissantes, magiques. On découvre des runes aujourd'hui encore en Angleterre, en Irlande, en Scandinavie, par séries de 33, 24 ou 18 signes, cette dernière catégorie, appelée *série de Furhork*, étant celle que nous utiliserons. Chaque lettre de l'écriture runique correspond à un archétype (homme, femme, amour, feu, terre, etc.) présentant les caractéristiques, les qualités de la vie que l'on voudrait avoir ou transmettre. Il est possible de les transmettre en "inventant" un prénom contenant une ou plusieurs runes. Un prénom contenant le son IS (rune du Moi, numéro 9) conférera volonté et confiance en soi; inclure YR (rune de la femme, numéro 16) dans son nom permet d'acquérir une remarquable sensibilité féminine, ainsi que de probables dons paranormaux; être lié d'une certaine façon à LAF (rune de l'amour, numéro 14) permet de vivre une existence heureuse sur le plan affectif. Les runes, utilisées comme les pièces d'un puzzle, additionnées, composées, réélaborécs, vous offriront plus qu'un simple prénom: un dessein mystérieux, un cocktail de sons magiques, déterminants.

LES RUNES

FA (1)	– rune du feu: ardeur, volonté, maîtrise de soi;
UR (2)	– rune primordiale: bonheur, sagesse;
THORN (3)	– rune active: croissance, force active, santé;
OS (4)	– rune noble: conscience, éloquence, force spirituelle;
RIT (5)	– rune consolatrice: salut, religiosité, relations avec les autres;
KA (6)	– rune de l'énergie: art, harmonie, inspiration;
HAGAL (7)	– rune pour la perfection: sagesse, protection divine;
NOT (8)	– rune de l'aide: nécessité, épreuve, résignation, destin;
IS (9)	– rune du Moi: volonté, maîtrise de soi, confiance en soi;
AR (10)	– rune de la terre: beauté, confiance, protection contre les courants néfastes;

SIG (11)	– rune de l'âme: réussite, succès, résolution des problèmes;
TIR (12)	– rune de l'abondance: bonheur, résurrection, fécondation;
BAR (13)	– rune de la procréation: procréation, sécurité, révélation;
LAF (14)	– rune de l'amour: bonheur sentimental, amour, vie;
MAN (15)	– rune de l'homme: protection;
YR (16)	– rune de la femme: femme, matière, lune;
EH (17)	– rune du mariage: mariage, fidélité, bonheur conjugal;
GIBOR (18)	– rune donatrice: désirs exaucés, créativité, versatilité.

Table des matières

Achevé d'imprimer
en juillet 1992
à Milan, Italie, sur les presses
de Grafiche Milani

Dépôt légal: juillet 1992
Numéro d'éditeur: 3002